MANUEL
DE
LA LANGUE TAMOULE

MANUEL
DE
LA LANGUE TAMOULE

(GRAMMAIRE, TEXTES, VOCABULAIRE)

PAR

JULIEN VINSON

INSPECTEUR DES EAUX ET FORETS

PROFESSEUR A L'ECOLE DES LANGUES ORIENTALES

GYAN

Published by

Gyan Publishing House
5, Ansari Road
Daryaganj, New Delhi-110002
Phone: 011-47034999, 9811692060
E-mail: books@gyanbooks.com

Distribution Network
gyanbooks.com
India, USA, Canada, UK, Australia, France

ISBN : 978-81-212-4457-2 (PB)
First Published, 1903

2nd Impression 2020

Printed at: Gyan Press, Delhi.

MANUEL

DE

LA LANGUE TAMOULE

(GRAMMAIRE, TEXTES, VOCABULAIRE)

PAR

JULIEN VINSON

INSPECTEUR DES EAUX ET FORÊTS

PROFESSEUR À L'ÉCOLE DES LANGUES ORIENTALES

PARIS

IMPRIMERIE NATIONALE

ERNEST LEROUX, ÉDITEUR, RUE BONAPARTE, 28

MDCCCCIII

AVANT-PROPOS.

Le décret du 10 germinal an III, par lequel la Convention a créé l'École des langues orientales vivantes, prescrit aux Professeurs de cette école de composer en français la Grammaire des langues qu'ils sont chargés d'enseigner. C'est pour obéir à ces prescriptions que j'ai rédigé le présent ouvrage, qui est particulièrement destiné aux élèves et aux auditeurs du Cours de tamoul. Certes, les grammaires tamoules ne manquent pas; depuis plus de deux siècles, on en a publié une vingtaine, dont quelques-unes fort développées, en latin, en portugais, en anglais, en français, mais la plupart de ces livres ne contiennent pas de textes et pas de vocabulaires; ils ont été écrits au point de vue purement pratique, et d'une façon absolument empirique, en dehors de toute méthode. C'est un préjugé encore beaucoup trop répandu que les ouvrages d'enseignement n'ont rien à voir avec la science et que, pour bien apprendre une langue, il suffit d'exercer sa mémoire et d'appliquer les règles enseignées *ex professo*. Il y a pis encore; certains pédagogues improvisés ont inventé des méthodes rapides et mènent, en ce moment, avec l'aide de quelques naïfs, une campagne en faveur de l'enseignement «pratique» des langues : «pratique» est leur grand cheval de bataille, leur «tarte à la crême», leur «sans dot». Ils constatent que la plupart des élèves de nos lycées ou de nos écoles n'entendent pas la conversation courante et sont incapables d'écrire une lettre de commerce ou d'affaire; et ils en concluent que c'est ce qu'il faut surtout leur apprendre et le plus vite possible. Ils ne comprennent pas ou ne veulent pas comprendre que la pratique est rapidement acquise par celui qui sait la théorie : un séjour de peu de durée, une fréquentation de quelques jours, un travail intelligent dans un bureau ou dans un atelier suffiront à combler ce *desideratum,* tandis que celui qui aura appris à parler et à écrire uniquement par l'oreille et par l'usage aura besoin d'un temps considérable et d'un travail assidu pour connaître véritablement la langue qu'il parle à la façon d'un perroquet ou d'un phonographe.

Il arrive même que ceux qui consentent à accepter un enseignement moins mécanique et moins immédiatement pratique se contentent trop souvent de procédés barbares et inintelligents : des paradigmes, des formules, des règles avec leurs exceptions, beaucoup de thèmes et peu de versions, voilà ce qui a paru longtemps le commencement et la fin de la sagesse.

Nous concevons aujourd'hui l'enseignement d'une tout autre façon : il nous semble qu'à la base d'une étude quelconque il faut mettre le raisonnement; pour nous, la mémoire n'est qu'un auxiliaire utile de l'observation, et nous ne considérons chacune des prétendues règles que comme l'expression d'un fait naturel, d'un état ou d'un accident spontané du langage; nous jugeons tout à fait nécessaire que l'étudiant, dès le premier jour, ait un texte sous les yeux; qu'il puisse l'analyser et qu'il se rende compte par comparaison des originalités de ce texte; qu'il découvre ainsi de lui-même et peu à peu en quoi l'idiome étudié diffère de sa langue maternelle; qu'il se fasse lui-même sa grammaire par ses observations et son expérience personnelles, et qu'il vérifie et justifie les résultats de son travail par des rédactions très simples sous forme de thèmes d'imitation. Dans ces conditions, une grammaire ne saurait être qu'un guide, qu'un régulateur manuel, qu'un recueil d'observations raisonnées où l'on rend compte des causes et des motifs des phénomènes constatés. Le but essentiel d'une grammaire est de rendre le plus tôt possible un élève capable de travailler seul.

Aussi ai-je donné, dans ce livre, une large place aux considérations théoriques, aux rapprochements de faits, aux démonstrations expérimentales. La linguistique n'est pas une science abstraite dissertant sur des entités métaphysiques; ce n'est pas davantage une science historique exposant une succession d'événements plus ou moins normalement amenés; c'est une science naturelle étudiant des faits positifs, et elle ne saurait avoir d'autre méthode que celle des sciences naturelles. Elle n'a que faire de ces longs paradigmes ingrats et mécaniques, de ces affirmations dogmatiques et pédantesques, de ces exemples artificiels fabriqués pour les besoins de la cause, de même qu'elle a en horreur les étymologies et les hypothèses extra-naturelles. Nul ne saurait avoir la prétention d'enseigner une langue de toutes pièces et jamais la pratique ne s'apprendra dans un livre. Mais celui qui aura lu le livre sera mieux disposé à faire de la pratique que celui auquel une langue étrangère se révélera tout d'un coup sans aucune préparation.

Je serais heureux que mon livre pût réaliser ce programme et rendre quelques services. Il me semble pourtant encore bien défectueux, bien imparfait; chaque jour, à chaque nouvelle lecture, j'y trouve quelque chose à ajouter ou à modifier. Il y a plus de quarante ans déjà que j'ai commencé à prendre les notes qui ont servi de base à ce travail, et je constate avec satisfaction que mes idées ont été le plus souvent confirmées par mes observations subséquentes. Je crois avoir trouvé l'explication exacte de certains phénomènes. Ma théorie sur les deux temps simples primitifs du verbe dravidien, un passé parfait et un aoriste prototype du présent et du futur postérieurs, me semble incontestable; elle est d'ailleurs conforme à une loi générale de développement qu'on peut constater, non seulement dans les langues sémitiques ou syro-arabes, mais dans tous les idiomes antiques. Partout, le futur est relativement moderne, souvent périphrastique ou composé, et partout le présent a une signification vague et peu précise. Je crois également avoir suffisamment rendu compte du double état, subjectif et objectif, des radicaux dravidiens, qui explique et justifie les remarquables constructions participiales dont ces langues font un si fréquent usage. Je serais particulièrement satisfait d'avoir mis nettement en relief la nature exacte du tamoul et de ses congénères, où le nom et le verbe ne sont, pour ainsi dire, pas distincts et où le monosyllabisme encore récent est reconnaissable à chaque pas.

Les textes qui suivent la grammaire forment quatre séries distinctes. Ils suffiront sans doute pour les deux premières années du cours de l'École des langues orientales, car en troisième année on pourra varier davantage et multiplier les lectures. Je recommande spécialement aux travailleurs le பரமார்த்தகுருவின்கதை *paramârttaguruvin'kadei* « conte du guru Paramârta », du P. Beschi, qui a été composé précisément pour servir de texte d'étude; la Mission de Pondichéry en a publié de nombreuses éditions et le réimprime soigneusement chaque fois qu'il est épuisé [1].

La première série comprend vingt contes rangés à peu près par ordre de difficultés; je les ai empruntés aux deux principaux recueils qui ont été formés dans le pays tamoul, le கதாமஞ்சரி *kadâmañjari* [कथामञ्जरि] « bouquet de contes », et le கதாசிந்தாமணி *kadâçindâmaṇi* [कथाचिन्तामणि] « le divin joyau des

[1] Il est arrivé à cet ouvrage à peu près la même aventure qu'au *Gil Blas*. Les Tamouls ont prétendu que le *Paramârta* n'était que l'arrangement d'une histoire originale; il est regrettable que Graul, entre autres, ait admis cette prétention que rien ne justifie. Ce conte, traduit par son auteur en latin, a été traduit depuis en anglais et en français, notamment en 1890 par mon ancien élève M. G. Devèze. On en a même publié en Europe des éditions illustrées : la dernière, de Paris (1877), est accompagnée d'une mauvaise préface de M. Fr. Sarcey; les « illustrations » ont été faites sans aucun goût, sans aucun souci de la vraisemblance, sans aucune préoccupation de la couleur locale.

contes»; toutefois, j'ai remanié le vingtième récit à l'aide de mes souvenirs personnels, car il est très populaire dans le sud de l'Inde et m'a été bien souvent conté dans mon enfance, à Pondichéry et à Karikal. Les trois premiers morceaux ont été imprimés en caractères plus gros que les autres, afin d'en faciliter la lecture; pour la même raison, les mots ont été soigneusement séparés dans les sept premiers contes, tandis que, pour le reste des textes, les règles d'euphonie ont été, au contraire, exactement observées; il y a même deux textes du numéro 7: dans le premier, les mots sont séparés; dans le second, ils sont euphoniquement réunis. Après les contes vient un très intéressant document historique, relatif à la prise de Madras par les Français en 1746; le style en est coulant et naturel, mais un peu familier et incorrect: c'est un extrait du *Journal* détaillé d'Ânandarangappoullé, *courtier,* c'est-à-dire agent général, de la Compagnie française des Indes à Pondichéry, chronique très intéressante et très variée, écrite au fur et à mesure, jour par jour[1]. J'ai donné,

[1] Cf. «*Les Français dans l'Inde,* Dupleix et Labourdonnais; extraits du journal d'Anandarangappoullé (1736-1748), traduits du tamoul par Julien VINSON; *Paris,* E. Leroux, 1894, gr. in-8°, VII-LXXIX-339 pages, 3 cartes et 2 portraits». A la page LXXII de l'Introduction, j'ai indiqué les lacunes que présente la copie la plus complète que l'on possède aujourd'hui, celle de la Bibliothèque nationale (fonds tamoul, n°s 143 à 158). Cette liste est inexacte : en réalité, il manque les journées du 25 novembre 1748 au 24 juin 1749, du 20 décembre 1750 au 15 avril 1751, du 7 mars au 23 avril 1752, du 10 décembre 1753 au 3 septembre 1754, du 23 septembre 1758 au 4 janvier 1759 et du 1er mars au 9 avril 1759. De plus, un registre, découvert en 1900 et dont une copie a été envoyée à la Bibliothèque nationale, contient la période du 9 avril 1760

à la suite de ce morceau, comme spécimens, quelques documents d'intérêt public : une annonce de vente judiciaire à Karikal en 1880 ; un avis administratif de 1902 ; une ordonnance du roi du Pallava Nṛpatuṅgavarmâ, qui régnait au IXe siècle, et deux variantes d'un préambule du roi Çôja Râjarâja (985-1020). Ces trois derniers textes sont imprimés en caractères archaïques. L'ordonnance de Nṛpatuṅga offre un intérêt particulier : elle concerne le village de Bahour qui appartient aujourd'hui à la France et où il y avait, à cette époque reculée, une assemblée, une société, un collège de savants (विद्यास्थान). Quant au préambule de Râjarâja, il est en vers et forme, pour ainsi dire, une transition naturelle avant les derniers textes, tous poétiques, qui se divisent en deux catégories. La première se compose de dix distiques, choisis parmi les plus admirés du célèbre poème moral les *Kur'aḷ* de *Tiruvaḷḷuva*. La seconde comprend dix strophes de différentes mesures, empruntées la première aux vieilles grammaires indigènes, la seconde au recueil de sentences morales *Nâladiyâr*, la cinquième au poème épique djâina *Sindâmaṇi*, la neuvième à des gloses du *Râmâyaṇa*, la dixième au conte original de l'anneau *Silappadigâram* (1) ; les autres strophes sont des

au 12 juillet 1761. Anandarangappoullé était mort le 11 janvier 1761, quatre jours avant la prise de Pondichéry par les Anglais.

(1) Il sera reparlé de ces divers ouvrages dans l'Introduction. Le mot *sindâmaṇi* est le nom d'une des deux pierres précieuses qui ornent la tête de Çiva; l'autre s'appelle சூளாமணி *sûḷâmaṇi* [चूळामणि]. Elles procurent, dit-on, à leurs possesseurs tout ce qu'ils désirent.

exemples cités dans les grammaires, et leurs auteurs ne sont pas connus : la troisième et la quatrième appartiennent à la littérature morale; la sixième se rattache très étroitement à une vieille légende çivaïste de Maduré [1]; la septième est relative à la renaissance et la huitième parle du disque, cette arme indienne si étrange. Les quatre dernières strophes sont sans points, c'est-à-dire que les consonnes muettes n'y sont pas distinguées de celles qui sont accompagnées d'un *a* bref; je n'ai pas osé aller plus loin et employer un seul et même signe pour les *e* ou *o* brefs et leurs longues, selon l'usage des manuscrits. J'ai cru pouvoir aussi me conformer à une ancienne habitude en rejetant au bout de la ligne la dernière lettre de chaque vers; on avertit par là le lecteur qu'il ait à prendre garde aux mutations euphoniques qui peuvent se produire d'un vers à l'autre.

Le vocabulaire explicatif contient tous les mots qui se trouvent dans les textes, avec leurs significations convenables en l'espèce, mais non pas avec toutes leurs significations. Il ne faut pas oublier, en effet, que, dans toutes les langues, les mots n'ont point un sens absolu et que leurs significations sont essentiellement relatives et incertaines. Chaque mot a été transcrit en lettres latines [2] et, pour ceux qui

[1] Un roi de Maduré avait promis une somme considérable à celui qui expliquerait la cause de l'odeur excellente qu'il avait sentie un jour qu'il était seul avec sa femme dans son jardin. Çiva inspira à un brahme pauvre, nommé Dharmi, la strophe que j'ai reproduite et où il est dit que la chevelure des femmes parfaites (*padminî*, पद्मिनी) est naturellement parfumée.

[2] Dans tout le cours du volume, les mots tamouls cités ont été

ont été empruntés à une langue étrangère, la forme originale a été mise à la suite entre crochets; ces mots étrangers portent d'ailleurs l'indication de leur origine à l'aide des lettres *s* (sanskrit), *h* (hindoustani), *P* (persan), *A* (arabe), *t* (télinga), *p* (portugais), *f* (français), *a* (anglais); la combinaison de deux signes indique que l'emprunt n'a pas été fait directement, mais par l'intermédiaire d'un autre idiome, et la lettre *m* que l'expression est d'origine mixte, c'est-à-dire qu'elle est formée de mots venant de différents idiomes. Les verbes, les adjectifs, les noms de qualité sont donnés par leurs radicaux seulement.

Le volume se termine par cinq appendices : 1° un résumé grammatical, qui est proprement le tableau des principales formes de dérivation; 2° la traduction analytique des deux premiers petits textes (p. 157); 3° la traduction moins minutieuse, mais aussi exacte, des textes poétiques; 4° des notions générales de prosodie qui donneront une idée suffisante de la poésie tamoule à ceux qui voudraient lire les vieux ouvrages classiques; 5° une liste des principaux ouvrages didactiques, grammaires et dictionnaires, composés tant par des Européens que par des indigènes, que j'ai consultés; cette liste n'est point une bibliographie, elle est très incomplète : c'est un

pareillement transcrits; si, par hasard, quelques-uns ne l'avaient pas été, les lecteurs voudraient bien considérer ces cas exceptionnels comme des exercices de lecture. Les transcriptions sont toujours régulières et ont été faites lettre pour lettre. J'ai cru seulement pouvoir substituer *s* à *ç* dans les noms des trois poèmes classiques சிந்தாமணி, சூளாமணி et சிலப்பதிகாரம் que j'ai écrits *Sindâmaṇi*, *Sûḷamaṇi* et *Silappadigâram*.

simple extrait sommaire d'un travail que je prépare et qui indiquera, autant que possible, tous les ouvrages où il est question de la langue tamoule, depuis les notes manuscrites des premiers missionnaires portugais jusqu'aux dissertations plus ou moins savantes des auteurs contemporains [1].

Avant de laisser aller ce livre je voudrais le recommander à l'indulgente bienveillance des lecteurs. S'ils y trouvent des inexactitudes, des oublis [2], des coquilles typographiques, l'auteur seul en est responsable, et il s'en excuse sur les exigences de la vie parisienne, sur la diversité des occupations absor-

[1] Au moment même où j'écris ces lignes, je reçois de Ceylan un livre très intéressant qui vient de paraître et qui est intitulé அபிதானகோசம் (अभिधानकोष) « trésor des noms »; c'est un dictionnaire de mythologie indienne et de littérature tamoule, par A. Muttuttambipiḷḷei (*Jaffna*, Navalar press, 1902, in-8°; IV-2-396-3 pages, 1 portrait et 3 tableaux généalogiques).

[2] Certaines choses ont été omises à dessein. Ainsi, j'ai parlé à la page 38 de la confusion qu'on fait parfois entre ழ *j* et ள *ḷ*, et il ne m'a pas paru utile de citer des exemples. On trouve cependant, dans de vieux poèmes, des combinaisons comme வாணாள் *vâṇaḷ* «les jours que l'on vit heureux», et முகிணகை *mugiṇagei* «sourire en bouton de fleur» pour வாழ் நாள் *vâj nâḷ* et முகிழ் நகை *mugij nagei*, où ழ *j* et ந *n* ont fait ண *ṇ*, parce que ழ se prononçait à peu près ள. Mais c'est une mauvaise application d'une loi phonétique.

A la page 97, j'aurais pu noter que «onze» se dit populairement *paiṇṇu* pour *padin'on'd'u*. Mais je ne pouvais tout relever et j'ai dû omettre bien des choses intéressantes.

Parmi les mots indiqués à la page 22 comme empruntés à l'hindoustani, on trouvera quelques mots persans. J'ai considéré qu'ils sont hindoustanis parce qu'ils sont employés dans le langage ordinaire, tandis que j'ai regardé comme purement persans les mots administratifs employés surtout dans le langage officiel écrit. On sait que jusqu'en 1837 le persan est resté la langue officielle et gouvernementale de l'Inde anglaise.

bantes et multipliées. Quelques-uns trouveront peut-être à l'ouvrage une allure trop savante pour un livre d'enseignement, et ils accueilleront sans enthousiasme des discussions grammaticales qui leur paraîtront trop subtiles. Ils auront au moins la ressource de tourner la page et de sourire : «En mon Donat, dit frère Jean, je ne trouve que trois temps, preterit, present et futur; icy le quatriesme doit estre pour le vin du valet. — Il est, dit Epistemon, aorist yssu de preterit tres imparfait des Grecs et des Latins, en temps garré et bigarré receu. Patience... »

Il me reste à remercier tous ceux qui sont venus à mon aide, soit en me donnant les conseils de leur expérience, soit en me fournissant des notes et des renseignements, soit en me procurant des textes rares et précieux. Je mets au premier rang le docteur G.-U. Pope, d'Oxford, le doyen des études tamoules; je remercie ensuite un certain nombre de savants indiens : Sâminâda-aiyar, professeur au Collège de Kumbhakôṇam, l'éditeur de tant d'ouvrages classiques jusqu'à présent inédits; Vêdassalam-piḷḷei, professeur au Christian College de Madras; D. Savariroyan, pandit du Collège des Jésuites français de Trichenapally; le poète chrétien de Pondichéry, Z. Savarayalounayakkar; K. Ponnoussamy-poullé, ancien commissaire de police, qui était sous les ordres de mon père alors qu'il occupait les loisirs de ses fonctions judiciaires à la mise en ordre de la Bibliothèque et des archives de Pondichéry. Je tiens à remercier spécialement mes deux camarades de collège, restés mes amis, M. Érasme Sicé, l'éminent avocat de Vizagapatam, et M. A. Bourgoin, le dévoué conservateur actuel de la Bibliothèque de Pondichéry. La liste serait longue encore si je pouvais joindre à ces noms ceux des amis ou des maîtres de la première heure que la mort impitoyable a ravis à mon affection reconnaissante : mes premiers professeurs, Anandarayen, Angnacannou, et surtout Aiyâssâmi, le modeste instituteur de Karikal; le brame Nâ. Subrahmaṇyaya qui me donnait des leçons de télinga et de sanskrit; le supérieur de la pagode de Tirounallâr, Sômasoundara-tambirân, qui était un poète distingué, et beaucoup d'autres, sans parler de celui dont la pensée ne me quitte pas, qui m'a inspiré l'amour du travail indépendant et désintéressé, et qui m'a toujours conduit d'une main ferme dans la voie de l'honneur et du devoir.

Il y a bien longtemps déjà que j'ai commencé à écrire ce livre. A peine avions-nous quitté l'Inde, en 1861, que, encore tout pénétré des enseignements de mes maîtres, je me mis à préparer, pendant la traversée si lente et si incertaine par le cap de Bonne-Espérance, une grammaire assez confuse et peu méthodique, mais dont j'ai pu cependant utiliser bien des choses. Et je ne puis m'empêcher de rappeler que la première grammaire tamoule qui ait été imprimée, celle de Ziegenbalg, a été composée dans les mêmes conditions. Le pieux voyageur, après un séjour de huit années à Tranquebar, venait rendre compte au roi de Danemark des travaux de la mission dont il faisait partie et demander pour elle des encouragements et des subsides. Il obtint l'un et l'autre et repartit bientôt pour l'Inde, emmenant en outre une jeune femme, qu'il avait épousée dans l'intervalle, tant il est vrai que l'homme ne vit pas seulement de pain et de la parole de Dieu. Le voyage était long à cette époque; il exigeait presque une année entière; cinquante ans plus tard, il fallait encore de sept à huit mois pour faire la route. Au commencement du dernier siècle, les nouvelles importantes étaient transmises d'urgence, en trois ou quatre mois, par la Turquie et la Perse ou l'Égypte. Aujourd'hui, les lettres peuvent aller de Pondichéry à Paris en seize jours et les télégrammes devancent le soleil lui-même. Ainsi grâce aux progrès de la science, les distances n'existent plus, les barrières qui séparent les divers peuples se suppriment ou s'abaissent de plus en plus, la connaissance des langues étrangères devient une nécessité, et nous pourrons bientôt répéter avec confiance le refrain d'une chanson républicaine :

> Les cœurs sont bien près de s'entendre
> Quand les voix ont fraternisé.

Paris, 25 mars 1903.

INTRODUCTION.

La langue *tamoule* est à peu près la seule langue parlée à Pondichéry et à Karikal, nos deux principaux établissements de l'Inde. Son domaine territorial s'étend du 72e au 82e degré de longitude est et du 8e au 13e degré de latitude nord. Les écrivains indigènes lui donnent pour limites au nord le mont Vêṅgaḍa, à l'ouest le *Kuḍagam* ou mont du Coorg, au sud le cap Comorin, à l'est le golfe du Bengale; en réalité, elle est délimitée par une ligne qui part de la côte un peu au-dessus de Madras, passe à Sittûr et Vellore, descend vers Salem qu'elle enferme, oblique vers les Nilagiris, d'où elle descend à peu près directement le long des hauteurs appelées Cardamon-Hills, et se détourne vers l'ouest pour aboutir à Trivandram, au bord de la mer. Elle est parlée aussi dans un peu plus du tiers septentrional de Ceylan, où elle est séparée du singhalais par une ligne allant presque directement de Baṭicaloa à la côte opposée, en passant au nord de Macale et de Kurunegala. Les principales villes du pays tamoul sont Madras, Pondichéry, Arcate, Trichenapally, Tanjaour, Maduré, Tinnévéli, Tuticorin, et, à Ceylan, Jaffna (sur un îlot) et Trinquemalé. Le nombre total des habitants du pays qui parlent tamoul était, en 1901, de 17,710,035, dont 16,525,500 pour l'Inde britannique, 953,535 pour Ceylan et 231,000 pour Pondichéry et Karikal[1] : il faudrait ajouter à ces chiffres le nombre des émigrants tamouls qui sont allés

[1] Je prends ces chiffres à l'*Annuaire des Établissements français dans l'Inde*, pour 1902; le chiffre total des habitants est de 231,056, mais j'ai pris le chiffre rond pour tenir compte des quelques étrangers qui ne parlent pas tamoul. Les chiffres pour Ceylan et l'Inde anglaise m'ont été gracieusement communiqués par les agents officiels du Gouvernement anglais.

en Cochinchine, à Singapour, à Maurice, à la Réunion et aux Antilles : je les évalue très approximativement à 25,000.

Quelle est l'étymologie et la signification de ce mot, *tamoul?* Il s'écrit தமிழ் *tamij;* mais la lettre finale se prononce *ḷ*, comme ள், dans la plus grande partie du pays, et, devant ces consonnes, la voyelle *i* s'assourdit en *u* (*ou* français), de sorte que la transcription «tamoul» est à peu près rigoureusement exacte. Les dictionnaires donnent à ce mot le sens de «langue tamoule, douceur, qualité», mais il faut le rapprocher de தம *tama* «calmer, s'apaiser, abonder, remplir», தமர் *tamar* «faire du bruit, résonner» et «trou», தமி *tami* «être seul, s'isoler», தம்பு *tambu* «se sacrifier» et même தபு *tabu* «mourir, se perdre», தப்பு *tappu* «manquer, faillir»; de ces divers mots se dégage l'idée générale de «faiblesse, adoucissement», ce qui peut très bien s'appliquer à un langage régulier et mesuré. Mais on a proposé une étymologie étrangère; on a fait de «tamoul» une adaptation du sanskrit *drâviḍa* (द्राविड), par lequel les écrivains septentrionaux désignent les gens du sud et plus particulièrement les brahmanes du pays tamoul, et l'on donne comme transitionnelle la forme *damiḷo* par laquelle les livres historiques singhalais, et particulièrement le Mahâvamso, désignent les populations de la côte indienne en face de Ceylan, qui envahirent l'île au IIIe siècle avant notre ère. Les grammairiens indigènes repoussent cette étymologie, parce qu'ils ne peuvent admettre que leur langue n'ait pas eu de nom original : cet argument est assez faible, mais la transformation de *drâviḍa* en *tamoul* est vraiment trop compliquée et les altérations phonétiques trop invraisemblables.

Le tamoul était parlé jadis sur une étendue de terrain encore plus considérable : le *malayâḷa,* qui est l'idiome de la côte occidentale, n'en est proprement qu'un vieux dialecte. Aux VIIIe et IXe siècles le tamoul était encore, en tout cas, la langue officielle et littéraire de ces contrées, car c'est en tamoul que sont rédigés les célèbres «privilèges» des Juifs de Cochin et des Chrétiens nestoriens du Malabar, qui remontent aux années 750 (environ), 774 et 825 de notre ère[1]. On rattache aussi au tamoul plusieurs patois dravidiens parlés dans les Nilagiris (le *kasuva* et l'*irula*), dans une forêt sur les flancs nord de l'Annamalé (le *malasar*) et par des bohémiens errants dans le pays (le *yérakala*, le *korchi* ou *korava*).

Le tamoul, le malayâḷa, le yérakala, l'irula, etc., font partie de la famille linguistique *dravidienne* qui occupe toute la pointe méridionale de la péninsule, depuis Goa à l'ouest jusque vers Cattack à l'est[2]. On y trouve encore le *télinga* au

[1] Ces documents sont au nombre de trois, dont un pour les Juifs et deux pour les Chrétiens; ils sont écrits sur des plaques de cuivre et sont bien connus. Celui qui concerne les Juifs de Cochin a été vu en 1760 et publié pour la première fois en 1771 par Anquetil-Duperron, dans son *Zend-Avesta* (t. Ier, p. CLXIX et suiv.) : il donne la traduction du commencement d'après l'hébreu. Une traduction complète, par M. F.-W. Ellis, a paru dans le *Madras Journal of Literature and Science* (t. XIII, 1844-1845, 2e partie, p. 1-11), avec une vieille interprétation hébraïque accompagnée de remarques de M. H. Gundert (p. 11-14). M. A.-C. Burnell en a donné, en 1874, une traduction nouvelle dans l'*Indian Antiquary* (t. III, p. 333-334). Dans le même *Journal* de Madras (t. XIII, 1re partie, p. 115-146), M. H. Gundert a reproduit en fac-similé les trois documents, avec traduction et notes. Un indien du Malabar a fait des observations intéressantes à ce sujet dans le tome XXI, p. 130-155. M. Burnell a publié une page du privilège des Nestoriens dans la première édition de sa *Palæography* (pl. XXIX), et une page de celui des Juifs de Cochin dans la seconde édition (pl. XXXII). Le privilège des Juifs a été encore traduit par M. Hultzsch (*Ep. Ind.*, III, p. 66) en 1894; il a été reproduit, d'après la traduction de M. Gundert, par M. Logan, dans son *Malabar* (t. II, p. CX et suiv.). M. Pierre Loti (Julien Viaud) vient cependant de le découvrir et d'en donner une traduction, vaguement approximative, dans son livre *L'Inde sans les Anglais* qui, au point de vue scientifique et ethnographique, est presque aussi mauvais que *Ramuncho*.

[2] Dans son rapport sur le recensement de 1901, M. George G. Grierson donne aux langues dravidiennes les limites suivantes : «Their northern limit... may roughly be taken as near the town of Bhandara in the Central Provinces. Thence, towards the Arabian Sea, the boundary runs south-west

IMPRIMERIE NATIONALE.

nord-est (parlé par 19 millions d'hommes), le *canara* au nord-ouest (10 millions), le *kuḍagu* (37,000) entre le canara et le malayâḷa, et le *tuḷu* (500,000) entre le canara, le malayâḷa, le kuḍagu et la mer, le *gond* (1,350,000) qui s'étend au centre de la péninsule jusqu'à la hauteur de Calcutta, le *khand* ou *kuí* (300,000) vers le croisement du 20ᵉ degré de latitude et du 87ᵉ de longitude, l'*uraon* ou *kurukh* (170,000) au nord du khand jusque vers le 26ᵉ degré de latitude, et quelques autres idiomes peu importants, le *malto* ou *mahl-paharia*, le *kota* et le *toda* dans les Nilagiris, etc. Les noms de beaucoup de ces idiomes sont couramment déformés dans les livres anglais; ainsi le *kuḍagu* y est appelé *coorg*. Les idiomes septentrionaux forment pour ainsi dire un damier avec quelques-unes des langues dites *kolariennes* ou plutôt *mundas* (*santâli*, 1,700,000; *kol*, 655,000; *korwa*, 190,000, etc.), qui sont parlées sporadiquement entre l'hindî, le bangalî, l'uriya et les langues dravidiennes; comme celles-ci, le santâlî et ses congénères sont agglutinants, mais leur vocabulaire est tout spécial et leur grammaire très particulière : ils ont le duel, la numération vigésimale, les suffixes possessifs pronominaux, une conjugaison très complexe et une abondante composition. Le tamoul, le télinga, le canara, etc., ont une grammaire beaucoup plus simple et leurs vocabulaires n'offrent, de l'un à l'autre, que des différences phonétiques : ce sont incontestablement des dérivés d'un seul et même parler original, dont le tamoul est le représentant le plus exact et le mieux conservé. Le canara, après le tamoul, est le plus important au point de vue linguistique.

Les langues dravidiennes forment une famille bien dis-

to Kolhapur, whence it follows the line of the Western Ghats to about a hundred miles below Goa, where it joins the sea. The boundary eastwards from Bhandara is more irregular, the hill country being mainly Dravidian, with here and there a Mundâ colony, and the plains Aryan.»

tincte dans l'ensemble des langues agglutinantes; elles y sont pour ainsi dire au premier rang par la simplicité de leur dérivation et par le peu d'altération de leurs suffixes. Ainsi, les terminaisons personnelles verbales sont presque identiques aux pronoms isolés : elles sont généralement en *ên*, *î*, *d*, *êm*, *îr*, *er*[1]; or, la forme primitive des pronoms était probablement *ân*, *în*, *ad*, *âm*, *îm*, *ar*[2], où il faut remarquer que la troisième personne singulière est le pronom démonstratif éloigné neutre «cela» et le pluriel «eux», car en dravidien la distinction des genres n'existait primitivement pas, et, même dans des langues qui ont été très cultivées, les noms de femmes sont du neutre au singulier. Cependant, par une subtilité qu'on retrouve dans d'autres idiomes de peuples inférieurs, la distinction des genres apparaît dans la conjugaison chez quelques-uns d'entre eux : le malto a deux secondes personnes, une masculine et une féminine; le kurukh a tout son verbe double : les formes masculines y sont employées entre hommes ou entre hommes et femmes; les formes féminines n'y servent qu'entre femmes ou lorsque des hommes et des femmes se parlent à la seconde per-

(1) Dans les idiomes dits inférieurs, non littéraires, ce sont : *gond :* â, ân, nâ; ò, nî; â, ur, or; am, om; îr, ît; ort, urt, âng, uṅg; — *kurukh :* an, en, on; î, ai, oe; î, as, òs; am, ém, ôm; ai, ar, or; nai, nar, nor; — *malto :* in, en, on; ni, ne; ith, eh, oh; im, em, om; er, or; er; or; — *khand :* em, i, aju, mû, irù, ârû; — *yérakala :* e, a, u, o, anga, um; — *toda :* ên, éni, ini; tchi; émi, etc.

(2) La comparaison des langues met le fait hors de doute. Cependant, le pronom de seconde personne est en *n* initial, sauf en tuḷu et en khand; cela tient évidemment à ce que la voyelle *i* a plus d'affinité pour le *n* euphonique adventice que l'*a*. La première personne est en *a* et la seconde en *i*; *a* est le démonstratif éloigné et *i* le démonstratif prochain. — En toda, «à moi» est *énk* et «à toi» *néak*. — Dans le compte rendu des séances de l'Académie royale des sciences de Prague, pour 1900, M. A. Ludwig a publié, sur la flexion verbale des langues dravidiennes, un article intéressant, mais dont les conclusions sont très contestables.

sonne[1]. Un fait intéressant qui résulte de la comparaison des diverses langues congénères, c'est que, à part le toda et le gond, où la numération est complète, les idiomes non littéraires manquent d'une partie des noms de nombre : le kurukh n'a que un, deux, trois et quatre (*oṇḍ*, *eṇḍ*, *mûnd*, *nâkh*); le khand et le malto, un et deux seulement (*ro*, *ri*; *ond*, *is* ou *ir*).

A en juger par les mots les plus simples de leur vocabulaire, ces populations dravidiennes étaient relativement peu civilisées; elles avaient un langage assez pauvre et probablement monosyllabique, car il est remarquable que les mots les plus importants n'ont qu'une syllabe ou sont des disyllabes dont la seconde voyelle est un *u* bref élidable : ஆள் *âl* «homme», பெண் *péṇ* «femelle», வாய் *vây* «bouche», கை *kai* «main», கால் *kâl* «pied», *mûk* «nez», இல் *il* «maison», தீ *tî* «feu, mal», நீர் *nîr* «eau», ஆ *â* «vache», பால் *pâl* «lait», *âr'* «rivière», கோ *kô* «roi, chef», *mak* ou *mok* «enfant, petit», பூ *pû* «fleur», மண் *maṇ* «terre», கல் *kal* «pierre», புல் *pul* «herbe», போ *pô* «aller», வா «venir», *key* «faire», etc.; les prétendues conjugaisons et déclinaisons se réduisent à des groupements de monosyllabes : போகிறேன் *pôgir'ên'* «je vais» ou வாயில் *vâyil* «dans la bouche» pourraient et devraient être écrits: *pô-g-in'd'-ên'* «aller-intransitif-aujourd'hui-moi» ou *vây-il* «bouche-maison». Ils n'avaient ni dieu, ni religion[2], ni livres : c'étaient probablement des tribus ou

[1] Voici quelques exemples : *malto* : nîn bandeke «tu tires, ô homme», nîn bandeki «tu tires, ô femme»; *kurukh* : ên ânkan «j'ai dit» m., ên ânyan «j'ai dit» f.; nîn barekan «tu es venu, ô homme», nîn bareki tu es venue, ô femme».

[2] Ni dieu, ni religion, dans le sens absolu de ces mots; mais par certaines cérémonies et certaines coutumes qui ont été incorporées dans le brahmanisme postérieur, nous pouvons supposer qu'ils rendaient une sorte de culte aux personnifications redoutables ou malfaisantes de la nature : on vénère encore aujourd'hui la déesse de la petite vérole; on adore beaucoup de divinités locales dont on a fait autant d'incarnations

des clans de pasteurs, analogues aux Todas des Nîlagiris contemporains[1]. Ils étaient peut-être fétichistes et redoutaient certains êtres malfaisants, fantômes, revenants, vampires, qu'ils appelaient *pêy* பேய், mot qu'on a traduit par «diable» ou «démon». Peu à peu cependant ils s'organisèrent en villages, en pays indépendants, en grands royaumes dont les trois principaux, ceux du Pâṇḍi, du Çôja, du Çêra, sont nommés dans les proclamations bouddhistes du roi de

du terrible Çiva; et on a donné à Kâḷi, la ḍéesse méchante, des noms purement dravidiens comme celui de *Piḍâri*, qui se rattache à une racine, en *piḍ*, *piṇ*, *pij*, *piḷ*, ayant le sens général de «couper, presser, diviser, etc.».

[1] C'est une des populations les plus intéressantes de l'Inde; ils ne sont pas d'ailleurs au nombre de 1,000 (736 en 1891, dont 424 hommes et 312 femmes); en 1871, on n'en comptait que 693 (405 h. et 288 f.). Pendant longtemps, ils ont pratiqué la polyandrie, réduisant par l'infanticide, et sans doute pour des raisons économiques, le nombre des femmes au *minimum* strictement nécessaire, une par maison, quel que fût le nombre des hommes qui l'habitaient. Aujourd'hui qu'ils ne peuvent plus supprimer les petites filles, la proportion des hommes et des femmes est plus normale, mais la maison est toujours l'unité familiale, et toutes les femmes y sont communes à tous les hommes. Les Todas sont essentiellement pasteurs; chaque clan possède un troupeau commun : le lait est conservé et le beurre préparé par les soins d'une sorte de fonctionnaire nommé le *pâlâl* «homme du lait», qui est en même temps le chef vénéré de la tribu. Le *pâlâl* porte un manteau noir; il est nommé par l'assemblée des anciens pour un laps de temps qui varie de dix à dix-huit ans, mais il peut résigner ses fonctions quand il est las de la solitude, car, tant qu'il les exerce, il doit vivre seul, n'avoir aucune communication avec les autres habitants du *mand* «hameau, groupe de huttes», et observer une chasteté absolue. Dans l'édifice, *tiriêri*, où se travaille le lait, sont conservées des cloches auxquelles on rend un espèce de culte consistant en libations de lait. Les Todas saluent le soleil et la lune à leur lever, par des formules déprécatoires et des louanges. C'est à peu près tout ce qu'on trouve chez eux qui puisse être assimilé à des coutumes religieuses. La civilisation leur a apporté la syphilis et l'alcoolisme. Le travail le plus récent que je connaisse sur les Todas est une étude anthropologique de M. Edgar Thurston (*Madras Governement Museum;* Bulletin n° 4, 1896, p. 148-187).

Patalipura, Piyâdasi ou Açôka, au IIIe siècle avant Jésus-Christ.

Le plus ancien témoignage que l'on connaisse de l'existence du tamoul est un passage de la Bible (*Rois*, I, X, 72; *Chroniques*, II, IX, 21), où il est dit que les navires de Salomon allaient tous les trois ans sur les côtes de l'Inde, à Ophir (?), d'où ils rapportaient entre autres choses des paons : תֻּכִּיִּים *ThuKIyîM* ou תּוּכִּיִּים *ThûKIyîM* : ce mot représente évidemment le tamoul தோகை *tôgei* « paon, queue de paon[1] ».

Plus tard, ces relations commerciales s'étendirent à la Grèce et à l'empire romain. On a trouvé, dans l'intérieur des terres, au Maduré, en nombre relativement considérable, des monnaies romaines de cuivre. C'est évidemment de ces voyageurs que les géographes anciens ont tiré les indications qu'ils donnent sur le pays. Beaucoup des noms topographiques rapportés par Strabon, Ptolémée, Pline, sont assez peu altérés pour pouvoir être facilement ramenés à la forme originale tamoule : *Σῶρα* சோழம் *çôjam*, *πανδίων* பாண்டி *pâṇḍi*, *μόδουρα* மதுரை *madurei*, *καροῦρα* கருவூர் *karuvûr*, *μαγγάνουρ* மாங்களூர் *mângaḷûr*, *ἀρκατοῦ* ஆறுகாடு *âr'ukâḍu* (Arcate), *κοττιάρα* கோட்டாறு *kôṭṭâr'u*; d'autres sont un peu moins faciles à identifier, mais leur restitution est certaine : dans *καλλιγικόν*, on retrouve le கள்ளி *kaḷḷi* de la pointe கள்ளிமேடு *kaḷḷimêḍu* (Calimer); dans *κηρόβοθρος*, le *kêra* ou *kêrala* qui est en tamoul சேரம் *çêra*; dans *μανάρφα*, *μαναλιάρφα* ou *μαλιάρφα*, la ville de Méliapour (மயிலாப்புரம் *mayilâppuram*). J'ai montré que dans *ὄρθουρα βασίλειον Σώρναγος*, il fallait lire *ὀρείουρα*[2] : உறையூர *ur'eiyûr* a été en effet anciennement la capitale du Çôja.

[1] Voyez mon article dans la *Revue de linguistique*, t. V, 1873, p. 120-128.

[2] Cf. *Sur la prononciation du grec ancien* (*Revue de linguistique*, t. II, 1868, p. 40-50). Parmi les noms topographiques cités par les Grecs, il

La prononciation actuelle de la langue classique représente assez exactement celle qui était générale il y a dix-huit cents ans. Il faut remarquer cependant que le ρ de Σῶραι, Σώρναγος, correspond au ழ *j* que l'on suppose être originellement un *r* cérébral ou lingual. *Çója* est transcrit *Côḍa* dans les proclamations de Piyâdasi.

Les pèlerins chinois qui ont voyagé dans l'Inde, du IIIe au VIIe siècle, ne se sont pas avancés assez au Sud pour avoir pu connaître les Tamouls. Hiouen-Tsang, en 640, vint pourtant à Kântchipura (à 80 kilomètres au sud-ouest de Madras), mais il n'eut évidemment de rapports qu'avec les religieux bouddhistes dont le sanskrit était l'idiome ordinaire. Il dit seulement que les gens du pays étaient adonnés au lucre et ne s'occupaient pas de choses littéraires.

A la fin du VIIe siècle, un grammairien sanskrit, Kumârilabhatta, cite quelques mots tamouls : *côr* «riz», *naḍêr* «chemin», *pâmb* «serpent», *vâir* «ventre», *âl* terminaison féminine, c'est-à-dire சோறு *çór'u* «riz cuit», நடை *naḍei* «marche», பாம்பு *pâmbu*, வயிறு *vayir'u*, ஆள் *âḷ*[1]. Il faut remarquer *âi* pour *ayi* et *êr* pour *ei* (proprement *ai*). Les *e* et *o* brefs du tamoul sont transcrits *ê* et *ô* dans les documents historiques sanskrits, c'est-à-dire dans les actes royaux de donations faites aux brahmanes ou aux pagodes du sud de l'Inde, où sont énumérés des noms de villages et de localités.

Ces documents sont entièrement en sanskrit avant le

faut retenir *κόλχοι ἐμπόριον* qui est évidemment le கொற்கை *kot'kei* tamoul; et nous constatons là un exemple remarquable de la mutation euphonique $l = t'$. Il est aussi fort intéressant de remarquer que *Kot'kei* n'est plus au bord de la mer aujourd'hui, mais dans les terres. M. Caldwell fait observer que, la mer se retirant de plus en plus, on a successivement fondé de ce côté-là deux ports de commerce : காயல் *kâyal* devenu à son tour inaccessible, puis Tuticorin (தூற்றுக்குடி *tût't'ukkuḍi*).

(1) Kumârilabhatta, *Tantravârttika* (commentaires sur le *Jâiminisûtra*); voir l'article de M. A.-C. Burnell dans l'*Indian Antiquary*, t. I, p. 310.

VIIe siècle de notre ère; à partir de ce moment, ils contiennent une partie, qu'on peut appeler le dispositif, en tamoul.

Le tamoul est une des premières langues de l'Inde que les Européens ont étudiées après l'arrivée des Portugais sur la côte occidentale, et c'est par elle qu'ils ont eu les premières notions exactes sur les mœurs, les institutions et les religions du pays. Autour de Goa, on parlait un dialecte du Marâṭhî, le Concanî, qui a été appelé *lingua canarim*, ce qui a entraîné de regrettables confusions avec le canara. Les Jésuites descendirent de bonne heure dans le pays malayâla, mais ils eurent peu à y faire à cause de la grande quantité de Nestoriens qui s'y trouvaient et qui ont été désignés sous le nom de *Chrétiens de Saint-Thomas*[1]. Un champ de travail à la fois plus vaste et plus fécond s'ouvrit à eux sur les côtes méridionale et orientale et dans l'intérieur des terres à l'est des montagnes. Ils établirent, vers 1550, un séminaire à Ambalacatte (Ambalakkâḍu, sur le territoire de Cochin); ils y enseignaient le malayâla et le tamoul, et il y imprimèrent divers ouvrages dont un *Vocabulaire* tamoul-portugais dû au père Antoine de Proença[2]; il convient de citer également les noms des pères Baltezar da Costa (1610-1673), P. Bruno, E. Martins, qui ont fait du tamoul une étude particulière; le premier a écrit une grammaire qui nous a été conservée[3],

[1] La légende veut que l'apôtre de Jésus-Christ célèbre par son scepticisme soit venu dans l'Inde et y ait fait de nombreux prosélytes. Il serait même mort à Méliapour, que les Portugais ont appelé Saint-Thomé. Mais il est probable que les Chrétiens dont il s'agit remontent à une ou plusieurs colonies de Nestoriens de Syrie qui sont venus dans l'Inde au VIIIe ou au IXe siècle, fuyant peut-être l'invasion musulmane.

[2] Imprimé à Ambalacatte, en 1679. On n'en connait plus qu'un seul exemplaire, conservé à Rome, au Musée Borgia (collège de la Propagande); c'est un petit in-4° de 247 feuillets. Le Père de Proença, né en 1625, était mort en 1666.

[3] Une copie manuscrite, faite en 1685, est jointe à l'exemplaire connu du vocabulaire du P. de Proença.

le second avait composé à Jaffna un vocabulaire tamoul, cité par le père de Proença et qui ne paraît plus exister. Les Jésuites, envoyés dans l'Inde, n'étaient pas tous Portugais; en 1606 arrivait au Maduré le propre neveu du Cardinal Bellarmin, Robert de' Nobili, qui demeura cinquante ans dans le pays; il mourut à Méliapour, le 16 janvier 1656, laissant un grand nombre d'ouvrages en tamoul et en sanskrit; ce sont des livres de propagande religieuse; le style en est faible et l'intérêt médiocre. C'est au Père de' Nobili qu'on attribue les fameux *rites malabares* qui accommodaient si étrangement le christianisme aux mœurs indiennes. Un autre Italien, le père C.-J. Beschi, est l'Européen qui a le mieux étudié le tamoul et qui a su acquérir la connaissance la plus approfondie de sa grammaire, de sa prosodie et de son vocabulaire ancien et moderne : les écrits tamouls du père Beschi sont d'un style irréprochable. Il a composé au moins deux grammaires pour les Européens, une pour les Indiens et plusieurs dictionnaires. Beschi, né à Castiglione delle striviere, le 8 novembre 1680, mourut à Ambalacatte, le 4 février 1747, dans sa trente-sixième année de séjour dans l'Inde[1].

Au commencement du XVIIIe siècle, plusieurs Jésuites français apprirent à leur tour le tamoul et écrivirent quelques ouvrages didactiques et divers livres de propagande : je citerai seulement les pères Boucher (1655-1732), de la Lane (1669-1746), de Bourzes (1673-1735), Calmette (1693-

[1] Le principal ouvrage de Beschi, qui avait pris le nom tamoul de வீரமாமுனிவர் *vîramâmun'ivar* « le grand ascète héroïque » (traduction de « Constant »), est un long poème épique en trente-six chants, le தேம்பாவணி *tèmbâvaṇi* « guirlande inflétrissable »; c'est un étrange pastiche des vieux ouvrages classiques tamouls, où l'auteur a mêlé des réminiscences italiennes (notamment un épisode de la *Jérusalem délivrée*), dont le héros est... S. Joseph, j'allais dire Childebrand. Voir mon article *Le Tasse dans la poésie tamoule* (*Revue de linguistique*, t. VIII, 1875, p. 52-69).

1740), Gargam (1690?-1742), Cœurdoux, le correspondant d'Anquetil (1691-1779).

Après les Portugais, étaient venus les Hollandais, les Danois, les Anglais. Les Hollandais ont beaucoup étudié le tamoul, et nous en avons la preuve dans les écrits de Th. Balde, d'Abraham Roger, d'Adrien Reland et beaucoup plus tard de l'aventureux J. Haafner. La mission danoise de Tranquebar, fondée en 1706, et desservie par des pasteurs allemands, a publié, de 1714 à 1728, la première traduction de la Bible; ils ont également écrit, en tamoul, de nombreux manuels de dévotion et des traités de controverse. Je ne puis citer, de 1706 à 1850, que les noms de Ziegenbalg (1683-1710), Chr.-Th. Walther, Fabricius, Breithaupt, Kämmerer, Rhenius, Rottler, des missions luthériennes allemandes; ils s'étaient établis à Madras après la restitution de la ville aux Anglais en 1749, et on leur attribua la maison des Capucins français que les Anglais s'étaient empressés de chasser; après 1761, on leur donna le matériel d'une imprimerie apporté de Pondichéry. Les Anglais eux-mêmes fondèrent à Madras un collège où s'illustrèrent plusieurs tamulistes, MM. R. Clarke, R. Anderson, et surtout B.-G. Babington (1794-1866) et F. W. Ellis (1778-1819): ce dernier est, après Beschi, l'Européen qui a acquis la connaissance la plus parfaite du tamoul. Nous citerons encore, parmi beaucoup d'autres, les noms de MM. Drew, Brotherton, Knight, Winslow, Spaulding, Percival, G.-U. Pope, et R. Caldwell, auteur de la *Comparative Grammar of the Dravidian language* (4 mai 1814-28 août 1891).

Parmi les Français qui se sont livrés à ces études, on ne compte presque que des missionnaires catholiques, dont les principaux sont : MM. Perrin (1754-1820?), Dubois (1770?-1848), Dupuis (1806-1874), Mousset (1808-1888), Magny (1758-1822), Legoust (1830-1863), Lap (1834-1893). Une place à part doit être réservée à M. Ariel (Édouard-

Simon) qui, à l'imitation d'Ellis, avait entrepris l'étude scientifique du tamoul. Né à Nantes le 5 octobre 1818, élève d'Eugène Burnouf de 1841 à 1843, envoyé à Pondichéry, en 1844, comme aide-commissaire de la Marine, il y mourut le 23 avril 1854, léguant à la Société asiatique une fort belle collection de livres et de manuscrits tamouls[1]. Il n'a publié que quatre articles, dans le *Journal asiatique*, de 1847 à 1852, mais il a laissé de nombreux manuscrits, des traductions, des notes grammaticales, des vocabulaires que j'ai souvent consultés avec fruit. On peut mentionner aussi, comme ayant écrit sur le tamoul, en français, Eugène Burnouf (en 1828), MM. Van der Haeghen (1858), l'auteur de ce livre (depuis 1861) et quelques-uns de ses élèves, MM. G. Devèze et G. Barrigue de Fontainieu notamment.

En Allemagne, je ne vois guère à citer, parmi les contemporains, que le nom de Graul (C.-F.-L.); né à Woerlitz le 6 février 1814, mort à Erlangen le 10 novembre 1858, il a habité l'Inde de 1849 à 1853.

Le tamoul n'est enseigné en France que depuis 1879, grâce à l'initiative énergique de M. Jules Godin, alors député, aujourd'hui sénateur de l'Inde française. La nécessité de cet enseignement avait été démontrée depuis longtemps par Langlès, par Eugène Burnouf, par d'autres encore. De 1869 à 1870, un cours provisoire avait été autorisé à l'École des Langues orientales; il fut fait par un Indien, Sandou-Odéar, qui, parti de Pondichéry en 1860 avec un convoi d'émigrants destiné aux Antilles, était venu chercher fortune en France. Il avait pu enfin obtenir un modeste emploi dans une mairie de Paris, et il y est mort à 47 ans, on peut dire de nostalgie et de misère, le 10 décembre 1871. Il était

[1] Les livres sont encore dans la riche bibliothèque de la Société asiatique, mais les manuscrits ont été donnés, en 1866, à la Bibliothèque nationale; ils y forment plus de la moitié du fonds tamoul qui comprend actuellement 573 numéros.

cependant fort instruit et son cours avait eu quelque succès.

Le tamoul a une littérature très abondante et relativement ancienne; cette langue a été écrite certainement avant aucune autre de ses congénères. Mais quand l'a-t-elle été pour la première fois? M. Burnell, dans sa *South-Indian Palæography* (Mangalore, 1874, viij-98 p. in-4°, 1 carte et 31 pl.; 2e éd., 1878, xiv-147 p., 1 carte et 35 pl.), a montré que l'écriture n'a probablement été introduite dans le sud de l'Inde qu'au IIIe siècle après J.-C. On n'y trouve du moins aucun document antérieur à cette époque; ces premiers documents sont d'ailleurs exclusivement en sanskrit. La question vient d'être vivement discutée dans les journaux littéraires de Madras et j'ai pris part à la discussion. Les jeunes savants indiens qui l'ont soulevée avaient surtout en vue de réfuter les assertions du docteur Caldwell et d'autres tamulistes qui avaient affirmé que la littérature tamoule ne devait pas remonter au delà du xe siècle et que l'écriture était d'importation relativement récente dans le pays. Mais ils ne se sont pas bornés à montrer l'inexactitude de ces suppositions, ils ont mis en avant des hypothèses encore plus invraisemblables. S'emparant, de bonne foi mais un peu naïvement, des inventions de quelques écrivains, ils ont été jusqu'à admettre que la race dravidienne est arrivée du Sud, que le tamoul a été parlé sur un vaste espace de terrain dont la plus grande partie, qui se trouvait au delà du cap Comorin, a été submergée il y a fort longtemps[1], que beaucoup d'ouvrages composés à cette époque ont été perdus, et que ces ouvrages avaient été écrits à l'aide d'un alphabet original dont il ne reste pas de traces. Telle est du moins l'opinion de l'habile professeur du collège catholique de Trichenapally, D. Sava-

[1] On vu plus haut, à propos de l'ancien port de *Kolkei,* qui n'est plus aujourd'hui sur le rivage, que le contraire est plus vraisemblable.

riroyan. A l'appui de cette théorie, il invoque l'existence en tamoul des mots எழுத்து *ejuttu* «lettre» et சுவடி *çuvaḍi* «livre, manuscrit en feuilles de palmier»; mais l'argument n'est pas décisif, car le sens primordial de எழுத்து est aussi bien «marque, signe, peinture» que «lettre» et சுவடி signifie proprement «paquet, liasse, faisceau». On sait que les anciens manuscrits tamouls se composaient de feuilles de cocotier ou de palmier, appelées «ôles» ஓலை *ôlei*, où les caractères étaient gravés avec des stylets de fer appelés எழுத்தாணி *ejuttâṇi* «clou ou pointe à lettres»; pour faciliter la lecture, on passait sur la feuille écrite du noir de fumée ou du charbon pulvérisé délayé dans le suc d'un végétal et la couleur se fixait dans les creux. Les *ôles* étaient de toutes dimensions; ordinairement elles avaient o m. 50 à o m. 60 de long sur o m. 04 à o m. 06 de large et l'on y écrivait en long. Lorsqu'on voulait conserver indéfiniment un document écrit, un acte officiel par exemple, on le gravait sur des plaques de cuivre qu'on appelait également ஓலை *ôlei*, et qui avaient à peu près la forme des ôles, si ce n'est qu'elles étaient beaucoup plus hautes et moins larges; quand il fallait plusieurs plaques, la première et la dernière n'étaient gravées que d'un seul côté de façon que l'extérieur du document restât blanc et ne fût pas exposé aux intempéries des saisons et aux autres causes de détérioration; les diverses plaques étaient percées d'un trou par où passait un anneau sur lequel on appliquait le sceau du roi. Les ôles d'un manuscrit ordinaire étaient percées de deux trous vers leurs extrémités; celui de droite recevait une baguette de bois ou de fer dont un bout était attaché à un très long cordon de coton rouge qui passait dans l'autre trou et faisait plusieurs fois le tour du manuscrit en s'appuyant sur les deux bouts de la baguette. Le manuscrit était d'ailleurs protégé par deux ais ou planchettes de bois taillées à la dimension des ôles et qui faisaient corps avec le manuscrit. On comprendra aisément que ces manuscrits, exposés à mille causes de destruction et extrêmement fragiles, ne pouvaient durer bien longtemps : on n'en connaît pas qui aient, d'une façon certaine, plus de quatre cent cinquante ans d'existence[1].

Les autres mots qui peuvent correspondre à nos expressions «livre, lettre, écriture» sont généralement empruntés au sanskrit. On appelle cependant les livres sacrés, les Védas, மறை *mare'i*, c'est-à-dire «secret» ou «mystère»; on donne aux ouvrages importants, et surtout aux ouvrages dogmatiques ou didactiques, le nom de நூல் *nûl* «fil», c'est-à-dire «conducteur, guide, rectitude, etc.». Une lettre dans le sens de «billet, correspondance, missive», est qualifiée, en style noble, de திருமுகம் *tirumugam* «figure sacrée» (श्रीमुख); c'est le titre qu'on donnait habituellement aux actes émanant de l'autorité royale, sans doute à cause du sceau ou empreinte qu'elles recevaient. Rien dans tout cela ne prouve que les Tamouls aient su écrire avant l'arrivée des Aryas.

Une des raisons qui ne permettent pas de croire à l'existence très ancienne de l'écriture dans le pays tamoul, c'est que le cocotier, dont les feuilles forment la substance sur laquelle on écrivait couramment, paraît un arbre d'importation récente. Il serait venu de Ceylan et porte le nom significatif de «arbre du sud», தென்னமரம் *ten'n'amaram*.

Il est généralement admis que l'écriture était inconnue dans l'Inde avant le troisième siècle qui a précédé notre ère; on sait aussi que les premiers alphabets, qui se traçaient

(1) Les manuscrits qui se conservent le mieux et durent le plus longtemps sont ceux sur feuilles de talipat (*corypha umbraculifera*). Ceux sur feuilles de palmier ordinaire (*borassus flabelliformis*) sont beaucoup plus exposés à la destruction. Le plus ancien dont M. Burnell ait eu connaissance était de 1600 environ. J'en possède un qui est daté du jeudi 20 panguni an Sarvajit, c'est-à-dire du 29 mars 1708; c'est une copie, malheureusement incomplète, des deux premiers livres du *Râmâyaṇa* : elle offre des variantes intéressantes.

de droite à gauche, avaient été empruntés à des écritures sémitiques. Dans le sud, on ne trouve aucun document écrit avant le troisième siècle de notre ère, et l'écriture y a toujours été dirigée de gauche à droite; cette écriture est incontestablement dérivée de l'écriture septentrionale. Aucun doute n'a jamais été émis, en ce qui concerne les alphabets canara, télinga et malayâḷa. Le *grantha*, dont on se sert pour écrire le sanskrit dans le pays tamoul, et le tamoul oriental, qui en est une réduction, se rattachent aussi à peu près indubitablement à cette écriture. Mais il existe une autre écriture tamoule, qu'on peut appeler occidentale parce qu'elle a été surtout employée dans le pays où se parle actuellement le malayâḷa et dont le nom propre est வட்டெழுத்து *vaṭṭé-juttu* «lettre ronde[1]». M. A.-C. Burnell a dit que cet alphabet paraissait avoir une origine indépendante; il n'en fallait pas davantage pour fournir des arguments aux partisans de l'invention spontanée et locale d'une écriture tamoule, quoique en réalité Burnell ait parlé seulement de la possibilité d'un emprunt direct aux Sémites qui venaient faire du commerce sur la côte du Malabar (*South-Indian palæography*, 2e éd., 1878, p. 49-51). Mais il suffit de jeter les yeux sur cet alphabet pour se rendre compte de sa véritable origine. Il est certainement une pure et simple adaptation du système septentrional : l'ordre des lettres, la forme des signes *k*, *ç*, *r* — *m*, *p* — *l*, *v* — comparés les uns aux autres; le système de jonction des voyelles aux consonnes; le son de *a* bref attaché à la consonne simple; l'absence de distinction entre *é* et *ê*, *o* et *ô*; la représentation de la voyelle *âi* par un signe dérivé incontestable-

[1] Anquetil a, le premier, signalé l'existence de cette écriture dans son *Zend-avesta* (tome Ier, p. CLXXII, note); il y parle de «l'ariom», alphabet usité à Mahé pour écrire le sanskrit, du «batte-ejouttou (caractère rond)», qui sert à écrire le tamoul et «qui a 13 voyelles et 18 consonnes»; «lorsqu'on l'allonge un peu», c'est «le *kole-ejouttou* (caractère long) qui est d'usage dans les actes».

ment de celui de l'*e*, tout le prouve; la seule originalité de cet alphabet c'est que les consonnes muettes sont écrites horizontalement[1]. Ce qui est certainement remarquable, c'est l'intelligente habileté avec laquelle l'alphabet tamoul a été composé : on y trouve la preuve d'une observation très exacte et très raisonnée; cet alphabet est évidemment l'œuvre d'un grammairien, ou d'un groupe de grammairiens, étranger et fort instruit qui, tenant compte des lois de la phonétique, a compris qu'un même signe suffisait pour *k* et *g*, *t* et *d*, *p* et *b*; *r'*, *t'* et *d'*; *r'* est d'ailleurs primitivement un double *r* et *t'* ou *d'* se confond dans la vieille écriture avec *ṭ* ou *ḍ*; *j*, ou plutôt *ṛ*, paraît formé de *m* : c'est là le seul point qui nous trouble et dont la raison nous échappe; en canara, c'est un *r'* simplifié.

Quoi qu'il en soit, l'écriture, introduite dans le sud seulement avec des documents sanskrits et pour écrire le sanskrit, n'a dû être appliquée au tamoul que vers le quatrième ou le cinquième siècle. Les plus anciens documents tamouls écrits que l'on connaisse sont du VIIe siècle; ce sont des actes de donation faits par un roi du Pallava, Nandivarmâ.

Il est donc impossible d'admettre que la littérature tamoule, dans le sens ordinaire du mot littérature, soit antérieure au VIIe siècle. Cette littérature est essentiellement poétique; or, dans les documents publics, nous ne voyons apparaître la poésie que dans les inscriptions des pagodes du roi Çôja Râjarâja, qui paraît avoir régné de 985 à 1020; les actes de donation rédigés en prose, au nom de ce roi et de ses successeurs, sont précédés de préambules poétiques, sortes de formules à peu près les mêmes pour chaque roi dont elles célèbrent les hauts faits. Les actes analo-

[1] Dans le système phonétique tamoul, les muettes sont ou le double de la consonne suivante, ou la nasale précédant l'explosive de son ordre, ou les continues *y*, *r*, *l*, *j*, *ḷ*, *ṇ*, *n'*.

gues sur plaques de cuivre des rois pallavas ont des préambules en vers sanskrits, et la donation même, rédigée d'abord en prose sanskrite, y est ensuite traduite en prose tamoule; ces actes ont été généralement écrits aux VIIe, VIIIe et IXe siècles.

L'histoire, telle qu'on a pu l'établir, confirme en effet la vieille légende locale qui partage le pays tamoul entre trois grands souverains : ceux du Çêra, à l'ouest; du Pâṇḍi, au sud; du Çôja, à l'est [1]. Ces trois royaumes sont mentionnés dans les proclamations d'Açôka, au milieu du troisième siècle avant J.-C., sous les formes : Kêrala, Paṇḍa, Côḍa. En 302, Mégasthènes parlait du pays de *Pandaia*. Plus tard, les géographes grecs, comme nous l'avons vu ci-dessus, décrivent ces trois royaumes. Strabon rapporte (XV, 1, 4) qu'un des rois du Pâṇḍi aurait envoyé une ambassade à Auguste. Dans le Çêra était compris le pays où se parle aujourd'hui le malayâḷa. La capitale du Çêra était Karuvûr; celle du Pâṇḍi, Maduré; celle du Çôja, Ur'eiyûr, puis Maleikût't'am, puis Tanjaour. Les rois du Çêra étaient censés de la race du feu (Agni), ceux du Pâṇḍi de la race lunaire et ceux du Çôja de la race solaire ; les premiers avaient un drapeau qui portait, ainsi que leur sceau, l'image d'un éléphant; les seconds avaient pour emblême un poisson; les Çôjas scellaient leurs actes de la figure d'un tigre. Autant qu'on peut en juger, ces trois souverains étaient perpétuellement en guerre les uns contre les autres. Le royaume du Çêra, divisé et réduit, prit le nom de Koṅgu et, conquis une première fois par les Çôjas, fut définitivement absorbé par les Hoyçalas Ballâlas du Maiçûr en 1080; après l'invasion musulmane, leur pays se divisa en plusieurs petits états.

[1] Je ne crois pas pouvoir employer l'adaptation sanskrite ordinaire *Tchola;* le nom originel est tamoul. La vraie forme serait probablement *Çôṛa;* mais j'écris comme on prononce à Pondichéry et à Karikal.

IMPRIMERIE NATIONALE.

Le Pâṇḍi fut, après de longues alternatives de victoires et de défaites, conquis vers 1070 par le roi Çôja Kulôttuṅga II, qui mit sur le trône de Maduré son jeune frère, connu sous le surnom de Gaṅgeikoṇḍân «celui qui a pris la Gaṅgâ» et qui reçut le titre de Sundarapâṇḍiya : on y voit le Sander Bandi dont parle Marco Polo. Cette seconde lignée de rois Pâṇḍiyas dura jusqu'en 1311, où le pays fut envahi par un chef musulman, Malik Kâfur. Environ un demi-siècle après, le royaume revint à des chefs indigènes dont on cite plusieurs séries. Le plus remarquable de tous ces souverains fut Adivîrarâmapâṇḍiya (1565-1610), qui a composé ou auquel on attribue de nombreux ouvrages tamouls.

Au nord du Çôja s'était formé, aux dépens des Calukyas orientaux, vers le ve siècle, le royaume des Pallavas dont la partie septentrionale était le pays de Vêṅgi ou Veṅgei, vers les bouches du Godâvêri. La capitale était Kântchipura. On parlait télinga dans le Vêṅgi, dont le chef-lieu était Vêṅgi (*Ping-ki-lo* de Hiouen-Tsang, qui nomme le pays *An-ta-lo* c'est-à-dire Andhra). La partie méridionale, où était Kântchipura, formait le Toṇḍâmaṇḍala, dont le tamoul était la langue. Le Vêṇgi fut pris aux Pallavas, en 616, par un roi câlukya : les Câlukyas, divisés en orientaux et occidentaux, occupaient tout le nord de la péninsule méridionale. Vers 760, les Câlukyas s'emparèrent de la ville de Kântchipura après avoir tué en bataille rangée le roi Nandipôtavarmâ. Au bout d'une longue période de guerres avec les pays environnants, le royaume fut définitivement conquis par un général du Çôja Kulôttuṅga II, vers 1100; le Toṇḍâmaṇḍala fit dès lors partie du grand royaume sud-oriental. Le pouvoir des Çôjas dura jusqu'à l'invasion mahométane de 1310. Repoussés vers 1347 par une fédération d'indigènes, les Musulmans cédèrent la place à des chefs locaux; le pays tomba sous la domination des souverains de Maduré, puis des Mahrattes, qui en ont gardé la souveraineté ou tout au moins la suzeraineté jusqu'à la conquête anglaise.

Comme nous l'avons déjà dit, les premiers documents tamouls écrits que l'on connaisse sont en prose et datent du VIIe siècle; le langage en est conforme à ce qu'on appelle aujourd'hui le style poétique ou le haut tamoul (செந்தமிழ் *çéndamij* «tamoul pur»), ce qui montre combien la division proposée par Beschi en langue vulgaire et en langue supérieure est factice et artificielle; en fait, la limite entre ces deux «dialectes» est extrêmement incertaine[1]. Les premiers documents en vers sont les préambules des inscriptions de Râjarâja-çôja, à la fin du xe siècle. C'est donc entre ces deux époques que doit se placer le commencement de la littérature tamoule. Mais avant de donner sur l'histoire de cette littérature des indications vraisemblables et admissibles, voyons ce que racontent les légendes et ce que pensent les écrivains indigènes.

Un des plus savants érudits tamouls, auquel on doit la publication d'un grand nombre d'ouvrages anciens importants, Dâmôdarampiḷḷei, de Jaffna, s'est longuement occupé de la question dans l'introduction magistrale qu'il a mise en tête du *Vîraçôjiyam,* grammaire tamoule composée par un bouddhiste, Buddhamitra, probablement pour le roi Vîraçôja ou Kulôttuṅga II, qui a régné de 1070 à 1118. Il divise l'histoire de la littérature tamoule en huit périodes successives : celle de l'ignorance, des lettres, de la grammaire, de la lutte, de la défaillance, du djâinisme, de l'histoire et de la prospérité. Nous verrons plus loin si cette division est justifiée.

Un professeur du collège de Patcheiyappa, de Madras, Tirumaleikkojundupiḷḷei, a publié toute une série d'articles

(1) Les Tamouls eux-mêmes disent qu'il y a trois tamouls : le naturel ou ordinaire (இயற்றமிழ் *iyat't'amij*), celui de la poésie (இசைத்தமிழ் *içeittamij*) et celui du théâtre (நாடகத்தமிழ் *nâḍagattamij*).

sur ce même sujet dans le journal *Siddhanta Deepikâ* (n[os] de mars-avril 1900 et suiv.). Malgré quelques réserves, il admet les vieilles légendes qui attribuent l'invention ou du moins la culture du tamoul à un ascète venu du nord, Agastya, qui s'établit sur le mont Podiya, non loin du cap Comorin, et dont les douze disciples publièrent en commun un ouvrage en douze chapitres dont chacun avait écrit le sien. Agastya avait fait deux grammaires, une très considérable et une abrégée; les douze disciples en firent aussi chacun une : celle du premier, Tolkâvya, existe seule encore, et il ne reste que des citations de celles de quelques autres, Adaṅkôṭṭâçân', Panambâran', Avinayan', Kâkkeipâḍin'iyan'. Peu après survint un déluge qui submergea tout le pays au sud du cap Comorin où était alors une rivière; ce déluge est rapporté à celui de Noé. Tirumaleikkojundupiḷḷei admet d'ailleurs trois périodes dans l'histoire de la littérature tamoule : une période ancienne, depuis les temps primitifs jusqu'à Ñânasambandha; une moyenne, de Ñânasambandha à Umâpati-Çivâcârya; une moderne, de Umâpati-Çivâcârya à nos jours.

Durant la période antique et la période moderne il y eut, à Maduré et dans le pays méridional, trois académies savantes. La première, fondée vers l'an 9890 avant notre ère par Agastya lui-même, dura jusqu'à l'an 5450 et compta 549 membres qui eurent à juger les compositions de 5,449 poètes. La seconde, qui siégeait à Kabadâpuram, une cité disparue au sud du cap Comorin, commença en 5450 et finit en 1760, elle avait 50 membres et apprécia les œuvres de 3,700 poètes. Les ouvrages qui furent composés pendant ces longues années ont été tous perdus; il n'en reste que des fragments cités par les grammairiens ou les commentateurs plus modernes. La troisième académie, de 1750 à l'an 100 après J.-C., comptait 49 membres; les noms des derniers ont été conservés : c'est à cette époque qu'auraient été rédigés les ouvrages de Tiruvaḷḷuva, d'Aûvei, de la dame de Karikal qui est un des soixante-trois saints du Çivaïsme, ainsi que les grands ouvrages classiques *Silappadigâram*, *Maṇimêgalei*, *Kallâḍam*, etc.

Avant la dispersion des derniers académiciens, il y eut dans le pays tamoul sept héros, terreur des monarques, dont la générosité envers les poètes ambulants a immortalisé les noms : Pâri, Ori, Kâri, Adiyan', Pêyan', Ây et Naḷḷi. Parmi les compositions des académiciens, on cite trois importantes collections : les dix chants, les huit recueils et les dix-huit ouvrages particuliers. Vers le 1er siècle avant notre ère vivait un grand saint, Mâṇikyavâtchaka, qui est l'auteur de plusieurs ouvrages importants et notamment d'un recueil d'hymnes, *Tiruvâtchaka*, et d'un poème érotique[1], *Tiru-kkôvei*. Il est connu pour avoir victorieusement combattu des Bouddhistes qui étaient venus de Ceylan à Sidambaram. Il était contemporain des écrivains renommés Ir'eiyan'âr, Nallanduvan'âr, Kapila, Nakkîra, etc. Avant lui avaient vécu les trois autres grands saints çivaïstes, Appa, Sambandha et Sundaramûrti, auxquels on attribue le grand recueil d'hymnes connu sous le nom de தேவாரம் *têvâram*, qui est encore en partie inédit.

Tirumaleikkojundupiḷḷei a publié aussi une dissertation sur l'âge de Mâṇikyavâtchaka, où il expose les même idées. Un autre érudit indigène, Sundaram-piḷḷei, avait précédemment écrit un intéressant mémoire intitulé *Some milestones in*

[1] J'emploie le mot «érotique» à défaut d'un autre, car «amoureux» serait insuffisant; mais il n'implique aucune idée obscène. Le seul terme qui pourrait choquer nos habitudes et qui revient souvent dans les poèmes de ce genre est l'équivalent exact de ce qui, suivant Horace, fut avant Hélène la cause de guerres affreuses; mais les Tamouls lui ont fait un synonyme pudique qu'on peut employer dans les livres sans offenser le bon goût. Les scènes et les tableaux qui se déroulent dans les *Kôvei* et autres ouvrages analogues n'ont d'ailleurs rien d'inconvenant.

the history of tamil litterature (Madras, 1895, 61 p. in-8°), qu'il a réédité avec des additions importantes, dans l'*Indian Antiquary* (t. XXV, 1896, p. 113-125 et 149-164), sous le titre de *The age of Tirugnânasambandar;* sa conclusion est que ce grand saint çivaïste, qui est un des auteurs du *Têvâram*, n'a pu vivre après les premières années du VIIe siècle.

Je me reprocherais de ne pas signaler deux articles sur la troisième Académie et sur Kamban', l'auteur du *Râmâyaṇa*, par Srî-Krichnassamy-ayengar, de Bangalore [1].

Le regretté professeur de sanskrit et de philologie comparée du Collège de la présidence, à Madras, M. Seshagiri-sastri, dans son *Essay on tamil litterature* (Madras, 1897, in-8°, V-59 p.) fait remarquer que les récits relatifs aux deux premières académies sont trop mythiques et fabuleux pour mériter quelque crédit, et il ajoute : «I do not think that any scholar who has studied the histories of the different countries of the world will be bold enough to admit such tales within the pale of real history». Suivant la légende, les quarante-neuf membres de la dernière académie étaient d'abord Çiva lui-même, puis quarante-huit lettres de l'alphabet sanskrit (de *â* à *h*) représentant autant de parties du corps de Sarasvati, la déesse du langage [2]. La fin de l'académie fut causée par les *Kur'aḷ* de Tiruvaḷḷuva; quand l'auteur posa ce livre sur le banc divin où siégeaient les académiciens, au-dessus de l'étang aux lotus d'or, le banc se réduisit aux dimensions strictement nécessaires pour retenir seul le précieux

(1) On lui doit aussi une très intéressante notice, en 16 p. gr. in-8°, sur la généalogie des rois Çôja et sur l'histoire du pays tamoul entre le IXe et le XIIIe siècle de notre ère.

(2) Pour représenter la première lettre *a* bref, Çiva s'incarna lui même et vint présider l'Académie. C'est sans doute par allusion à cette légende que le premier des *Kur'aḷ* est ainsi conçu : «Toutes les lettres ont *a* pour première, le monde a pour principe la divinité suprême»; peut-être, au contraire, la légende a été faite d'après ces vers.

manuscrit et tous les académiciens furent précipités dans les eaux. Quant aux époques où ont existé ces académies, Seshagiri-sastri verrait volontiers leur prototype dans une association de Jâinas Digambaras formée à Maduré «in the year 526 of the Vikramaçaka, that is 470 A. C., by Vajranandi», suivant «a religious book of the Jains called *Digambaradarçana*». C'était évidemment une société religieuse d'immigrants venus du nord et dont le sanskrit était probablement le langage ordinaire.

Après les époques académiques vinrent celles des grands commentateurs, Aḍiyârkkunallâr, Nac'c'in'ârkkin'iyâr, etc., des purâṇas locaux, des lyriques et des dramaturges modernes.

Dans cet exposé rapide, on a pu saisir sur le vif le manque absolu de méthode des Indiens et leur défaut de sens critique. Ainsi il est impossible de ne pas être frappé de ce fait que les ouvrages tamouls les plus anciens et les plus justement estimés sont pleins d'idées septentrionales, si j'ose m'exprimer ainsi, de mots sanskrits et de tournures âryennes. Il est incontestable que l'éducation littéraire et artistique des Dravidiens est tout entière l'œuvre des immigrants venus du nord. On peut invoquer l'originalité de la prosodie tamoule, mais il est facile d'en suivre le développement et d'en constater le caractère artificiel et conventionnel; les premiers écrivains du sud étaient certainement des religieux, des brahmanes sédentaires. Les Indiens n'ont pas non plus d'ailleurs le sentiment exact de l'histoire; mais, pour rester sur le terrain de la réalité et de la vraisemblance, nous devons admettre que l'écriture apportée du nord dans le pays tamoul aux premiers siècles de notre ère, probablement par les djâinas hérétiques et peut-être par les çivaïstes, n'a servi d'abord qu'à écrire le sanskrit; puis, on l'a appliquée au tamoul, administrativement pour mieux communiquer avec les indigènes, et philosophiquement sans doute pour recruter plus aisément de nouveaux convertis et lutter avec avantage contre les doctrines adverses. Je croirais volontiers à une première période de tâtonnements, de pamphlets pour ainsi dire, puis de traités dogmatiques ou sentencieux composés alternativement par les djâinas et les çivaïstes; viendrait ensuite la période où le djâinisme domina, puis le retour offensif et le triomphe du çivaïsme, interrompu temporairement par l'arrivée des bouddhistes de Ceylan et par un renouveau du djâinisme; puis, celui-ci définitivement écrasé, le çivaïsme règne en maître incontesté : cependant, le vichnouvisme intervient modestement; alors arrive l'invasion musulmane et enfin la venue des Européens donne l'essor à une abondante, quoique assez médiocre, littérature en prose.

Quelle date assigner à ces diverses époques? Quels auteurs et quels ouvrages les caractérisent? Nous avons malheureusement peu de données précises; cependant, nous avons vu que la grammaire Vîraçôjiyam doit avoir été écrite vers l'an 1100; d'autre part nous savons, par une mention qui paraît authentique[1], que l'un des plus anciens auteurs des purâṇas çivaïstes, Umâpatiçivâcârya, vivait encore en 1313. Les quatre grands saints çivaïstes, — Appa, Djñânasambandha, Sundaramûrti, Mâṇikyâvâtchaka, — sont de beaucoup antérieurs à cette époque : les trois premiers sont mentionnés dans un acte de 1014 du roi Çôja Râjarâja, comme ayant leurs statues dans le grand temple de Tanjaour, ce qui permet de sup-

[1] Du சங்கற்பநிராகரணம் *çaṅgat'panirâkaraṇa* सङ्कल्पनिराकरण d'Umâpati lui-même (§ 2, v. 26-39) : il y dit qu'il a composé ses ouvrages pendant les fêtes du mois d'Âṇi de l'an 1235 de l'ère de Çâlivâhana (78 ap. J.-C.) à Sidambaram. Cette petite ville, appelée Chellambrou sur les cartes et dans les livres français, est l'un des sanctuaires les plus importants du Çivaïsme méridional; elle est située par 11° 20' de latitude nord et 77° 20' de longitude est, à dix-huit kilomètres du bord de la mer. Les Çivaïstes affirment qu'il y a cinq lingam sacrés correspondant aux cinq éléments : un de terre à Kântchipura, un d'eau à Jambukêçvara, un de feu à Aruṇâtchala, un d'air à Kâlasti, et un d'éther à Sidambaram.

poser qu'ils avaient vécu au moins un siècle auparavant. Les ouvrages qui leur sont attribués sont-ils vraiment anciens? En ce qui concerne Mâṇikyavâtchaka, les deux principaux poèmes qui portent son nom, — le *Tiruvâtchaka*, recueil d'hymnes et de chants religieux, et les *Kôvei*, poème d'amour en quatre cents strophes, — sont vraisemblablement de deux auteurs différents et ne paraissent pas avoir été écrits à la même époque. Les Indiens affirment que les *Kôvei* sont antérieurs au *Kallâḍam*, autre poème d'amour classique, mais c'est le contraire qui est le plus probable.

On peut en effet trouver quelques indications sur l'ancienneté ou la jeunesse relative d'un ouvrage dans son style, sa nature, le mètre dans lequel il est écrit. Sans doute, ce critérium est loin d'être absolu, car les Indiens sont de très habiles copistes, de très adroits pasticheurs; cependant, la grammaire des ouvrages les plus anciens est plus riche en formes particulières, leur métrique plus simple à la fois et moins précise, leur vocabulaire plus varié et plus difficile; quant aux mètres poétiques, l'*agaval* ou *âçiriyappâ*, sorte de prose rythmée (voy. ci-après, p. 229) est le plus original, puis vient le *véṇbâ* qui en est en quelque sorte la régularisation; quant aux vers épiques dits *viruttam* (p. 230), ils procèdent d'un système tout différent et sont beaucoup plus modernes. Certains sujets ont été traités de deux façons successives, l'un en *véṇbâ*, l'autre en *viruttam;* l'épisode de Naḷa [1] et Damayanti, du Mahâbhârata, a même trois versions tamoules, une en *véṇba* par Pugajêndi sous les derniers Çôjas, une en *viruttam* par Adivîrarâmapâṇḍiya à la fin du XVIe siècle et une en prose, plus moderne. Le Mahâbhârata lui-même, traduit en *viruttam*, il y a deux siècles à peine, par Villip-

[1] Remarquez l'orthographe Naḷa (नळ). Dans le sud de l'Inde, beaucoup de mots sanskrits ont gardé le ळ, dit *l* védique, qui dans le nord est tombé en désuétude et a été remplacé par *ḍ* ou *l*.

puttûr et Nallâppiḷḷei, avait été anciennement traduit en *vèṇba* par Perundêvanar; il ne reste que quelques strophes de cette version. L'antiquité de certains poèmes est d'ailleurs indiquée, entre autres choses, par le fait qu'ils ont été l'objet de plusieurs commentaires explicatifs, le premier simple vocabulaire des mots difficiles, les autres de plus en plus développés, à mesure que la langue courante s'écartait de plus en plus de celle du texte.

Un détail qui est de nature à inspirer des doutes sur l'exactitude de certaines attributions de certains écrits littéraires, c'est le caractère artificiel de beaucoup de noms d'auteurs et de commentateurs : Tiruvaḷḷuva, Tolkâvya, Iḷaṅkôvaḍigaḷ, Aḍiyârkkunallâr, Kâkkeipâḍin'iyâr, Nac'c'in'ârkkin'iyâr, sont évidemment des surnoms ou des appellations fantaisistes qui signifient : «le saint prophète (ou savant) [1], le vieux poète, le seigneur jeune roi, celui qui est bon aux serviteurs, celui aux doux chants de corbeau, celui qui est doux aux dédaigneux». Ce qui complique aussi le problème, c'est qu'un grand nombre d'ouvrages ont été composés dans des monastères à des époques très différentes; leurs auteurs s'efforçaient d'ailleurs toujours d'imiter les anciens poèmes, mais on a cependant le sentiment que le *Maṇimêgalei* est beaucoup plus moderne que le *Silappadigâram*, quoique la

[1] Le mot *Vaḷḷuvan'* வள்ளுவன், dérivé de வள் *val* «force puissance», signifie «savant, héraut, devin» et c'est dans le dernier sens qu'il est appliqué à certains parias mendiants qui font de l'astrologie. C'est pourquoi on a supposé que l'auteur des *Kur'aḷ* était paria. Mais rien ne justifie cette assertion. La légende nous le montre en rapports constants avec les grands personnages et nous dit qu'il exerçait la profession de tisserand; si sa mère était d'une caste très inférieure, son père était brame et, dans ce cas, prévu par les lois hindoues, l'enfant ne tombe point au rang des parias. On sait que le mot *paria* est tamoul, பறையன் *par'eiyan'*, de la racine பறை *par'ei* «faire du bruit, parler»; aussi M. Ariel avait-il proposé de voir dans ce mot le nom même de la race dravidienne primitive dans le sens du grec *ἄνδρες μέροπες*.

légende veuille que leurs auteurs soient contemporains; le *Sûḷâmaṇi* est plus récent que le *Sindâmaṇi*, etc. Le *Maṇimégalei* a du reste été écrit par un Bouddhiste, comme le *Vîraçôjiyam;* or le Bouddhisme est venu assez tard de Ceylan dans le pays tamoul, où il a fait des prosélytes principalement sur les côtes[1].

Nous avons dit plus haut que la succession des poèmes qui constituent la littérature tamoule peut se partager en cinq périodes distinctes; si nous prenons pour types une vingtaine d'ouvrages, choisis parmi les plus renommés et auxquels sont empruntées la plupart des citations qu'on trouvera dans les pages ci-après, nous pourrions les répartir entre ces cinq périodes de la façon suivante : à la première, on rapporterait les plus vieilles grammaires comme le *Tolkâvya*, le *Yâpparuṅgala*, et les recueils de strophes morales : les *Kur'aḷ* de Tiruvaḷḷuva, le *Nâlaḍiyâr*, le *Pajamoji*, etc.; à la seconde, celle du djâinisme, les poèmes épiques *Silappadigâram*, *Pérunkadei* ou *Udayaṇan' kadei*[2], le *Naḷaveṇbâ*, le poème

[1] Voyez sur le bouddhisme tamoul et sur ces quatre ouvrages mes deux petits volumes *Légendes bouddhistes et djâinas* (Paris, 1900, petit in-8°; I. (VIII)-XXVIII-230 p. — II. VIII-274 p.) et mon article dans la *Revue de linguistique*, t. XXXIV, 1901, p. 305-339. En 1858, les Jésuites français de Négapatam trouvèrent dans le sol, en faisant abattre un vieil arbre, des statuettes bouddhistes qui avaient été évidemment cachées là avec soin, dans des circonstances particulières. L'une au moins de ces statuettes est actuellement au musée Guimet.

[2] «Grand conte» ou «Conte d'Udayaṇa». Comme on l'a vu plus haut, cette histoire tamoule a été traitée deux fois, d'abord en *agaval* sous ce titre de «conte» கதை (कथा) *kadei*, puis en *viruttam* sous celui de काव्य காப்பியம் *kâppiyam* «poème épique». C'est une légende empruntée au Kathâ saritsâgara et à laquelle il est fait allusion dans le Mêghadûta (§ 30 et 31). Elle raconte les aventures d'Udayaṇa, roi du pays de Vatsa; il devint amoureux de Vâsavadattâ, fille de Pradyôta, roi d'Ujjâinî. Le père ne voulut pas consentir au mariage et fit mettre en prison le jeune prince. Celui-ci réussit à s'échapper et à enlever la jeune fille qu'il épousa et dont il eut un fils Naravâhanadatta. Alors

guerrier *Kaḷavajinâl'padu*, le poème érotique *Kallâḍam;* à la troisième, où le çivaïsme commence à battre en brèche le djâinisme, la grammaire bouddhiste *Vîraçôjiyam*, l'art poétique *Kârikâ*, l'épopée *Sindâmaṇi*, le recueil érotique *Kalittogei;* à la quatrième, où le çivaïsme est devenu dominant, les recueils d'hymnes et les grands *purâṇas* çivaïstes, le poème épique *Sûḷâmaṇi*, les *Kôvei;* à la cinquième époque qui est caractérisée par l'avènement du Vichnouvisme, le *Nâiṣadha* (histoire de Naḷa en viruttam), l'*Udayaṇakumâra kâvyam* (en viruttam), la plupart des *purâṇas* locaux, la traduction des grandes épopées sanskrites : le *Râmâyaṇa* [1], le *Mahâbhârata*, le *Skândapurâṇa*, etc. Est-il possible d'assigner une date à chacune de ces périodes? J'estime que les deux plus importantes, la seconde et la troisième, s'étendent environ du dixième siècle au quatorzième. On remarquera que l'originalité et l'intérêt de ces poèmes va en diminuant de plus en plus : les derniers sont de simples adaptations du sanskrit; les premiers, quoique inspirés par les idées du Nord, sont de composition plus indépendante et plus spontanée.

Malgré tout cependant, la littérature tamoule est secondaire. A part peut-être les recueils de sentences morales, il

il renonça au monde et ne s'occupa plus que d'atteindre le but suprême.

[1] La première publication que j'ai faite a consisté en une traduction française de deux épisodes de ce *Râmâyaṇa*, dont l'auteur est un poète nommé *Kamban'* : celui de la géante Tâḍakâ (ch. VII) et celui d'Ahalyâ (ch. XIII), ainsi que la préface. Cet article qui a paru dans le *Moniteur officiel des établissements français dans l'Inde*, le 22 février 1861, a été ensuite publié à part en brochure, avec une notice, où il y aurait bien des choses à corriger, sur les Djâinas et les Bouddhistes dans le sud de de l'Inde : «*Littérature tamoule ancienne :* le Râmâyaṇa de Kamban'... *Pondichéry*, A. Saligny, imprimeur du Gouvernement, 1861, in-8°, 23 p.» Le réformateur du Vichnouvisme, Râmânuja, vivait au XIIe siècle de notre ère; on dit qu'il apporta en 1113 ses doctrines à la cour du roi de Maduré.

n'est pas un poème de quelque importance dont une traduction complète puisse être lue sans fatigue par des Européens. Les descriptions y sont diffuses, monotones, pleines de mauvais goût et d'exagérations choquantes, conformes d'ailleurs à un type uniforme donné. Les poèmes d'amour ne sont pas plus variés, et les poèmes de guerre se ressemblent tous; ce sont proprement des jeux d'esprit, des amplifications de rhétorique sur une formule générale et sur un canevas minutieusement réglé. L'invention et l'imagination ne peuvent s'y exercer que sur les détails, sur les expressions, sur la mesure, sur la forme extérieure en un mot. La forme d'ailleurs influe beaucoup sur le fond, en ce sens que le développement de la pensée et le style des phrases sont nécessairement adéquats à la forme poétique. Dans les *agavals* par exemple, où le nombre des vers est indéterminé mais qui ne doivent former chacun qu'une seule phrase grammaticale, la pensée s'égare dans les parenthèses, dans les épithètes accumulées, dans les énumérations, et l'idée principale devient parfois fort difficile à retrouver sous la masse des incidentes et des accessoires. On en jugera par la traduction ci-après des vers que j'ai mis en tête de la grammaire qui va suivre et qui sont un simple pastiche des introductions par lesquelles commencent ordinairement les poèmes tamouls de ce genre :

«Des amateurs de la science sont venus me trouver, moi dont l'esprit est inférieur, et m'ont adressé une prière en ces termes :

«Daignez faire aujourd'hui un livre qui sera comme de l'ambroisie pour ceux qui ne savent pas quelle est la vraie nature de la langue tamoule qu'a fait croître, pendant que la joie abondait et que la tristesse diminuait, après l'avoir créée avec toute la régularité nécessaire, — à l'admiration du monde entier, lorsqu'il fut venu avec sa compagne bienheureuse au sommet du mont méridional, par la voie des airs où se promènent les nues, quittant la montagne d'or, — un ascète qui avait obtenu la faveur du dieu dont le cou a retenu le poison et qui a fixé avec bienveillance sur les langues qui parlent la déesse des arts que saluent les quatorze mondes et qui habite à côté du prince des Védas;

«(Langue) qu'emploient, vivant dans la prospérité, tous ceux qui habitent partout dans ces quatre limites : le cap Comorin majestueux que vénéraient les anciens, la mer orientale aux flots étendus où se lève l'astre ardent alors que se cachent les étoiles craintives avec le croissant au doux éclat, le *Vêṅgaḍa* dont les côtés sont noirs, le *Kuḍaga* couronné de nuages à la grande voix;

«(Langue) dont la gloire est impérissable parmi les langages aux sons fermes qui sont en usage sur la terre entourée des eaux profondes dont les vagues écumantes rejettent les coquillages aux flancs délicats».

«Et je vais traiter du tamoul en suivant la voie des vieux ouvrages!»

சிறபபுபபாயிரம

நேரிசையாசிரியபபா

நுணணிடைசசஙகெறிநுரைததிரையாழிசூ . . . . ழ
மணணிடைவழஙகுமனனிசைமொழிகளு . . . . ட
பொராசசிறபபிறருகியுமபெருஙகுர . . . . ற
காரமுடிகுடககஙகருமபுடைவெஙக . . . . ட
மஞசுடரபபிறையிஞெடஞசுமீஞெளிப . . . . ப
வெஞசுடரொழூஉமவிரியலைககுணககட . . . . ண
முனஞொரவணஙகியமுறைதருகும . . . . ரி
யிநநாஙகெலலையிலெவணுமயாவரு . . . . ம
வாழநதிசைததாகியுமறையவனபாலு . . . . ணற
யெழிாணடணடமிறைஞசுஙகலைம . . . . க
ளறைவருநாககளிலனபொடுநிறுததி . . . . ய
கறைபதிகணடனகருணைபெறறொமு . . . . னி
பொனமலைநீஙகிபபுயலுலாமவிசுமபி . . . . ற
றெனமலையுசசியைததிருவொடுசொநதா . . . . ங
குலகெலாமவியபபுறவொருஙகுடனுறறியபி . . . . ன
கலியவையெஃகிககளிமிகவளரத . . . . த
தமிழசசொலலெலவியறறறிகிலாதமககி . . . . ன
றமிழதெனுநூலொனறருளகெனககெளவி . . . . ய
ரிழிமனததெனைவநதெதத . . . . ப
பழையநூலவழியாயபபயிலுவறறமி . . . . ழெ

MANUEL

DE

LA LANGUE TAMOULE

PREMIÈRE PARTIE.

GRAMMAIRE.

CHAPITRE PREMIER.

PRÉLIMINAIRES.

A. — La grammaire. – Le langage. Les éléments du langage. – L'étude des langues.

La grammaire d'une langue quelconque n'est pas seulement l'art d'écrire et de parler correctement cette langue. Une pareille définition est, on le sait, inexacte ou tout au moins incomplète. La grammaire, dans le sens précis de ce mot, est, pour ceux qui ne réduisent par la science à un empirisme grossier, l'étude méthodique de tous les éléments du langage.

Mais qu'est-ce que le *langage?* Proprement l'expression de la pensée. Par conséquent, tout ce qui tend à la manifestation extérieure de la pensée est un langage : la musique, le dessin, le geste, la parole, l'écriture, sont autant de langages différents; les uns *simples* comme la parole ou le geste, les autres *complexes* comme l'écriture, qui tient à la fois du geste par son origine (représentation figurée, parlant aux yeux) et de la parole par son but (lecture orale,

IMPRIMERIE NATIONALE.

prononciation sonore des mots). En général, cependant, on restreint le sens de *langage* à la parole, au langage sonore, au langage articulé.

Or, quels sont les éléments de ce langage proprement dit, de ce langage parlé, de la pensée sonore?

La pensée parlée se présente sous la forme de propositions, de sentences, de phrases, composées chacune de trois éléments fondamentaux : action, être ou objet intéressé dans cette action, direction ou but de cette action, ce qu'on résume par trois mots : *verbe*, *sujet* et *attribut*. La simplicité ou la complexité du verbe, du sujet et de l'attribut, la position qu'ils occupent par rapport l'un avec l'autre, c'est-à-dire *l'étude des mots dans la proposition*, constituera donc un objet d'étude nécessaire et primordial dans la grammaire. La partie de la grammaire qui est consacrée à cette étude spéciale a reçu le nom de *syntaxe*.

Mais, avant de considérer les mots dans la phrase ou plus exactement dans leur rôle extérieur, dans leur côté objectif, ne convient-il pas de les envisager en eux-mêmes, dans leur côté subjectif, dans leur rôle intérieur, dans leur nature intime? Évidemment oui. A ce point de vue, deux études différentes s'imposent.

L'une prend le mot tout formé, complet, tel qu'il se présente dans la phrase, tel qu'il se prononce, le mot *formel* comme disent les linguistes, — par exemple *homo*, *femme*, *wise*, *lieben*, — et en étudie l'histoire. Elle dissèque les écrivains, elle analyse les monuments littéraires des divers âges, elle fouille les patois, elle se rend compte des habitudes populaires, et découvre par quelles nuances de sens a passé ce mot suivant les temps et les lieux, par quelles variations d'emplois il est devenu substantif, adjectif ou verbe, à quel mot ancien il a été substitué ou à quel mot nouveau il a fait place; en résumé, quelle a été sa *fonction* individuelle dans la langue dont on se préoccupe.

L'autre étude du mot a pour but de rechercher les diverses parties significatives dont il se compose. L'existence de ces composantes est manifeste et ne saurait faire doute. En comparant entre eux, par exemple, d'une part des mots tels que *aimerons*, *aimât*, *aimassent*, *aimé* et d'autre part des mots tels que *aimerons*, *pleurerons*, *finirons*, *rendrons*, la complexité de ces divers mots nous paraît évidente et nous y reconnaissons des éléments distincts doués de rôles fonctionnels différents. Il est donc éminemment commode, utile, nécessaire, de rechercher quels sont les éléments distincts qui entrent dans la composition des mots formels, pourquoi ils se juxtaposent ou se combinent et dans quelles conditions. Cette partie de la grammaire, qui a pour objet l'étude des *formes*, a été désignée par le nom de *morphologie;* on l'appelle aussi *dérivation*, surtout lorsqu'on se place au point de vue des éléments significatifs primordiaux, car tout mot formel doit remplir un double but, doit exprimer la pensée entière, le sens et la forme, la *signification* intime, fondamentale, et la *relation*, c'est-à-dire le rapport extérieur suivant le temps et l'espace.

Cependant, ces éléments de dérivation, ces *éléments formels*, doivent être étudiés à leur tour en eux-mêmes. Nous sommes ainsi amenés à rechercher quelle est la substance même du langage. Si la *syntaxe* s'occupe du corps et de ses allures; si l'étude de la *fonction* enseigne les lois du développement et les usages particuliers dont sont capables les membres divers de ce corps; si la *dérivation* montre dans ces membres la chair, les nerfs, les os et le sang; une dernière étude devra faire connaître de quoi se composent ce sang, ces os, ces nerfs, cette chair; elle devra rechercher les éléments matériels simples dont l'alliance ou la combinaison les produit; elle découvrira ici du carbone et de l'azote, là du fer, là de l'hydrogène, et elle expliquera par quelles lois physiques et chimiques ces éléments simples se sont unis et combinés. Qu'y a-t-il à la base du langage? Quels matériaux primaires emploie la parole pour exprimer la pensée? Des sons et des bruits produits par les organes de la respiration. C'est ce qu'étudie la *phonologie* ou *phonétique*.

Une bonne grammaire, complète et méthodique, devra par conséquent être composée de quatre traités successifs : le premier enseignera tout ce qui concerne le matériel sonore de la langue étudiée; le second donnera la série des formes grammaticales; le troisième révélera l'histoire de la signification des mots (on appelle aujourd'hui cette étude *la sémantique*) et de leur rôle grammatical; le quatrième apprendra à construire des phrases conformément à ce qu'on appelait jadis le «génie» de l'idiome donné.

Il n'y a pour ainsi dire pas encore, pour aucune langue, de grammaire bonne et complète. Mais au moins les meilleures de celles qui ont été composées s'occupent-elles de la phonétique, de la morphologie et de la syntaxe.

B. — Phonétique.

La *phonétique* est à proprement parler l'étude des sons et des bruits employés, exclusivement à tous autres, par l'idiome qu'on étudie. On arrive à les déterminer en analysant d'abord les mots de la langue même, puis en voyant quelles modifications ont dû subir les mots que les gens qui parlaient cette langue ont empruntés à d'autres idiomes en essayant d'adapter à leurs propres habitudes les sons et les bruits qui formaient ces mots. On s'informe aussi comment les mots originaux varient, ont varié ou peuvent varier phonétiquement, soit d'un siècle à un autre, soit dans les diverses régions topographiques. On découvre par là les lois naturelles de formation du langage, ce qui permet d'en reconstituer plus ou moins exactement la forme primitive, d'en faire l'histoire, d'en établir les étymologies, et d'en faciliter, pour ainsi dire indirectement, la connaissance précise et complète au point de vue pratique.

C. — Morphologie.

Les formes que peuvent présenter les mots d'une langue sont de différentes espèces; la *dérivation*, envisagée dans son ensemble, peut être considérée, pour employer une expression empruntée au langage des mathématiques, comme l'étude des diverses fonctions d'une variable.

Cette variable, c'est la *racine*, R, de sorte que, si M est pris pour signe d'un mot formel, on aura $M = F(R)$.

Quelles sont les variations internes ou externes dont peut être affectée une racine?

Mais d'abord que doit-on entendre par ce mot *racine?*

Lorsqu'on prend, dans une langue quelconque, un certain nombre de mots et qu'on en retranche tout ce qui, au premier coup d'œil, est l'expression d'une relation objective, — *s* dans *hommes*, *ons* dans *marchons*, *té* dans *bonté*, *tation* dans *augmentation*, par exemple, — nous nous trouvons en présence de formules assez courtes, de deux ou trois syllabes tout au plus, et d'une signification générale : *bon*, *marche*, *faire*, etc. Si nous prenons ces formules, ces expressions, non plus dans une langue moderne vivante, comme le français, l'anglais ou le tamoul, mais dans une langue ancienne morte comme le sanskrit, le gothique ou le latin; mieux encore, si nous prenons ces formules dans une langue primitive, mère comme on dit vulgairement, c'est-à-dire dans une langue pour ainsi dire théorique, reconstituée par la comparaison d'un certain nombre d'idiomes dont l'origine commune est évidente; nous remarquons, en comparant ces expressions les unes aux autres, tant au point de vue de leurs formes qu'au point de vue de leurs significations, qu'elles peuvent se classer en groupes parallèles distincts et que chacun peut prendre place, à cause de ces divers éléments, dans plusieurs groupes. Dans la plupart des cas, chacun de ces groupes se trouve caractérisé par un élément sonore particulier dont le sens original est ainsi facile à dégager. Ce sens est d'ordinaire assez vague, assez général, mais susceptible pourtant d'être constitué d'une façon subjective ou objective, *ouvrir* ou *éclairer* n'étant par exemple qu'une variation de *s'ouvrir* ou de *s'éclairer*, et même de *fermer* ou d'*être obscur*. En rapprochant les uns des autres ces divers éléments primaires, ces *radicaux*, on peut souvent encore en déduire d'autres expressions sonores phonétiquement plus simples et dont le sens, encore plus vague, exprimera par exemple le fait brut du mouvement qui amène l'éclat ou l'obscurité, qui provoque l'ouverture ou la fermeture : ce sont ces expressions primordiales qu'on a nommées les *racines*. Dans les langues sémitiques, dans les langues indo-européennes, dans les langues dravidiennes, toutes ces racines, fort peu nombreuses, expriment soit un mouvement simple : aller, fermer, souffler, etc.; soit une immobilité : demeurer, être raide, etc.; soit une combinaison de ces deux faits : pousser, presser, battre, etc.

Les racines indo-européennes sont généralement constituées par une consonne, ou un groupe de deux consonnes, et une voyelle : *ga* « aller », *dha* « poser », *sta* « se tenir », *pi* « boire », *ma* « étendre, mesurer », d'où se forment, par l'addition d'éléments secondaires, des radicaux disyllabiques comme *MAta* « penser », *MAtr* « la mère, l'être qui propage », etc. Les racines sémitiques sont formées d'une voyelle entre deux consonnes : *GaF*, *KaT*, *RaB*, etc., voyelle d'ailleurs variable, et l'on en dérive des radicaux secondaires par l'addition d'une voyelle et d'une consonne, d'où le type classique trilittère : *RaB* « serrer, amasser, grandir » devenant par exemple *RaBaB* « amasser », *RaBaK* « assembler, unir », *RaBaD* « lier », *RaBa*ᶜ « s'unir », etc. Les racines dravidiennes consistent en une voyelle, ou une consonne et une voyelle, suivie d'une consonne : *aṇ*, *kal*, *tuṇ*, *çéy*, et la dérivation s'opère en premier lieu par une voyelle; ainsi *aḍa* «renfermer», *aḍar* «se presser», *aḍi* «battre, frapper», *aḍu* «approcher, atteindre», *aḍei* «atteindre, obtenir», se rapportent à une racine *aḍ* dont le sens est évidemment «presser»; on peut même dire que la consonne finale de ces racines varie, harmoniquement pour ainsi dire, en exprimant certaines nuances de l'action, *aḍ* par exemple ayant un rapport évident avec *aṇ* qui a donné *aṇaṅgu* «crainte», *aṇavu* «s'unir», *aṇi* «être orné», *aṇu* «toucher, approcher», *aṇei* «être lié», *aṇṇu* «approcher», — avec *aḷ* qui a fait *aḷa* «mesurer», *aḷi* «s'affaiblir», *aḷei* «se mêler», — avec *aj* qui a produit *ajal* «brûler, briller», *aji* «détruire», *aju* «pleurer», *ajundu* «s'enfoncer», *ajei* «crier, appeler». La parenté de tous ces radicaux est évidente et elle autorise à supposer qu'il y a une racine dravidienne «presser» exprimée par la voyelle fondamentale *a* accompagnée d'un geste lingual, si cette expression nous est permise, c'est-à-dire d'une consonne cérébrale indéterminée.

Je n'ignore pas que toute une école de linguistes, remarquable par la haute valeur de ses membres, repousse cette théorie des racines sous le prétexte, assez vraisemblable, qu'elle ne repose sur aucun fait réel, attendu que l'homme ne pense pas et ne parle pas par conceptions vagues : «aller, manger, dormir», mais par sentences, par propositions : «je vais à la forêt, tu manges du pain, il dort profondément». Je n'y contredis pas, mais l'existence des racines est un fait incontestable, c'est le résultat de l'analyse minutieuse, de l'autopsie du langage. Et d'ailleurs que savons-nous de l'origine de l'homme, du développement de son intelligence et de l'histoire du langage? Quand a fini l'animal et quand a commencé l'homme? Comment la sensation s'est-elle exprimée par le cri spontané, par le son articulé, par le geste oral? Je n'ai aucune répugnance à admettre une période primitive de l'humanité où la pensée était aussi vague et rudimentaire que la signification des racines; les racines au surplus se retrouvent au fond de toutes les langues. Il suffit d'observer le développement du langage chez l'enfant pour comprendre le peu de complexité formelle du langage primitif, l'incertitude de la signification et l'importance du geste.

Revenons donc aux racines qui sont des faits. Elles donnent d'abord naissance à des radicaux de divers ordres, dont la signification se spécialise de plus en plus jusqu'au moment où doivent être rendues les relations objectives proprement dites, les rapports extérieurs suivant le temps et l'espace, jusqu'à ce qu'on ait à se servir de formes nominales ou verbales déclinées ou conjuguées.

Les formes nominales n'expriment que les relations d'espace; les formes verbales expriment de plus simultanément celles de temps. Il y a donc deux éléments propres à toute dérivation verbale, l'élément temporel, le signe du temps, et l'élément d'espace, l'élément sur lequel porte la relation exprimée, l'élément personnel, le signe de la personne. *Temps* et *personne*, voilà ce qui caractérise la conjugaison; la déclinaison ne s'occupe que du *lieu*, de la place du sujet; mais ce sujet peut être indéterminé ou se préciser dans une personne considérée, de même qu'une forme personnelle verbale peut avoir besoin d'exprimer une relation locale. En d'autres termes, dans une expression verbale, l'idée personnelle peut prédominer et rendre alors cette expression déclinable : *j'ai grandi* peut se prendre dans le sens de *moi qui ai grandi;* le verbe se nominalise alors; de même *grand* peut s'expliquer *moi qui suis grand* et alors le nom prend une allure verbale apparente. D'autres fois, l'élément personnel dans la forme nominale ne s'extériorise pas et s'incorpore au contraire au sujet; *maison* devient alors *ma maison*. Une forme verbale peut de son côté exprimer une relation locale en dehors de toute personnalité, comme dans cette formule : *par l'action d'avoir fait.* Cela n'est pas tout; dans le verbe, l'élément personnel peut être intéressé de deux façons différentes : il peut être agent ou patient, sujet ou régime; d'autre part, l'élément temporel peut être variable et tout au moins offrir les trois alternatives de passé, de présent et de futur. Enfin l'idée significative dont les relations sont à exprimer peut varier dans sa nature intime au point d'être positive, précise, concrète ou abstraite, vague, contingente; il y aura par suite de ce chef à rendre ce que j'appelle les relations d'état, et ce qu'expriment les variations formelles connues sous le nom de *modes*. La conjugaison peut avoir à traduire encore d'autres idées pour ainsi dire subordonnées, accessoires, celles par exemple de causalité, de coercition, de répétition, de continuité, de commencement, d'affirmation, de négation, sans parler des deux grandes distinctions naturelles, des deux principaux points de vue auxquels peut être envisagée l'idée significative, selon qu'elle est considérée comme agissant en dehors d'elle-même ou comme ayant son objet en elle-même : c'est ce qu'ont pour but de mettre en relief les *voix* dérivées. De plus, il est parfois nécessaire de tenir compte des nuances de chacun de ces éléments, personnes, temps, modes, voix, c'est-à-dire des variations que l'élément significatif qui correspond à chacun d'eux est exposé à subir indépendamment des autres. Il est enfin utile de pouvoir exprimer les circonstances qui servent isolément à traduire analytiquement les conjonctions des langues modernes. On voit par là combien est multiple le rôle du verbe et quelles nombreuses modifications formelles il peut recevoir pour exprimer simultanément l'idée complexe qui résulte de toutes ces composantes.

Pour résumer cette complexité en une formule mathématique, soit V une expression verbale quelconque, R′ le radical du verbe, v l'idée de voix, m celle de mode, t celle de temps (p passé, a présent, f futur), e celle d'espace (l lieu et p personne), on aura :

$$V = R'vm\left[\left(t\left\{\begin{matrix}p\\a\\f\end{matrix}\right\}\right)\left(e\left\{\begin{matrix}p''\\l\end{matrix}\right.\left\{\begin{matrix}s\\r\end{matrix}\right.\left\{\begin{matrix}d\\i\end{matrix}\right\}\right)\right]$$

où $p'' = p'$ varié en singulier, pluriel ou duel, p' étant lui-même p^1, p^2 ou p^3, c'est-à-dire l'une des trois personnes moi, toi ou lui, masculine, féminine ou neutre. Mais, en tamoul, il faudra faire $r = o$, car le régime n'est jamais incorporé dans le verbe.

Quant aux formations nominales, quant à la *déclinaison*, la même formule pourra servir en supprimant v, m et t, en réduisant p au sujet direct, et en reportant sur l les distinctions s, r, i, d, ce qui donnera :

$$N = R'\left\{\begin{matrix}l\left\{\begin{matrix}s\\r\end{matrix}\right.\left\{\begin{matrix}d\\i\end{matrix}\right.\\p''\ s\ d\end{matrix}\right.$$

Ici, s représente le sujet, c'est-à-dire le nominatif, r le régime, c'est-à-dire le cas direct d (accusatif) ou les cas *obliques*, attributifs, indirects i (génitif, datif, etc.), avec les nuances diverses de genre et de nombre. En sanskrit, en latin, en hindoustani, en français, on fera de plus $p'' = o$; en arabe ou en magyar on mettra $p''\ s\ i$ pour indiquer les formes telles que *kitâb-î* « mon livre », *atya-nk* « notre père ».

CHAPITRE II.

PHONÉTIQUE.

A. — Alphabet et écriture.

Le tamoul populaire, tel qu'il est actuellement parlé, présente un grand nombre de nuances de sons et de bruits. Elles ne sauraient être bien connues que par l'observation directe et elles varient suivant les régions géographiques. Nous ne pourrons par conséquent nous occuper ici que des articulations générales types, admises dans la langue écrite[1].

1. Les principales voyelles du tamoul sont *a*, *â*, *i*, *î*, *u* (ou), *û* (oû), *é*, *ê*, *o*, *ô*, *ö* (eu), *ȫ* (eû) et les diphtongues *ai* et *ei*.

Les principales consonnes sont: *k*, *g*; *ć* (tch), *j* (dj); *ṭ*, *ḍ*; *t*, *d*; *t'*, *d'*; *p*, *b*, et les nasales correspondantes *ṅ*, *ñ*, *ṇ*, *n*, *n'*, *m*; — *l*, *ḷ*, *r*, *r'*; –*j* français, *ç*; — et les semi-voyelles *y*, et *v*. *Ṭ*, *ḍ*, *ṇ*, *ḷ* sont des cérébrales; *t'*, *d'*, *n'*, des dentales mouillées; *r'* est *r* fort, *ç* un *s* mouillé; nous reviendrons tout à l'heure sur ces articulations.

L'alphabet tamoul écrit devrait donc comprendre 14 signes vocaliques et 26 consonnes; mais, grâce à la régularité des lois phonétiques de la langue, il a suffi de 29 signes: 11 voyelles et 18 consonnes, pour représenter tous ces éléments sonores. On a ajouté une diphtongue de plus, *âu*, primitivement étrangère au tamoul; il y a donc 12 voyelles

[1] Cf. à ce sujet le mémoire que j'ai publié dans le recueil *Centenaire de l'École des langues orientales vivantes* (1795-1895), Paris, Impr. nat., MDCCCXCV, grand in-4°, p. 115-126 : *Les variations phonétiques de la prononciation populaire tamoule.*

dans le syllabaire. Mais, *é* et *ê* d'une part, *o* et *ô* de l'autre, étaient récemment encore confondus, de sorte que le nombre des caractères strictement nécessaires pour représenter toutes les voyelles était de neuf.

L'alphabet tamoul a été emprunté au système graphique du sanskrit qui vient lui-même, comme on le sait, d'une écriture sémitique dont la direction a été retournée, où certains signes consonnantiques ont pris une valeur phonétique et où certaines modifications de détails ont permis de figurer de nouveaux caractères pour des articulations particulières. Il s'écrit donc de gauche à droite.

Les signes des voyelles sont :

அ *a*, ஆ *â*, இ *i*, ஈ *î*, உ *u*, ஊ *û*, எ *é*, ஏ *ê*, ஐ *ai* ou *ei*, ஒ *o*, ஓ *ô*, ஔ *âu*.

Les signes des consonnes sont :

க *k*, ங *ṅ*, ச *ç*, ஞ *ñ*, ட *ṭ*, ண *ṇ*, த *t*, ந *n*, ப *p*, ம *m*, ய *y*, ர *r*, ல *l*, வ *v*, ழ, *j*, ள *ḷ*, ற *r'*, ன *n'*.

On emploie de plus quelquefois, dans la langue vulgaire écrite, des caractères consonnantiques empruntés à l'alphabet *grantha* qui sert à écrire le sanskrit dans le pays tamoul. Les plus usités de ces caractères sont les suivants :

ஷ *ṣ*, qui est le ष dévanagari;
க்ஷ *kṣ*, qui est le क्ष;
ஸ *s*, qui est le स;
ஹ *h*, qui est le ह;
ஜ *j*, qui est le ज.

Il faut ajouter enfin un signe particulier sur lequel on reviendra tout à l'heure, ஃ.

Ces diverses lettres sont toujours distinctes et ne forment jamais de ligatures. On a fait cependant, pour des mots d'usage très courants, quelques monogrammes dont se servent les comptables, principalement ௵ pour வருஷம் *varuṣam* « année », ௴ pour மாசம் *mâçam* « mois », ௳ pour தேதி *tédi* « jour », ௸ pour ஆக *âga* « soit, total », etc.

2. Les voyelles ne s'emploient qu'au commencement des mots; lorsqu'elles sont précédées d'une consonne, elles ne s'indiquent que par un signe accessoire joint à la figure de la consonne. L'écriture tamoule est en effet syllabique, comme le sanskrit.

a est censé joint à la forme primitive de la consonne : க *ka*, த *ta*, ம *ma*, ள *ḷa*.

â s'indique en mettant ா à la suite de la consonne : கா *kâ*, தா *tâ*, மா *mâ*, ளா *ḷâ*; — trois consonnes ont une forme spéciale : ணா *ṇâ*, றா ou றா *r'â*, னா *n'â*.

i, par une sorte de demi-cercle convexe au-dessus de la consonne à laquelle il se rattache par son extrémité gauche, கி *ki*, தி *ti*, மி *mi*, ளி *ḷi*; — une consonne a une forme un peu particulière, டி *ḍi*.

î, en bouclant l'extrémité libre de la courbe de l'*i* bref: கீ *kî*, தீ *tî*, மீ *mî*, டீ *ḍî*,

u se marque de trois façons: 1° par un demi-cercle au-dessous de la lettre : கு *ku*, டு *ḍu*, மு *mu*, ரு *ru*, ழு *ju*, ளு *ḷu*; 2° par une petite barre verticale ajoutée à la lettre: சு *çu*, ஞு *ñu*, ணு *ṇu*, து *tu*, நு *nu*, லு *lu*, று *r'u*, னு *n'u*; 3° par la prolongation de la barre verticale finale : ஙு *ṅu*, பு *pu*, யு *yu*, வு *vu*.

û dérive du précédent : கூ *kû*, டூ *ḍû*, மூ *mû*, ரூ *rû*, ழூ *jû*, ளூ *ḷu*; — சூ *çû*, ஞூ *ñû*, ணூ *ṇû*, தூ *tû*, நூ *nû*, லூ *lû*, றூ *rû*, னூ *n'û*; — ஙூ *ṅû*, பூ *pû*, யூ *yû*, வூ *vû*.

é s'exprime en mettant au devant de la consonne le signe ெ que les Tamouls appellent கொம்பு *kombu* « courbe, branche, corne » : கெ *ké*, தெ *té*, மெ *mé*, ளெ *ḷé*.

ê emploie le même signe dont on boucle l'extrémité supérieure, ே: கே *kê*, தே *tê*, மே *mê*, ளே *ḷê*.

ai se rend par le signe ை qui est simplement deux fois le signe de *é*, ெெ, contracté (en sanskrit en effet, *âi* est indiqué en doublant le signe de *ê* : के *kê*, कै *kâi*) : கை *kai*, தை

tai, மை *mai*; — quatre consonnes ont une forme spéciale : ணை *ṇai*, லை *lai*, ளை *ḷai*, னை *nai*.

o et *ô* sont exprimés par la combinaison de *é* ou *ê* avec *â*; comme en sanskrit (का *kâ*, के *kê*, को *kô*) : கொ *ko*, கோ *kô*; தொ *to*, தோ *tô*; மொ *mo*, மோ *mô*; et par conséquent ணொ *ṇo*, றோ *r'ô*, னொ *n'o*, னோ *n'ô*.

âu, qui est une diphtongue étrangère au dravidien, ajoute ள au signe de *é*: கௌ *kâu*, மௌ *mâu*.

Ces signes vocaliques s'emploient avec les lettres grantha dont on se sert quelquefois: ஷா *ṣâ*, ஷி *ṣi*, க்ஷே *kṣê*, ஜோ *jô*, etc.

La lettre particulière ஃ seule ne s'accompagne jamais d'aucun signe vocalique; aussi la nomme-t-on தனிநிலை *tan'inilei* «ce qui reste isolé».

On pourrait confondre le signe de *â* ா avec la consonne ர *ra* et le signe de *âu* avec ள *ḷa* consonne. Pour éviter cette confusion, on a ajouté en bas du *r* une petite barre horizontale, ர. D'ailleurs, au cas où on le juge nécessaire, on indique la présence de l'*a* bref par un trait au-dessus de la consonne, க̄ *ka*, ர̄ *ra*, ள̄ *ḷa*, ண̄ *ṇa*.

Ce même trait servait jadis à distinguer éventuellement *é* et *o* brefs de *ê* et *ô* longs : தெள் *téḷ* et தெள் *têḷ*, கொள் *koḷ* et கொள் *kôḷ*. Mais on employait plus volontiers le point, en tamoul புள்ளி *puḷḷi* «marque, tache»: *téḷ* et *koḷ* s'écrivaient தெ̊ள் et கொ̊ள். C'est au XVIIIe siècle que, sous l'influence des Européens et en particulier du jésuite Beschi, on a adopté et généralisé la distinction de ெ et ே appliquée aux voyelles brèves et longues.

Le *puḷḷi* d'ailleurs a son emploi spécial dans l'écriture; il correspond au *virâma* sanskrit et indique que la consonne est muette: க் *k*, த் *t*, ம் *m*, ள் *ḷ*, ன் *n*.

3. L'ensemble des syllabes formées par la réunion des

voyelles aux consonnes peut être présenté en un tableau analogue à la table de Pythagore :

அ	ஆ	இ	ஈ	உ	ஊ	எ	ஏ	ஐ	ஒ	ஓ	ஔ	ஃ
க	கா	கி	கீ	கு	கூ	கெ	கே	கை	கொ	கோ	கௌ	க்
ங	ஙா	ஙி	ஙீ	ஙு	ஙூ	ஙெ	ஙே	ஙை	ஙொ	ஙோ	ஙௌ	ங்
ச	சா	சி	சீ	சு	சூ	செ	சே	சை	சொ	சோ	சௌ	ச்
ஞ	ஞா	ஞி	ஞீ	ஞு	ஞூ	ஞெ	ஞே	ஞை	ஞொ	ஞோ	ஞௌ	ஞ்
ட	டா	டி	டீ	டு	டூ	டெ	டே	டை	டொ	டோ	டௌ	ட்
ண	ணா	ணி	ணீ	ணு	ணூ	ணெ	ணே	ணை	ணொ	ணோ	ணௌ	ண்
த	தா	தி	தீ	து	தூ	தெ	தே	தை	தொ	தோ	தௌ	த்
ந	தா	நி	நீ	நு	நூ	நெ	நே	நை	நொ	நோ	நௌ	ந்
ப	பா	பி	பீ	பு	பூ	பெ	பே	பை	பொ	போ	பௌ	ப்
ம	மா	மி	மீ	மு	மூ	மெ	மே	மை	மொ	மோ	மௌ	ம்
ய	யா	யி	யீ	யு	யூ	யெ	யே	யை	யொ	யோ	யௌ	ய்
ர	ரா	ரி	ரீ	ரு	ரூ	ரெ	ரே	ரை	ரொ	ரோ	ரௌ	ர்
ல	லா	லி	லீ	லு	லூ	லெ	லே	லை	லொ	லோ	லௌ	ல்
வ	வா	வி	வீ	வு	வூ	வெ	வே	வை	வொ	வோ	வௌ	வ்
ழ	ழா	ழி	ழீ	ழு	ழூ	ழெ	ழே	ழை	ழொ	ழோ	ழௌ	ழ்
ள	ளா	ளி	ளீ	ளு	ளூ	ளெ	ளே	ளை	ளொ	ளோ	ளௌ	ள்
ற	றா	றி	றீ	று	றூ	றெ	றே	றை	றொ	றோ	றௌ	ற்
ன	னா	னி	னீ	னு	னூ	னெ	னே	னை	னொ	னோ	னௌ	ன்

L'écriture tamoule ne comporte ni accents, ni apostrophes, ni signes de ponctuation, ni traits d'union quand les mots sont coupés d'une ligne à l'autre. Il n'y a naturellement ni majuscules ni minuscules.

L'alphabet donné ci-dessus est le plus courant aujourd'hui et celui avec lequel sont imprimés la plupart des livres ordinaires. Mais les premiers caractères qui ont été gravés se rapprochaient beaucoup plus de l'écriture des manuscrits, qui étaient tous écrits, à l'aide d'un stylet de fer, sur des ôles (ஓலை *ôlei*), feuilles de palmier. Ces caractères étaient les suivants :

Voyelles : அ ஆ இ ஈ உ ஊ எ ஏ ஐ ஒ ஓ ஔ.

Consonnes : க ங ச ஞ ட ண த ந ப ம ய ர ல வ ழ ள ற ன ஃ — le *n* dental et le *r* avaient encore ces formes : ந, ர.

Parmi les groupes, on peut citer லு *lu*, லூ *lû*, ணை ou ணை *ṇai*, லை ou லை *lai*, ளை ou ளை *ḷai*, னை ou னை *n'ai*, ரி ou ரி *ri*. Le signe de *â* long est ா et celui de *ai* ை, *é* bref et *ê* long se distinguent par ெ et ே.

Dans ce caractère, on a conservé certaines abréviations ou ligatures des manuscrits, encore en usage dans l'écriture courante : ட்ட *ṭṭ*, ட்டி *ṭṭi*, ட்டீ *ṭṭî*, த்தி *tti*, த்து *ttu*, et les signes suivants empruntés au grantha : ஸ *s*, ஷ *ṣ*, த்ர *tra*, ஸ்த *sta*, ஷ்ட *ṣṭa*, ஷ்டி *ṣṭi*, ஷ்டீ *ṣṭî*.

B. — Prononciation et transcription.

4. Les sons et les bruits de la langue tamoule n'ont rien de bien difficile pour nos organes et les transcriptions françaises donnent une idée suffisante de leur prononciation. On sait que les plus particulières de ces articulations, les *cérébrales*, *ṭ*, *ḍ*, *ḷ*, *ṇ*, *ṛ*, se prononcent en repliant la pointe de la langue vers le fond du palais[1].

[1] Les Européens représentent souvent *ḍ*, *ḷ* et *j* cérébraux tamouls par *r*. Ptolémée avait déjà Σῶραι pour சோழர் *çôjar*. Si l'on en croit Walther

La voyelle அ se prononce ö quand elle n'est pas à la première syllabe du mot et quand elle est, à la dernière syllabe, suivie de ண், ர், ல், ழ், ள், ன்; devant ர், ல் et ன், c'est presque é: அவன் *avan'*, *avön'*, *aven* «celui-là», சுவர் *çuver* «mur», சொல்ல *çollö* «disant, pour dire». அம் *am* final sonne presque *om* : மரம் *marom* «arbre».

இ, joint à ப, ம, வ, et suivi d'une cérébrale (ட, ண, ழ, ள) sonne *u:* விடு «quitter», *vuḍu;* பிள்ளை «enfant», *puḷḷei;* — devant ர et ற, il-est à peine sensible: பிறவி «naissance» presque *pr'avi.*

ஈ devient *û* dans le même cas que இ: வீடு «maison» *vûḍu.*

எ et ஏ initiaux se prononcent comme s'ils étaient précédés de la semi-voyelle palatale, *yé* et *yê.* — எ dans வெகு «beaucoup» vaut *ö : vögu.* — ஏ devant ழ et ள, *ö* long : தேள் «scorpion», *től;* கேழ்வி «demande, attention», *kőjvi.*

ஐ devient *ei* à toute autre syllabe qu'à la première : கை «main» *kai*, உடைமையை «possession (à l'accus.)» *uḍeimei-yei.*

ஒ et ஓ initiaux sont censés accompagnés de la semi-voyelle labiale *w*, comme dans l'anglais *one:* ஓணான் «caméléon» *wôṇân*, ஒருவன் *woruvan'* «un individu».

க, ட, த et ப se prononcent durement (*k*, *ṭ*, *t*, *p*) au commencement d'un mot, quand ils sont muets, ou quand ils sont redoublés : கதை «conte» *kadei*, கட்சி «manifestation» *kaṭçi*, தகப்பன் «père» *tagappan'*; — quand ils sont simples au milieu du mot, la prononciation est douce (*g*, *ḍ*, *d*, *b*)

(*Observationes*, p. 6, § 6) le fameux nom *mordexim, mort-de-chien* «choléra», que Yule et Burnell (*Hobson-Jobson*, p. 449-452) dérivent du Marâṭhî, viendrait du tamoul மூடுசனி *mûḍuçan'i* «Lusitanis *Mordexim*, convulsio a cruditate»; le dictionnaire de MM. Dupuis et Mousset écrit மூடுசன்னி *mûḍuçan'n'i* et traduit: «froid complet, tétanos, catalepsie» (de *mûḍu* «couvrir, fermer» et *çan'n'i* «froid, tétanos, convulsion»). Le nom actuel du choléra en tamoul est வாந்திபேதி *vândibédi* «vomissement, diarrhée» (sanskrit वान्तिभेदि).

IMPRIMERIE NATIONALE.

மகன் *magan'* « fils », தந்தை *tandei* « père commun »[1], படி *paḍi* « manière, mesure », உண்பேன் *uṇbên'* « je mangerai ».

ச simple est *ç*, un *s* légèrement mouillé : சசி *çaçi*, nom d'une déesse (शची); — doublé, il se prononce *tch*, mais il convient de transcrire *c' c'* : கச்சி *kac'c'i* « la ville de Kâñc'ipura »; — après ஞ், il devient *dj* (*j'*) : கஞ்சி *kañj'i* « eau de riz ». Dans certains mots empruntés au sanskrit, ச initial garde la prononciation originale : சலம் « eau » se dit *j'alam*, சனம் « peuple, gens » *j'anam*.

ற simple est un *r* fort : அறிவு « sagesse » *ar'ivu;* doublé il prend le son de deux *t* mouillés à leur commencement : குற்றம் « faute », presque *kuït't'am;* — avec ன் précédent, il forme le groupe *nd* mouillé à son commencement : அன்று « ce jour-là », presque *aïndu.*

Les nasales n'offrent aucune particularité à signaler; dans la vieille langue classique, il y a un mot en *ṅ* initial : ஙனம் « endroit, manière », ici ங correspond au premier gamma du grec ἄγγελος; — *ñ* est *gn* français et italien; — ண diffère de ந en ce que, muette et double, elle se mouille à son commencement : பொன் « or » *poïn.*

ர et ல, le second quand il est muet et doublé seulement, se mouillent aussi : வரும்போது « quand il vient », à peu près *vaïrumpôdu;* கல் « pierre » *kaïl.*

ழ à Pondichéry, à Karikal et dans le Tandjâvûr, s'articule comme le *j* français; dans le Maduré et au nord-ouest, comme ள, *ḷ* cérébral; vers Madras, il ne se prononce pas ou s'adoucit en *y* : வாழைப்பழம் « banane » se prononce *vâjappajam, vâḷappaḷam, vâyappayam;* கீழே « au-dessous » *kîjê, kîḷê, kîyê* ou *kîê.* C'est pourquoi le nom même de la langue, qui s'écrit தமிழ், se prononce, dans la plus grande partie du pays, *tamuḷ;* d'où vient la forme française « tamoul ».

(1) Pour la formation de ce mot, voir plus loin dans la dérivation pronominale.

Le ழ est prononcé dans toute sa pureté, paraît-il, par les வெள்ளாழர் *vellâjar* «propriétaires-cultivateurs» de l'intérieur; c'est proprement, nous dit-on, un mélange de *j*, *l* et *r*. Beaucoup de linguistes supposent que c'était primitivement un *r* cérébral, le ڑ urdû ou ड़ hindî [1].

Le signe ∴ que les Tamouls nomment தனிநிலை *tan'inilei*, parce qu'il n'est jamais accompagné de voyelles, et qu'on appelle proprement ஆய்தம் *âydam* «finesse, subtilité» [2], est artificiel et conventionnel. Il a été inventé par les grammairiens pour permettre l'allongement prosodique de certaines syllabes; il ne se place qu'après une voyelle brève et devant க, ச, ட, த ou ற, accompagnés d'une voyelle, et se prononce comme un esprit doux, comme un *g* très légèrement aspiré : இது *idu* «ceci», devenu இஃது, se prononce *igdu* (*trochée* ou *spondée* au lieu de *pyrrhique* ou *iambe*). Dans les manuscrits, on le remplace souvent par கு *gu* (ou même கூ *gû*) : இகுது. J'ai trouvé, dans de vieux poèmes, des passages où il doit compter pour une syllabe et doit par conséquent se prononcer *gu* : அஃதுடம்பு *agudulambu* (*Kur'al*, xcv, 3); இஃதென *igudén'a* (*Nâiṣadha*, xii, 43); அஃதய *agudaya* et இஃதொரு *igudoru* (*Râmâyaṇa*, I, vi, 136), etc. Mais généralement, il ne sert qu'à allonger une syllabe : இஃதில்லார் *igdillâr* (*Kur'al*, viii, 10), et se prononce alors sans voyelle [3].

[1] Les grammairiens indigènes disent que ல *l* et ள *ḷ* d'une part, ர *r* et ழ *j* de l'autre, se prononcent de la même manière; les deux derniers sont produits, disent-ils, par le frottement de la pointe de la langue contre le palais.

[2] Ou plutôt «arme, trident», en prenant *âydam* pour *âyudam* (sk. आयुध); les trois points représenteraient la marque d'un trident. La forme de ce caractère dérive probablement de celle du *visarga*.

[3] Suivant les grammairiens indigènes, il vient de la tête et se prononce la bouche ouverte. Cela veut dire évidemment que c'est une aspiration gutturale.

5. En ne tenant pas compte de ce signe et en ne prenant que le son fondamental des voyelles, on peut former le tableau suivant du système phonétique tamoul :

	VOYELLES.	CONSONNES				
		EXPLOSIVES		CONTINUES		
		DURES.	DOUCES.	NASALES.	SOUFFLANTES.	VIBRANTES.
Gutturales........	*a, â*	*k*	*g*	*ṅ*	"	"
Gutturo-palatales...	*aï, eï*	"	"	"	"	"
Palatales	*i, î, é, ê*	*c′*	*j′*	*ñ*	*y*	"
Linguales........	"	*ṭ*	*ḍ*	*ṇ*	"	*ḷ, j*
Dentales mouillées..	"	*t′*	*d′*	*n′*	*ç*	*l, r*
Dentales	"	*t*	*d*	*n*	"	*r′*
Labiales..........	*u, û, o, ô*	*p*	*b*	*m*	"	"

C. — Adaptation des mots étrangers.

6. Comme beaucoup de peuples d'une organisation sociale rudimentaire ou, si l'on veut, simple, les Tamouls se sont trouvés en contact avec des hommes relativement supérieurs qui ont fait ou refait leur éducation, leur ont donné des besoins nouveaux et leur ont appris l'usage d'objets et de choses qu'ils ignoraient précédemment. Les immigrants qui, dans les temps modernes, ont exercé à cet égard une influence sensible sont : les Persans, les Portugais, les Anglais et les Français. La plupart des mots pris aux langues de ces peuples ont passé dans le langage courant avec leur prononciation le plus souvent inaltérée et, quand on les a écrits, on a cherché à les transcrire le plus correctement possible, sans s'occuper des convenances phonétiques du tamoul.

7. On sait que depuis le IXe siècle de notre ère au moins, il y avait sur la côte occidentale de l'Inde, où l'on parle aujourd'hui malayâla mais où l'on parlait alors tamoul, une importante colonie de chrétiens nestoriens qui avaient fait dans le pays de nombreux prosélytes : on appelle encore aujourd'hui leurs descendants « chrétiens de Saint-Thomas ». C'est pourquoi le mot employé en tamoul pour « croix » est emprunté au syriaque : சிலுவை *çiluvei* est une transcription de ܨܠܝܒܐ *çlîba* qui se rattache à la racine syro-arabe صَلَبَ *çalaba*, צלב « suspendre ».

De même, un certain nombre d'expressions ont été introduites par des voyageurs de divers pays. Je citerai notamment le mot பிங்கான் *pîngân'* qui est employé dans le sens de « assiette » et qui paraît avoir eu surtout la signification de « objet en porcelaine de Chine »; ce mot vient très probablement du chinois et est peut-être composé des deux mots 盆 *pĕn* « petit plat » et 盦 *ngân* « vase plat et large »(1).

8. Les mots persans (et arabes ou même turcs, par l'intermédiaire du persan) sont principalement des expressions administratives, judiciaires, ou qu'on pourrait appeler de cour, de bonne compagnie : *avaldar* « sergent », *cotwal* « agent de police », *fazély* « année culturale », *lascar* « marin », *mirasdar* « propriétaire de champs » (mot spécialement usité à Karikal), *païmache* « cadastre », *charaf* « changeur », *gémédar* « lieutenant »,

(1) Mon savant collègue, M. A. Vissière, professeur de chinois à l'École des langues orientales, me fait observer que ce composé n'existe pas dans la langue chinoise parlée. Il est plus probable que le mot *pîngân* vient de 平安 *p'iñg-ngân* « tranquillité, paix », inscription peinte sur les assiettes et les autres ustensiles domestiques en Chine.

thazildar «trésorier», *cipaye* «soldat», *zémindar* «concessionnaire d'un terrain à cultiver», *talouck* «district», *mamoul* «usage, coutume», *munchi* «écrivain, professeur», *chîchâ* «verre, coupe», par exemple, sont proprement : حوالدار, كوتوال, فصلى, لشكر, ميراثدار, پيمائش, صراف, جمعدار, تحصيلدار, سپاهى, زميندار, تعلقه, معمول, منشي, شيشه et on les écrit அவால்தார், குத்வால், பசலி, லஸ்கார், மீராஸ்தார், பைமாஷ், சராப், ஜமேதார், டாசில்தார், சிப்பாயி, ஜமீன்தார், தாலுகா, மாமூல், முனிஷி, சீசா, etc.

9. Des mots d'usage domestique dérivent surtout de l'hindoustani : *bangalâ* «hôtellerie», *dôbâchi* «domestique de confiance», *rôṭi* «pain», *giḍḍâram* «montre», *djâmân* «effets», *muttâye* «bonbons», *kullâ* «bonnet», *gumaṣṭâ* «agent», *ṭôpi* «chapeau», *djaldi* «vite», *djaṭkâ* «voiture»[1], pour بنگلا, دوبهاشي, روٹي, گهڑي, سامان, مٹهاي, كله, گماشته, ٹوپي, جلدي, جهٹكا, par exemple, qu'on transcrit பங்களா, துபாஷி, ரோட்டி, கிடாரம், சாமான், மிட்டாயி, குல்லா, குமாஸ்தா, தோப்பி, ஜல்தி, ஜட்கா, etc.

10. Les mots portugais qui ont passé en tamoul sont surtout des mots vulgaires; la domination portugaise n'a jamais été bien importante dans le pays tamoul, mais le portugais y a été parlé couramment par les nombreux métis indo-européens qui s'y sont répandus et qui venaient les uns de Ceylan et les autres de la côte occidentale. Nous citerons les mots *mêçê* «table», *châvi* «clef», *djannel* «fenêtre», *vîdre* «verre à boire», *kuçini* «cuisine», *pâdiri* «père (spirituel)», *camisse* «chemise», *tinta* «encre», *crus* «croix», *almâri* «armoire», *kaḍutâçi* «lettre, papier» (மேசை, சாவி, ஜன்னல்,

(1) On appelle *djhaṭkâ* (en hindoustani dakhnî) «rapide» une sorte de voiture indigène à deux roues, fermant avec des rideaux, et traînée par un petit cheval. Les Anglais écrivent *jutka*.

விதுரு, குசினி, பாதிரி, கமீசு, தீந்தா, குருசு, அல்மாரி, கடுதாசி) etc.[1]. Les formes originales portugaises sont : *mesa*, *chave*, *janella*, *vidro*, *cosinha*, *padre*, *camisa*, *tinta*, *cruz*, *armario*, *cartas*.

11. Les mots anglais sont de plus en plus nombreux et comprennent beaucoup de mots se rapportant aux choses d'ordre public : ஆக்ட் *âkṭ* «act», கலெக்டார் *kalêkṭâr* «collector», கோர்ட்டு *kôrṭṭu* «court», ரைட்டர் *raiṭṭar* «writer», காப்ட்டன் *kâpṭṭan* «captain», மஸ்லின் *maslin* «muslin», லாயர் *lâyar* «lawyer», ஸ்டீம் *stîm* «steam», ஆபிசு *âbiçu* «office», டிக்கட்டு *ṭikkaṭṭu* «ticket», ஸன்டே *çan'ḍê* «sunday», மானேஜர் *mânêdjar* «manager», றெல்வே *r'elvê* «railway», டிப்டி கம்மிஷனர் *dipṭi kammiṣanar* «deputy commissionner», கில்த் *gîlt* «gilt» (et même வெள்ளிகில்த் *veḷḷigîlt* «argenté»), etc. On aura remarqué que les *t*, *d* et *l* anglais sont rendus par des cérébrales.

12. A Pondichéry et à Karikal, on emploie, dans le même ordre d'idées un certain nombre de mots français : *kuvarnmâ* «gouvernement», *prokirèrdirâ* «procureur du roi, procureur de la République», *aukagèn'ral* «avocat-général, procureur général», *banki* «banquier», *tèrsor* «mont-de-piété (trésor)», *gademesé* «garde-manger», etc. Plusieurs de ces mots ont été récemment remplacés par des mots anglais; ainsi *gademesé* a pour synonyme *kap'ôt* qui est une corruption de *cup-board*. Au bazar de Pondichéry, on dit maintenant *kôpetsasre* (angl. *cup and saucer*) pour «tasse et soucoupe» : naguère «soucoupe» se disait *tassiña* (du portugais); à *vidre* «verre», on commence à substituer *tamler* (angl. *tumbler*). Ceux qui parlent

[1] On pourrait ajouter aux mots empruntés au portugais le mot *aldea* «village» (de l'arabe الضيعة) qui est employé couramment, au moins sous la forme *aldée*, sur le territoire français, avec le sens de «village indigène».

français ont fait aussi une confusion remarquable de langues : « boutique » et « boutiquiers » s'appellent *chape* et *chapiers*, de l'anglais *shop* et *shop-keepers*.

Le tamoul a emprunté un certain nombre de mots à ses congénères et particulièrement au télinga.

13. Mais ce sont surtout les mots sanskrits qui abondent en tamoul. Beaucoup y ont été introduits il y a fort longtemps et y ont subi des modifications rendues nécessaires par les différences phonétiques des deux langues: *ulagu* « monde » pour लोक, *tiru* « sainteté, fortune » pour श्री, அரசு *araçu* « roi » pour राजन्, அமைச்சு *ameic'c'u* « ministre » pour अमात्यः, அவை *avei* « assemblée » pour सभा [1], உருவம் *uruvam* et உரு *uru* « forme » pour रूप, ஆயிரம் *âyiram* « mille » pour सहस्र (on suppose les intermédiaires *சகசிரம் *çagaçiram*, *சாசிரம் *çâçiram*, *சாயிரம் *çâyiram*), etc.

Ces mots d'adaptation spontanée et populaire sont pour ainsi dire incorporés à la langue. Mais, à une époque relativement récente, d'autres mots, quelquefois les mêmes, ont été empruntés par les prêtres, par les écrivains officiels et par les littérateurs; les premiers se bornaient à intercaler tels quels dans les textes tamouls les mots sanskrits, avec de très légères altérations: ainsi, dans beaucoup d'inscriptions des IXe et Xe siècles, on trouve l'expression mixte महासभैயோம் *mahâsabhâiyôm* « nous, les membres de la grande assemblée » où सभै est pour सभा *sabhâ* que les Tamouls prononçaient *çabei* சபை; on trouve aussi सभैயார் *sabhâi-yâr* « les membres de l'assemblée ». Pour pouvoir faire passer ces mots étrangers dans la poésie, on a dû les transcrire en entier et les grammairiens ont formulé des règles précises qui peuvent

[1] On trouve même சவை *çavei* (*Vâkkuṇḍâm*, 13). M. Pope rattache au sanskrit सर्प le tamoul அரா *arâ*, அரவு *aravu*, அரவம் *aravam* « serpent »; c'est très vraisemblable.

fournir d'utiles indications sur l'ancienne prononciation du sanskrit. Nous résumons ces règles ci-après.

Les voyelles et diphtongues se transcrivent exactement, excepté ऋ qui devient இ *i* au commencement des mots, இரு *iru* au commencement, au milieu ou à la fin : ऋषभ *ṛṣabha* « taureau » devient இடபம் *iḍabam*, ऋषि *ṛṣi* « saint, sage » இருடி *iruḍi*, मृग *mṛga* « animal » மிருகம் *mirugam*, दातृ *dâtṛ* தாதிரு *tâdiru*. Il n'y a à transcrire ni ॠ, ni ऌ, ni ॡ.

Cependant आ, ई, ऊ, à la fin des noms féminins s'affaiblissent en ஐ *ei*, இ *i*, உ *u* : उमा *umâ* devient *umei* உமை « la femme de Çiva », देवी *dêvî* தேவி *têvi* « déesse », वधू *vadhû* வது *vadu* « femme, épouse ».

Quant aux explosives, क *k*, ख *kh*, ग *g* et घ *gh* deviennent க *k* ou *g*; च *c'*, छ *c'h*, ज *j'* et झ *j'h*, ச *ç*; ट *ṭ*, ठ *ṭh*, ड *ḍ* et ढ *ḍh*, ட *ṭ* ou *ḍ*; त *t*, थ *th*, द *d* et ध *dh*, த *t* ou *d*; प *p*, फ *ph*, ब *b* et भ *bh*, ப *p* ou *b*. Ainsi नख *nakha* « ongle » fait நகம் *nagam*, विजय *vij'aya* « victoire » விசயம் *viçayam*, पीठ *pîṭha* « siège » பீடம் *pîḍam*, दन्त *danta* « dent » தந்தம் *tandam*, भय *bhaya* « peur, crainte » பயம் *payam*, etc. ज *j'* se remplace aussi par ய : पङ्कज *paṅkaj'a* « lotus » fait பங்கசம் *paṅgaçam* et plus ordinairement பங்கயம் *paṅgayam*. — Les dentales muettes devant d'autres explosives se remplacent par ற் qui, muette, se prononce *t'* : अद्भुत *adbhuta* fait அற்புதம் *at'pudam*, तत्सम *tatsama* « semblable, analogue » fait தற்சமம் *tat'çamam*.

Les nasales ont leurs correspondantes exactes ; न au milieu et à la fin des mots devient ன *n'*, mais ந *n* lorsqu'elle est initiale.

श *ç* devient ச *ç* au commencement des mots, ச *ç* ou ய *y* au milieu : शाला *çâlâ* « salle » சாலை, आकाश *âkâça* « firmament » ஆகாசம் *âgâçam* ou ஆகாயம் *âgâyam*.

ष *ṣ* devient ச *ç* au commencement et ட *ḍ* ou *ṭ* au milieu ; षष् *ṣaṣ* « six » சட்டு *çaṭṭu*; विष *viṣa* « poison », விடம் *viḍam*. Dans quelques mots, ष *ṣ* est devenu ழ் *j* : सुषुम्ना *suṣumnâ*

« canal ou conduit nerveux principal du corps humain » a fait சுழிமுனை *çujimun'ei;* du reste les permutations des cérébrales sont assez variables: cf. ஒட்டகம் *oṭṭagam* « chameau » pour उष्ट्र, பேழை *péjei* « caisse, boite » pour पेटा, தோட்டி *tôṭṭi* « crochet, aiguillon » pour तोत्त्र, கழுழன் *kalujan'* « milan sacré » pour गरुड *garuḍa*, நாழிகை *nâjigei* « heure (de 24 minutes) » pour नाडिका, மூசை *mûçei* « creuset » pour मूषा; பீடை *pîḍei* et பீழை *pîjei* « douleur, affliction » pour पीडा *pîḍâ;* etc.

स *s* devient ச *ç*, et quelquefois த *d* au milieu de mots: सिद्धि *siddhi* « perfection », சித்தி *çitti;* मास *mâsa* « mois », மாசம் *maçam* ou மாதம் *mâdam.* — स muette initiale se supprime: स्थल *sthala* « emplacement, sanctuaire », தலம் *talam.* — स्त *st*, au milieu des mots, donne த்த *tt* : शास्त्र *çâstra* « science » devient சாத்திரம் *çâttiram.*

ह initial se supprime: हरि *hari* « Viṣṇu », அரி *ari;* médiale, il devient க *g* ou *k;* दाह *dâha* « feu, ardeur », தாகம் *tâgam;* बहु *bahu* « nombreux », வெகு *végu* « beaucoup »; हरिहर *harihara*, அரிகரன் *arigaran'*. *H* médial se change quelquefois en ய *y* : महेन्द्र *mahêndra* « le grand Indra », மயேந்திரன் *mayêndiran'*.

क्ष *kṣ* fait க *k* ou ச *ç* au commencement des mots, க்க *kk* au milieu : क्षण *kṣaṇa* « clin d'œil », கணம் *kaṇam* ou சணம் *çaṇam;* मोक्ष *môkṣa* « libération », மோக்கம் *môkkam.* Aujourd'hui, on écrit volontiers ட்ச *ṭç* pour क्ष *kṣ*, par exemple: பரிட்சை *pariṭçei* pour परीक्षा *parîkṣâ* « recherche, examen ».

Au commencement des mots, य *y*, र *r* et ल *l* éprouvent des modifications particulières.

य *y* se transcrit ய et peut prendre un *i* devant lui : यक्ष *yakṣa* fait இயக்கன் *iyakkan';* quelquefois il devient எ *é* ou même ஏ *ê* (prononcés *yé*, *yê*), यमः *yamah* « le dieu de la mort » fait யமன் *yaman'* ou எமன் *éman';* यन्त्र *yantra* « machine », ஏந்திரம் *êndiram.* Lorsque *y*, dans le corps d'un mot, suit une muette, on intercale un *i* இ et on double l'explosive : वाक्य *vâkya* « parole », வாக்கியம் *vâkkiyam;* आस्य *âsya* « bouche, visage »,

ஆசியம் *âçiyam.* य se réduit quelquefois à *i* : व्यवहार *vyavahâra* fait விவகாரம் *vivagâram.*

र *r* initial se préfixe d'un *a* s'il est accompagné d'un *a* : रङ्ग *ranga* «assemblée», அரங்கம் *arangam;* — d'un *i*, s'il est accompagné de *a*, *â*, *i*, *î*, *ê*, *âi*, *âu* : रामः *Râmaḥ*, இராமன் *irâman';* रिक *rika* «cœur, âme», இரிகம் *irigam;* — d'un *u*, s'il est accompagné de *u*, *û*, *ô* : रोम *rôma* «poil», உரோமம் *urômam;* on a cependant உதிரம் *udiram* «sang» pour रुधिर *rudhira.* — ल *l* suit la même règle : लाभ *lâbha* «gain, profit», *ilâbam* இலாபம்; लोक *lôka* «monde, *ulôgam* உலோகம்.

Après une muette, *r* et *l* intercalent *i* ou *u* : वक्र *vakra* «courbe», வக்கிரம் *vakkiram,* शुक्ल *çukla* «couleur blanche», சுக்கிலம் *çukkilam.* — On cite உயுத்தம் *uyuttam* «combat» et இயோனி *iyôn'i* «matrice» pour युक्त *yukta* et योनि *yôni.*

R muet reste *ṙ* devant *v* : सर्व *sarva* «tout», சர்வம் *çarvam;* devant les explosives, *r* devient *ru* et l'explosive se double : अर्कः *arkaḥ* «le soleil», அருக்கன் *arukkan';* devant les continues, *r* fait *ri* ou *ru* : विमर्श *vimarça* «délibération», விமரிசம் *vimariçam;* अर्हत *arhat* «le libéré», அருகன் *arugan';* quelquefois, le *r* se supprime : अर्थ *artha* «signification» fait அருத்தம் *aruttam* ou அத்தம் *attam.*

Devant *n* ou *m*, *r* devient ன *n'* : துன்முகன் *tun'mugan'* «l'être au mauvais visage» pour दुर्मुख, துன்னீதி *tun'n'îdi* «injustice» pour दुर्नीति.

Après une muette, *v* prend un *u* intercalaire et l'explosive se double : तत्व *tatva* «essence», தத்துவம் *tattuvam; v* se supprime quelquefois : स्वामिन् *svâmin* «seigneur», சுவாமி *çuvâmi* ou சாமி *çâmi.*

Après une muette, *m* intercale *u* et *n* intercale *i*, et souvent les explosives muettes se doublent : पद्म *padma* «nénuphar», பதுமம் *padumam;* आत्मा *âtmâ*, ஆத்துமம் *âttumam;* अग्नि *agni* «le dieu du feu», அக்கினி *akkini.*

Deux explosives consécutives s'assimilent : रक्त *rakta* « sang » devient இரத்தம் *irattam.*

Parmi les autres groupes du sanskrit, les grammairiens indiquent *jñ* qui devient க்கின, ஞ *ñ* ou கிய *kiya* : आज्ञा *âjñâ* « ordre » devient ஆக்கினை *âkkin'ei*, ज्ञान *jñâna* « sagesse », ஞானம் *ñân'am* ou கியானம் *kiyân'am.* Les explosives muettes finales se doublent et prennent la voyelle *u* : वाक् *vâk*, வாக்கு *vâkku* « parole ».

On trouve quelques transcriptions particulières : மான்மியம் *mân'miyam* pour माहात्म्य *mâhâtmya* « gloire, grandeur », சன்னம் *çan'n'am* « naissance » pour जन्म *janma*; அரதனம் *arada-n'am* « joyau » pour रत्न *ratna*, பருப்பதம் *paruppadam* « montagne » pour पर्वत *parvata*, etc.

D. — Euphonie.

Dans toutes les langues, la conversation courante amène dans les mots, et surtout d'un mot à l'autre, des rencontres de sons et de bruits plus ou moins harmoniques et il en résulte des modifications phonétiques; en français, par exemple, *sang impur* se prononce *san-kimpur; les hommes, lé-zom.* Les Indiens, et surtout les Tamouls, tiennent rigoureusement compte de ces modifications dans l'écriture.

Avant de les étudier, il est nécessaire de connaître par quelles lettres peuvent commencer et finir les mots tamouls.

14. *Lettres initiales.* — Toutes les voyelles et les consonnes க *k*, ச *ç*, ஞ *ñ*, த *t*, ந *n*, ப *p*, ம *m*, ய *y*, வ *v*. On cite un mot commençant par ங *ṅ* : ஙனம் *ṅan'am* « manière ». Aucun mot ne commence par *vu*, *vû*, *vo*, *vô*, ni par *yi*, *yî*, *yé*, *yê*, *yai*, *yo*.

Lettres finales. — Les voyelles அ *a*, ஆ *â*, இ *i*, ஈ *î*, உ *u*, ஊ *û*, ஏ *ê*, ஐ *ai*, ஓ *ô*, ஔ *âu* et les consonnes ண, ம, ய, ர, வ, ம, ழ, ள, ன. Quelques grammairiens ajoutent : ஞ *ñ*, ந *n* et வ *v*. On cite un mot en *o* bref: நொ «douleur», et un mot en *é* bref: எ *é*, adjectif indéfini ou interrogatif «quel?, quelconque».

Ceci posé, il peut se présenter quatre cas: rencontre d'une voyelle finale et d'une voyelle initiale, d'une voyelle finale et d'une consonne initiale, d'une consonne finale et d'une voyelle initiale et enfin d'une consonne finale et d'une consonne initiale.

1er cas. — Après அ *a*, ஆ *â*, ஊ *û*, ஓ *ô*, ஔ *âu*, on intercale un வ *v* euphonique auquel se joint la voyelle initiale suivante, quelle qu'elle soit: பூ *pû* «fleur» et அணி *aṇi* «ornement» font பூவணி *pû-v-aṇi*, பல *pala* «plusieurs» et அரசர்கள் *araçargaḷ* «rois», font பலவரசர்கள் *pala-v-araçargaḷ*.

Après இ *i*, ஈ *î*, ஏ *ê*, ஐ *ei* ou *ai*, on intercale un ய *y*: மணி *maṇi* «pierre précieuse» et அழகு *ajagu* «beauté» deviennent மணியழகு *maṇi-y-ajagu*; மலை *malei* «montagne» et உச்சி *uc'c'i* «sommet», மலையுச்சி *malei-y-uc'c'i*.

உ *u* à la fin d'un mot s'élide, s'il est précédé de deux ou plusieurs syllabes ou d'une syllabe longue: கிணறு *kiṇar'u* «puits» et அடைந்தான் *aḍeindân'* «il a atteint» font கிணறடைந்தான் *kiṇâr'-aḍeindân'*; வீடு *vîḍu* «maison» donnerait de même வீடடைந்தான் *vîḍ-aḍeindân*.

Dans les autres cas, உ *u* prend un வ *v* de liaison: குரு *kuru* «le *guru*, le directeur spirituel» et உபதேசித்தார் *ubadêçittâr* «il enseigna» font குருவுபதேசித்தார் *kuru-v-ubadêçittâr*.

உ *u* élidable est remplacé par இ *i* devant ய: செலவு *çélavu* et யாது *yâdu* «quoi» deviennent செலவியாது *çélaviyâdu* «quelle est la dépense?».

On trouve dans certains vieux auteurs un assez grand nombre de passages où உ bref polysyllabique n'est pas élidé; dans ces passages, même, son élision rendrait le vers faux: நீறு உண்மை *nîr'u uṇmei* «la vérité de la cendre sacrée»; வணங்குவார்க்கு அறிவு *vanaṅguvârkku ar'ivu* «la sagesse à ceux qui adorent», etc. Dans tous ces exemples les mots en *u* finissent un vers; il y a donc là un repos dans la mesure qui explique l'absence d'élision. On cite l'exemple வாயுவில் *vâyu-vil* «dans le vent», où வ *v* est emphatique[1]. En poésie, les noms verbaux en அது *adu* suivis de ஏ *ê* emphatique ou de உம் *um* «et, même», n'élident pas la finale et font அதுவே *aduvê* ou அதுவும் *aduvum* (les grammairiens ont inventé l'orthographe artificielle அதூஉம் *adûum*, pour éviter en apparence l'irrégularité); mais on peut considérer ici அது *adu* comme le pronom neutre «cela» c'est-à-dire comme un disyllabe bref.

Les grammairiens disent que ஏ *ê* peut prendre *v* au lieu de *y* et qu'on peut dire அவனேவரசன் *aran'ê-v-araçan'* «c'est lui, le roi» au lieu de அவனேயரசன் *avan'ê-y-araçan'*, qui serait la forme régulière. On trouve d'autres formes irrégulières: ஆயிடை *â-y-iḍei* «à cet endroit», de *â* ஆ et இடை *iḍei*, மாயிரு *mâyiru* «immense» de மா *mâ* «grand» et இரு *iru* «large, vaste»; கோயில் *kô-y-il* «palais, temple» (de கோ *kô* «roi, seigneur» et இல் *il* «maison»; கோவில் *kôvil* est aussi usité), நீயிர் *nîyir* pour நீவிர் *nîvir* «vous»[2]; M. Ariel cite l'exemple முலைக்குளேவிகலியுகிர்த்தைத்தரேகை «lignes tracées en onction, à l'envi l'une de l'autre, sur le sein» : après உளே *ulê* vient இகலி *igali*, avec *v* euphonique.

Les grammairiens disent que அ *a* bref final s'élide dans quelques cas, mais je crois qu'il y a là une observation imparfaite. Ce serait : 1° l'*a* final des optatifs en க *ka*: எழுகரசனே *éjug'arasan'ê* (எழுக *éjuga*, அரசனே *araçan'ê*) «veuillez-

[1] *Vâyu* est un mot sanskrit, वायु; c'est pour cela sans doute que l'*u* ne s'y élide pas. Ne sont pas soumis non plus à l'élision les noms propres en *u* et les mots பானு *pânu* «soleil» (भानु) et வேணு *vêṇu* «bambou» (वेणु) empruntés au sanskrit.

[2] La forme ordinaire est நீர் *nîr* qui est relativement moderne d'ailleurs; le vrai pluriel de நீ *nî* «toi» est *நீம் *nîm*, comme நாம் *nâm* «nous» et தாம் *tâm* «eux-mêmes» le sont de நான் *nân'* «moi» et தான் *tân'* «soi». (Voir plus loin.)

vous lever, ô roi!»; 2° l'*a* bref des gérondifs présents, ou infinitifs, composés avec le verbe அடி *adi* «battre» et formant des intensifs, சிதற *çidar'a* «répandre» et அடித்தான் *adittân'* «il a battu» forment par exemple சிதறடித்தான் *çidar'adittân'* «il a dispersé»; 3° l'*a* du premier des adjectifs répétés அந்தந்த *andanda* «chacun», எந்தெந்த *endenda* «quelconque». Ces deux derniers exemples sont plutôt des contractions, des syncopes; quant aux autres, l'*a* n'y est qu'apparent et le mot est un impératif ou un radical consonnantique.

Dans le journal de Madras *Siddhanta deepikâ* (Tome VI, n° 1, juin 1902, p. 7-9), un savant indien, T. Vîrabhadramudaliar, cite plusieurs exemples d'*a* bref élidé. Il me semble que dans la plupart de ces cas, il y a confusion entre le gérondif en *u* உ et le participe en *a* அ. Le seul exemple probant serait உந்திடம் *undidam* et இந்திதம் *indidam* (str. 223 des *Tiruc'c'it't'ambalakkôvei*) de இந்த *inda*, உந்த *unda* adjectifs démonstratifs et இடம் *idam* «endroit, lieu»; mais c'est évidemment le même cas que அந்தந்த *andanda*, எந்தெந்த *endenda*, dont nous venons de parler[1].

Les monosyllabes brefs doublent la lettre euphonique intercalaire qui est alors toujours *v* வ: இவ்விடம் *i-vv-idam* «cet endroit-ci» de இ *i* et இடம் *idam*; நோவ்வுண்டு *no-vv-undu* «il y a mal, il y a douleur», de நோ *no* et உண்டு *undu*.

2e *cas*. — En principe, une voyelle finale et une consonne initiale se rapprochent sans changement; cependant les monosyllabes brefs doublent la consonne suivante : வெவ்வினை *vé-v-vin'ei* «ardente activité», de வெ *vé* et வினை *vin'ei*, இத்தன்மை *it-tan'mei* «cette nature», de இ *i* et தன்மை *tan'mei*.

D'autre part, க *k*, ச *ç*, த *t* et ப *p* se doublent souvent au commencement des mots; nous donnerons plus loin l'indica-

[1] On a cité, comme exemple de அ *a* élidé, le mot பாரை *parârei* «gros tronc, corps massif» de பரிய *pariya* «gros, épais» et அரை *arei* «milieu, reins»; mais c'est plutôt un cas de composition syncopée.

tion des cas où s'opère ce redoublement qui a lieu notamment après certaines finales vocaliques.

3e cas. — La consonne finale s'unit à la voyelle initiale : மரம் *maram* «arbre» et உண்டு *uṇḍu* «il y a» donnent மர முண்டு *maramuṇḍu* «il y a un arbre». Les monosyllabes brefs doublent leur consonne finale : நுண் *nuṇ* «mince, délicat» et இடை *iḍei* font நுண்ணிடை *nuṇ-ṇ-iḍei* «taille délicate», வல் *val* «fort» et எழுத்து *éjuttu* «lettre» font வல்லெழுத்து *valléjuttu* «lettre forte».

ய initial précédé d'une consonne muette prend இ *i* : வல் *val* «fort» et யானை *yân'ei* «éléphant» deviennent வல்லியானை *val-l-i-yân'ei* «éléphant puissant».

4e cas. — Les consonnes arrivant en contact avec d'autres consonnes tantôt se modifient seules, tantôt entraînent la consonne suivante dans une modification commune, tantôt modifient seulement la consonne suivante.

ம் *m* final devant க *k*, ச *ç*, த *t*, se change naturellement en ங *ṅ*, ஞ *ñ*, et ந் *n* : பெரும் *pérum* «grand» et காற்று *kât't'u* «vent» deviennent *péruṅkât't'u* பெருங்காற்று; நலம் *nalam* «bien» et செய்தான் *ç'éydân'* «il a fait» s'écrivent நலஞ்செய்தான் *nalañçéydân'* «il a fait le bien»; பணம் *paṇam* «argent» et தந் தேன் *tandên'* «j'ai donné» font பணந்தந்தேன் *paṇantandên'* «j'ai donné l'argent».

Devant ஞ் *ñ*, ந் *n* ou ம் *m*, ம் *m* se supprime : நாம் «nous» *nâm*, நடந்தோம் *naḍandôm* «nous avons marché» s'écrivent நாநடந்தோம் *nânaḍandôm*; si le premier mot est un monosyllabe bref, le ம் final s'assimile à l'initiale suivante : எம் *ém* «de nous», நாடு *nâḍu* «pays» devenant *énnâḍu* எந்நாடு «notre pays».

ண் ou ன் finales devant les explosives க *k*, ச *ç*, த *t*, ப *p*, deviennent ட் *ṭ* ou ற் *t'* quand le mot qu'ils terminent est employé adjectivement; ainsi on dira மட்குடம் *maṭkuḍam* «un vase de terre», de மண் *maṇ* «terre», mais பொன்பெரிது *pon'péridu* «l'or est une grande chose» parce que பொன் *pon'* «or» est au nominatif. Dans tous les cas, த *t* initial devient ட் *ṭ* après ண் *ṇ* et ற் *t'* après ன் *n'* : வந்தான் *vandân'* «il est venu» et தருமன் *taruman'* «Dharma» font வந்தான்றருமன் *vandân't'aruman'* «Dharma est venu».

ன் *n'* finale d'un mot régime devient ற் devant les explosives : நாதற் பாடுகின்றான் *nâdat' pâḍugin'd'ân'* «il chante le Seigneur» (*Sindâmaṇi*, VI, 6): ici நாதன் *nâdan'* (नाथ), devenu நாதற் *nâdat'*, devrait être à l'accusatif.

ண் *ṇ* ou ன் *n'* final et ந *n* initial se réduisent à ண *ṇ* ou ன *n'*, à ண்ண *ṇṇ* ou *n'n'* si le premier mot est un monosyllabe bref : நான் *nân'* «moi» et நடந்தேன் *naḍandên* «j'ai marché» font நானடந்தேன் *nân'aḍandên*; மண் *maṇ* «la terre» et நல்லது *nalladu* «est une bonne chose» font மண்ணல்லது *maṇṇalladu*.

ல் *l* et ள் *ḷ* devant க *k*, ச *ç*, த *t*, ப *p* se changent en ற் *t'* et ட் *ṭ* auxquels le த *t* initial s'assimile : கல் *kal* «pierre» et குதிரை *kudirei* «cheval» donnent கற்குதிரை *kat'kudirei* «cheval de pierre»; அருள் *aruḷ* «grâce» et தருவான் *taruvân'* «il donnera» s'écrivent அருட்டருவான் *aruṭṭaruvân'* «il fera grâce». முதுமக்கள் தாழி *mudumakkaḷ tâji* «jarre des anciens hommes»[1] devient முதுமக்கட்டாழி.

Lorsque le premier mot n'est pas un monosyllabe bref, on peut n'écrire qu'un ற் *t* ou un ட *ṭ* au lieu de ல்த் *lt* ou ள்த் *ḷt* : அருடருவான் *aruṭaruvân'*, கனறீது *kan'ar'îdu* ou *kan'at'îdu* «le feu est mauvais» (pour கனற்றீது *kan'at't'îdu* de கனல் *kan'al* et தீது *tîdu*).

En poésie, ல்த *lt* et ள்த *ḷt*, quand les noms en ல *l* ou ள *ḷ* sont au nominatif, peuvent faire ஃற et ஃட : கஃறீது *kagr'îdu* ou *kagdîdu* «la pierre est une mauvaise chose», முஃடீது

[1] தாழி *tâji* se rattache au verbe தாழ் *tâj* «creuser, s'enfoncer». Les grands personnages, les rois, les héros étaient mis après leur mort dans de grandes jarres étroites de terre cuite qu'on appelait ஈமத்தாழி *îmattâji* «jarres du champ funèbre»; en malayâla, on les appelle குழிதாழி *kujitâji* «jarres de fosse». On les enterrait verticalement.

mugḍidu « l'épine est une mauvaise chose », de கல் *kal* ou முள் *muḷ* et தீது *tîdu*. Ce changement, qui est pour ainsi dire facultatif et d'élégance, ne se produit qu'avec les monosyllabes.

Devant ஞ் *ñ*, ந் *n* et ம், ல் *l* et ள் *ḷ* deviennent respectivement ன் *n'* et ண் *ṇ*, et le ந initial se confond avec ce ன் ou ண், excepté si le premier mot est un monosyllabe bref, et alors ன் ou ண் se double; ainsi on écrira : அருண்ஞானம் *aruṇñân'am* « la sagesse octroyée », கன்மழை *kan'majei* « pluie de pierres », கானடை *kân'aḍei* « marche à pieds », கன்னிறம் *kan'n'ir'am* « couleur de pierre », au lieu de அருள் ஞானம் *aruḷ ñân'am*, கல் மழை *kal majei*, கால் நடை *kâl naḍei* et கல் நிறம் *kal nir'am*.

ய் final se supprime devant ய, seulement si le premier mot est un polysyllabe ou un monosyllabe long; on dira பொய்யானை *poyyân'ei* « faux éléphant » et பாயானை *pâyân'ei* « éléphant bondissant », de பொய் *poy* « faux », பாய் *pây* « qui bondit » et யானை *yân'ei* « éléphant ».

15. *Redoublement de* க, ச, த, ப *initiaux.* — Au commencement des mots, ces quatre lettres se doublent, c'est-à-dire prennent avant elles leur muette dans les circonstances suivantes :

1° Après les monosyllabes brefs qui sont les démonstratifs அ *a*, இ *i*, உ *u*, l'interrogatif ou indéfini எ *é*, le numéral மு *mu* « trois », l'impératif து *tu* « mange » et le mot நொ *no* « douleur, mal » : இக்குதிரை *ikkudirei* « ce cheval-ci », நொத்தீது *nottîdu* « la douleur est mauvaise »;

2° Après les voyelles longues : நிலாத்தோன்றிற்று *nilâ-ttôn'd'it't'u* « la lune a apparu ». — Toutefois, les mots மா *mâ* « manguier, animal » et ஆ *â* « vache » aux cas directs, le pronom நீ *nî* « toi », la 3e personne en ஆ *â* du verbe négatif, l'adjectif மகா *magâ* (skr. महा) « grand », le pronom ou adjectif interrogatif யா *yâ* « quoi, quel », la particule explétive மியா *miyâ*, les particules finales ஏ *ê* affirmative, ஆ *â* et ஓ *ô* interrogatives, ne doublent pas le க, ச, த, ப: தீண்டாபழி *tîndâpaji* «la faute ne touche pas», mais on dirait தீண்டாப்பழி *tîndâppaji* «la faute qui ne touche pas»;

3° Après un உ *u* joint à une lettre double ou à deux explosives dont la première est muette : வெற்புப்பெரிது *vet'pupperidu* «la montagne est grande». On excepte les radicaux verbaux pris adjectivement கடிக்குபாம்பு *kaḍikku pâmbu* «le serpent qui mord»;

4° Après les disyllabes brefs en உ *u* : மதுப்பொழில் *maduppojil* «un bosquet mielleux». On excepte les impératifs et les radicaux verbaux pris adjectivement, les numéraux ஒரு *oru* «un», இரு *iru* «deux», அறு *ar'u* «six», எழு *éju* «sept», பது *padu* «dix», ainsi que les mots மறு *mar'u* «autre» et சிறு *çir'u* «petit»;

5° Après l'accusatif en ஐ *ei* : மலையைச் சேர்ந்தான் *maleiyei çêrndân'* «il est arrivé à la montagne»;

6° En poésie, on opère ce redoublement après les pluriels de personnes en ர் *r* employés sous la forme nominative avec le sens de l'accusatif, c'est-à-dire après un accusatif latent : இகழ்வார்ப்பொறுத்தல் *igajvârppor'uttal* «supporter ceux qui méprisent» (*Kur'aḷ*, XVI, 1);

7° Après les substantifs terminés par des voyelles brèves, par ஐ *ei* ou par les consonnes ய *y*, ர் *r*, ழ் *j* muettes, employés comme déterminants : மலைப்பசு *maleippaçu* «la vache de la montagne», தண்டமிழ்க்கவி *tanḍamijkkavi* «une poésie au frais tamoul».

On peut faire entrer dans cette catégorie la forme adjective en அ *a* des noms neutres en அம் *am* : மனக்கவலை *man'akkavalei* «trouble ou tourment d'esprit», மரக்கொம்பு *marakkombu* «une branche d'arbre»;

8° Après les gérondifs présents (ou infinitifs) en அ *a* et les gérondifs passés en இ *i* : செய்யக்கண்டான் *çéyyakkanḍân* «il a vu faire», படிப்பத்தகும் *paḍippattagum* «il convient d'étudier», அருளிச்செய்தான் *aruḷiç'ç'éydân'* «il a daigné faire».

Les optatifs, de même forme que les infinitifs, ne font pas doubler க, ச, த, ப : துணிககருமம் *tuṇiga karumam* «puissiez-vous décider sûrement une affaire!».

அன்றி *an'd'i* et இன்றி *in'd'i*, qui sont pris souvent dans le sens de «sans, outre, excepté», sont traités comme des gérondifs. On fait entrer dans cette catégorie les gérondifs ஆய் *ây* «étant devenu», போய் *pôy* «étant allé» et தாய் *tây* «ayant franchi», qui sont abrégés de ஆகி *âgi*, போகி *pôgi*, தாகி *tâgi*, formes régulières peu usitées;

9° Après un certain nombre de mots qui sont considérés soit comme des noms-adjectifs, soit comme des gérondifs : அந்த *anda* «ce...-la», இந்த *inda* «ce...-ci», எந்த *enda* «quel?» ou «quelconque», அல்ல *alla* «qui n'est pas», மற்ற *mat't'a* «autre», உரி *uri* «propre», தனி *tan'i* «isolé», இனி *in'i* «encore», படி *paḍi* «manière» (dans les composés அப்படி *appaḍi* «de cette manière-là», இப்படி *ippaḍi* «de cette manière-ci», எப்படி *eppaḍi* «de quelle manière?» ou «d'une manière quelconque»), இல்லை *illei* «non, n'étant pas», உடை *uḍei* «possédé», et après la plupart des particules servant de suffixes locatifs : கடை *kaḍei* «fin», மிசை *miçei* «dessus», வழி *vaji* «chemin», கீழ் *kîj* «dessous», etc.;

10° Ces mêmes particules locatives, celles du moins qui commencent par க, ச, த, ப, ainsi que le suffixe கு du datif, doublent leurs initiales après les voyelles et après ய, ர, ழ : எனக்கு *én'akku* «à moi», மெய்க்கடை *méykkaḍei* «au bout du corps»;

11° Le verbe படு *paḍu* «souffrir» employé comme auxiliaire du passif, le mot காரன் *kâran'* employé avec le sens de «homme de» et formant des noms de profession, le mot கால் *kâl* «temps» joint au participe passé avec le sens de «quand, lorsque, si», doublent toujours leurs initiales: மலைக்காரன் *maleikkâran'* «l'homme de la montagne», நினைத்தக்கால் *nin'eittakkâl* «quand» ou «si on pense»;

12° Naguère encore, on doublait க, ச, த, ப après les noms en ல் et ள் pris adjectivement, après les suffixes இல் *il* «dans» et ஆல் *âl* «par», après இல் *il* suffixe conditionnel verbal et après ஆமல் *âmal* suffixe du gérondif négatif. Cet usage est abandonné aujourd'hui et on écrit: ற்க, ற்ச, ற்ற ou ற, டக், ட்ட ou ட, etc., suivant la règle générale d'euphonie.

E. — Lois phonétiques.

16. Je ne prétends point faire ici une étude complète de la phonétique tamoule; je voudrais seulement signaler quelques faits qui pourront expliquer certains phénomènes grammaticaux et rendre compte du sens et de la formation de certains mots. Je me garde bien d'ailleurs de conseiller la recherche des étymologies; je ne connais pas d'exercice plus dangereux et plus inutile.

On sait que la loi générale de toute phonétique, le principe de tous les changements qu'on constate dans une langue quelconque au cours de son évolution, c'est *le moindre effort;* l'articulation de plusieurs voyelles ou l'émission de plusieurs consonnes tend à être facilitée. D'autre part, la succession d'efforts matériels différents ne saurait se faire sans que l'un ne réagisse plus ou moins sur l'autre, de là des *affaiblissements*, des *renforcements*, des *compensations*.

Les modifications phonétiques ne se font point brusquement et au hasard; elles s'opèrent de proche en proche, suivant les affinités naturelles; en tamoul, elles procèdent conformément aux indications du tableau qui est à la page 20 ci-dessus, c'est-à-dire par lignes horizontales ou par lignes verticales, avec cette réserve que les linguales et les dentales mouillées restent ordinairement isolées et que les gutturales peuvent passer directement aux labiales, ce qui s'explique par la manière dont se forment les unes et les autres.

On a vu plus haut quels sons et quels bruits, quelles voyelles et quelles consonnes, peuvent seuls commencer et terminer des mots tamouls. On aura remarqué que les explosives douces *g, ḍ, d, b* n'en peuvent commencer aucun et que les fortes ne sauraient venir à l'intérieur d'un mot que si elles sont doublées : ce dernier fait est-il réel ou est-ce un artifice d'écriture? En tout cas, il faut noter le rapport évident entre *r'* d'une part et *t' d'* de l'autre : ces bruits différents peuvent être représentés par un seul et même caractère ற.

On notera aussi la confusion que l'on fait très souvent entre ழ et ள dont la prononciation est à peu près la même dans une grande partie du pays.

Les voyelles, au point de vue phonétique, peuvent être classées en deux catégories, celle des voyelles *fortes*, si l'on veut : அ *a*, ஆ *â*, உ *u*, ஊ *û*, ஒ *o*, ஓ *ô*; et celle des voyelles *faibles* : இ *i*, ஈ *î*, எ *é*, ஏ *ê*, ஐ *ai* ou *ei*.

Les voyelles brèves, fortes ou faibles, s'allongent quelquefois, sans autre raison apparente que la nécessité prosodique ou la prononciation plus agréable : மனிதன் *man'idan'* et மானிதன் *mân'idan'* «homme», தனது *tan'adu* et தனாது *tan'âdu* «de soi», பதம் *padam* et பாதம் *pâdam* «pied», வாராமை *varâmei* «action de ne pas venir» et வாரா *vârâ* «qui ne vient pas», சந்து *çandu* et சாந்து *çându* «sandal, bois de sandal», நிழல் *nijal* et நீழல் *nîjal* «ombre», மக்கள் *makkaḷ* et மாக்கள் *mâkkaḷ* «hommes», மழை *majei* et மாழை *mâjei* «pluie», etc.

Je crois qu'on peut attribuer à une variation de ce genre la forme வேளாளன் *vêḷâḷan'* pour வெள்ளாளன் *veḷḷâḷan'*; ce nom est celui d'une caste très importante du pays tamoul qui est par excellence celle des cultivateurs. D'après les dictionnaires, வேளாளன் *vêḷâḷan'* dériverait de வேள் *vêḷ* «divinité pré-brahmanique qu'on a assimilée à Subrahmaṇya, jeune homme, délice, terre», et வெள்ளாளன் *veḷḷâḷan'* de வெள் *veḷ* «blancheur, simplicité, franchise». Comme on le verra plus loin, les adjectifs ont deux formes, une brève et une longue :

cf. கரு *karu* et கார் *kâr* «noir»; on peut donc voir dans வேள் et வெள் le même mot, qui se rattacherait à la même racine que வெளி *véḷi* «air, éclat», வெள்கு *veḷgu* et வெட்கு *veṭku* «avoir honte, s'intimider», வெள்ளி *veḷḷi* «argent», வேழ்வி *vêḻvi* et வேள்வி *vêḷvi* «oblation, don, sacrifice», வெடி *véḍi* «crainte, foudre, rupture, fente», வெட்டு *veṭṭu* «couper», வெண்டு *veṇḍu* «se dessécher», வேடு *vêḍu* «chasse, filtre», வேண்டு *vêṇḍu* «désirer, vouloir»: de ces mots se dégage évidemment l'idée de «diviser, fendre, labourer», et வெள்ளாள் *veḷḷâḷ*, primitif de வெள்ளாளன் *veḷḷâḷan'*, signifierait originellement «homme qui laboure». Il est remarquable que son féminin வெள்ளாட்டி *veḷ'âṭṭi* a le sens de «servante, esclave femelle». De வெள்ளாள் *veḷḷâḷ*(1) on a formé வெள்ளாண்மை *veḷḷâṇmei*, réduit à வெள்ளாமை *veḷḷâmei* «moisson, agriculture», d'où l'adjectif வெள்ளாம் *veḷḷâm* (வெள்ளாங்குடி *veḷḷâṅkuḍi* «village de cultivateurs»). On sait que வெள்ளாளன் a pris communément la forme வெள்ளாழன் *veḷḷâjan'* dont le féminin est வெள்ளாழச்சி *veḷḷâjac'c'i*.

Parmi les allongements de voyelles, il faut mentionner ceux qui se produisent dans les démonstratifs : ஈது *îdu* pour இது *idu* «ceci», par exemple.

அ *a*, devant ச *ç*, ஞ *ñ*, ய *y* et peut-être வ *v*, permute avec ஐ *ai* ou *ei* : பசல் *paçal* «couleur» devient பைசல் *paiçal*, மஞ்சு *mañj'u* «nuage» மைஞ்சு *maiñj'u*, மயல் *mayal* «confusion» மையல் *maiyal*, இலஞ்சி *ilañj'i* «plante rampante» இலைஞ்சி *ileiñj'i*; அரசன் *araçan'* «roi» fait அரயன் *arayan'* (et même இராயன் *irâyan'*) et அரையன் *areiyan'* : cette dernière forme était jadis ordinaire, car on la retrouve dans des inscriptions des IXe et Xe siècles; பையல் *paiyal* «jeune garçon» se prononce vulgairement *payâ*; நினைவு *nin'eivu* «pensée» a pour variante நினவு *nin'avu*.

அ final, prononcé *ö* dans la langue vulgaire, passe à *o* dans

(1) On trouve வேளாண் *vêlaṇ* avec le sens de «culture» ou «cultivateur» dans le *Kallâḍam* (XII, 17).

la bouche des gens du peuple; on entend journellement dans les rues, à Pondichéry et à Karikal, un juron énergique, terminé par l'optatif *wôjkko* pour ஒழிக்க. Les pluriels en கள் *gaḷ* se prononcent aussi *go* : *vandāgo* pour வந்தார்கள் *vandârgaḷ* «ils sont venus», *pôr'iṅgo* pour போகிறீர்கள் *pôgir'îrgaḷ* «vous allez», et même *nambo* pour நங்கள் *naṅgaḷ* «notre».

அம் *am* final se prononce *om* et même *ō* dans les patois populaires : *marō* pour மரம் *maram* «arbre». De pareilles nasalisation se sont produites aux terminaisons என் *ên'*, ஆன் *ân'* des verbes, அன் *an'* et ஆன் *ân'* des substantifs : *çol'rē* «je dis» pour சொல்லுகிறேன் *çollugir'ên'*, *pôvā* «il ira» pour போவான் *pôvân'*, *chômē* pour சோமன் *çôman'* «vêtement d'homme (toile enroulée autour des reins)».

ஆ *â* s'affaiblit en ஏ *ê* dans les premières personnes verbales où என் *ên'* représente நான் *nân'* «moi»; il s'est abrégé aussi en அன் *an'*, puis அல் *al*. Au pluriel, on a ஆம் *âm*, எம் *êm* et ஓம் *ôm* : cette dernière forme, qui a seule survécu, est due probablement à l'influence de la labiale ம் *m*. — சா *çâ* «mourir» fait au gérondif passé செத்து *çéttu* «étant mort»; cf. சார் *çâr* «approcher» et சேர் *çêr* «atteindre, arriver à».

C'est également sous l'influence d'une labiale que le groupe அவ *ava* s'est réduit en ஓ *ô* dans les appellatifs : செய்தவன் *çéydavan'* est devenu செய்தோன் *çéydôn'*. C'est pourquoi dans la variante தோப்பன் *tôppan'* pour தகப்பன் *tagappan'* «père», on attribue la production de l'*ô* au changement du *g* en *v* : **tavappan'* : les brahmes disent *tamappan'*.

Deux voyelles brèves séparées par une consonne se réduisent dans d'autres cas à la première allongée : பாதி *pâdi* «moitié» parait être pour பகுதி *pagudi* «division», சகடு *çagaḍu* «char» a fait சாடு *çâḍu*, கோமகன் *kômagan'* «fils de roi, prince» a fait கோமான் *kômân'*; de même, பொழுது *pojudu* «temps» est devenu போது *pôdu* (et plus tard pédantesquement போழ்து *pôjdu*); on a விழ் *vij* et விழு *viju* «tomber», தேர் *têr* et தெரி

téri « être connu », பராய *parâya* pour பரவிய *paraviya* « répandu ». Je pourrais citer பேர் *pêr* « nom » pour பெயர் *péyar*, mais ici le *y* est pour *ç* : cf. le canara moderne ಹೆಸರು *hesaru* pour un ancien ಪೆಸರು *pesaru*. Dans மோனை *môn'ei* « commencement » pour முகனை *mugan'ei*, *u* et *a* se sont combinés en ஓ *ô*. On donne en revanche அம் *am* pour அகம் *agam* « intérieur, pensée »; le langage populaire prononce *ambaḍa* pour அகப்பட *agappaḍa* « trouver ». Dans கோடு *kôḍu* « branche », réduit de கவடு *kavaḍu*, nous retrouvons *ô* produit sous l'influence du வ *v*. Dans தோம் *tôm* pour துன்பம் *tun'bam* « mal, douleur », le phénomène est plus complexe.

இ *i* bref devient உ *u*, au moins dans la prononciation, devant les cérébrales : பிள்ளை *piḷḷei* « enfant », விடு *viḍu* « laisser » se prononcent *puḷḷé*, *uḍu*; ஈ *î* long devient ஊ *û* dans les mêmes circonstances : வீடு *vîḍu* « maison », வீணை *vîṇei* « luth » se prononcent *ûḍu*, *vûṇé*; மிளகு *miḷagu* « poivre » se prononce *muḷagu* et même *muḷ'gu*, et மறந்துவிட்டேன் *mar'anduviṭṭên'* « j'ai oublié », *mar'anduputṭē*; புலி *puli* « tigre » se prononce *pili*. Devant ண *ṇ*, ழ *j*, ள *ḷ*, ல *l*, ன *n'*, இ *i* se prononce *é* : *kéṇar'u* ou *köṇar'u* pour கிணறு *kiṇar'u* « puits », *kéjvi* pour கிழவி *kijavi* « vieille », *véḷukku* pour விளக்கு *viḷakku* « lampe », *nélâ* pour நிலா *nilâ* « lune », *élé* (pron. *yélé*) pour இலை *ilei* « feuille ».

உ *u* bref devient au contraire *i*, dans la prononciation populaire, aux datifs en கு *ku* et aux finales en சு *çu*, *dju*, *tchu*; *pôtchi* pour *pôtchu* pour போச்சுது *pôc'c'udu* « cela est parti », *andji* pour அஞ்சு *añj'u* « cinq », *pandji* pour பஞ்சு *pañj'u* « coton », *iṇṇikki* pour இன்றைக்கு *in'd'eikku* « aujourd'hui », etc. D'autres cas seraient à citer, par exemple celui de *kaṭṭimarō* pron. pop. de கட்டுமரம் *kaṭṭumaram* « sorte de bateau insubmersible, formé de tiges d'arbres attachées ensemble ».

உ *u* bref tombe entre deux consonnes dans la prononciation populaire : *ir'kudu* pour இருக்குது *irukkudu* « cela est », *mar'paḍi* pour மறுபடி *mar'ubaḍi* «d'une autre manière»; கழுவினையா «as-tu lavé?» se prononce *kaj'vunîyâ* (ou *kaḷvu-nîyâ*); on peut supposer que *muḷ'gu* «poivre» est pour **miḷugu*, où le premier *u* représente l'*a* affaibli de மிளகு *miḷagu*. Dans la première syllabe, *u* se prononce souvent *o* : on dit *koḍé*, *doré*, *kojōdé*, *mojōkai*, *moḷé*, *woralu* et même *koḷur* pour குடை *kuḍei* «parasol», துரை *durei* «monsieur» (1), குழந்தை *kujandei* «enfant», முழங்கை *mujaṅkai* «coude», முலை *mulei* «sein, mamelle», உரல் *ural* «mortier», et குளிர் *kuḷir* «frais».

உ *u* bref s'ajoute, dans le langage populaire, aux finales en ல *l*, ள *ḷ*, ண *ṇ*, ன *ṉ* qui se doublent si le mot est un monosyllabe bref: வில் *vil* «arc», கண் *kaṇ* «œil», கல் *kal* «pierre», பொன் *pon'* «or» se prononcent *villu*, *kaṇṇu*, *kaḷlu*, *poṅ'n'u*; par influence régressive புல் *pul* «herbe» se prononce *pillu*.

எ *é* bref se prononce quelquefois *o* : *poṭṭi* pour பெட்டி *peṭṭi* «boîte», *rombo* pour ரெம்ப *remba* «beaucoup» (2); on peut citer encore *pommelé* pour பெண்பிள்ளை *pénpiḷḷei* «femme». Inversement, dans certaines parties du pays, on dit *çel'r'ân'* ou *çellur'ân'* pour சொல்லுகிறன் *çollugir'ân* «il dit, il parle». எ *é* bref s'allonge compensativement dans சேதி *çêdi* pour செய்தி «fait».

Nous avons vu que ஏ *ê* long se prononce *ō* devant les cérébrales: *vōṇum* pour வேணும் *vêṇum* ou mieux *vêṇḍum* «il faut».

ஐ *ai* se prononce *é*, et non plus *ei*, à la fin des mots, dans le langage populaire : மலை *malei* «montagne», *malé*; தலை *talei* «tête», *talé*. En canara, cette forme est littéraire : ತಲೆ *talé*; elle est *a* en malayâla : *tala*, *mala*. Nous avons parlé ci-dessus de la mutation *ai* = *a*.

(1) Ce mot vient du canara *doré* ದೊರೆ qui est, suivant M. Kittel, un tadbhava du sanskrit *dhurya* धुर्य «conducteur, chef».

(2) Ce mot est l'infinitif, ou mieux le gérondif présent, du verbe இரெம்பு *irémbu* «être plein, abonder».

ஒ *o* bref se prononce quelquefois *u* devant les cérébrales : கொடு *koḍu* « donner » devient *kuḍu*, தொடர் *toḍar* « se joindre » துடர் *tuḍar*.

ஓ *ô* long devient *ê* dans *pêlê* pour போலே *pôlê* « comme » (pron. popul.).

Comme exemple d'apocope initiale, on peut citer le populaire *'go* pour உங்கள் *uṅgaḷ* « votre ».

Les grammairiens indigènes forment trois classes des consonnes tamoules ; les *fortes* (வல்லினம் *vallin'am*) க, ச, ட, த, ப, ற ; les *délicates* ou *douces* (மெல்லினம் *mellin'am*) ங, ஞ, ண, ந, ம, ன ; et les *moyennes* (இடையினம் *iḍeiyin'am*) ய, ர, ல, வ, ழ, ள.

க *k*, à l'intérieur d'un mot et précédé de ஐ *ai*, இ *i* ou ய் *y* muet, devient *c'*, non seulement dans la prononciation populaire (*vaic'c'a* pour *vaikka* வைக்க, *paḍic'c'a* pour படிக்க *paḍikka*), mais même dans la langue littéraire : காய்ச்ச *kâyc'c'a* et காய்க்க *kâykka* (gérondif) « faire bouillir ».

Entre deux voyelles brèves, si la première est *i*, *g* devient volontiers *y* : பட்சிகள் *patçigaḷ* « les oiseaux » se prononce *patçiyaḷ* et குடித்தீர்களா *kuḍittîrgaḷâ* « avez-vous bu ? » *kuḍic'c'iyôḷâ*[1]. Si la première lettre est *a*, *u*, *é*, *o*, le *g* est très atténué, il devient presque une aspiration analogue à *h* et est souvent remplacé par la soufflante labiale *v*. De là viennent des contractions de அக *aga* en *ô*, comme celles que nous avons indiquées ci-dessus. Dans le parler populaire, on dit *ajavi* « une belle », *palavé* « planche », *kuvé* « grotte », *pavulu* « jour », *çuḷavu* « van », *maḍavu* « écluse », *âvudu* « il devient » pour அழகி *ajagi*, பலகை *palagei*, குகை *kugei*, பகல் *pagal*, சுளகு *çuḷagu*, மதகு *madagu*, ஆகுது *âgudu*, etc. On trouve, dans les livres, கூவை *kûvei* et கூகை *kûgei* « hibou », குளகன் *kuḷagan'* et குளவன் *kuḷavan'* « Subrahmaṇya » (कुलक). C'est à un affai-

[1] On trouve même வையை *vaiyei* pour வைகை *vaigei* « la Vêgavati, rivière qui passe à Maduré » (*Kallâḍam*, passim).

blissement de ce genre que j'attribue la formation des futurs en *pp*, *b*, *v* pour *kk* et *g*; cf. les gérondifs நோவ *nôva* et நோக *nôga* « souffrir », மோப்ப *môppa* et மோக்க *môkka* « flairer »; on peut y rattacher aussi des parentés comme அணுகு *aṇugu* et அணவு *aṇavu* « se joindre ». M. Caldwell rapproche le télinga అరుగురు *aruguru* du tamoul அறுவர் *ar'uvar* « six personnes ». Je signalerai la contraction populaire *vêvôlé* « ça ne chauffe pas » pour வேகவில்லை *vêgavillei*.

Deux verbes dont l'analogie pour ne pas dire l'identité de signification est évidente : கீறு *kîr'u* « couper, déchirer, tracer » et வீறு *vîr'u* « se fendre, s'isoler, tracer » ne diffèrent que par leurs consonnes initiales க *k* et வ *v*.

Les indicatifs présents en *gir'* se tronquent, dans la conversation vulgaire et perdent leur *gi*, on dit *çol'r'ẽ*, *var'ê*, *pôr'ã*, *paṇṇ'r'â*, *çéyr'ingo*, *kûp'r'ângo*, *pêç'r'tyâ* pour சொல்லுகிறேன் *çollugir'ên'* « je dis », வருகிறாய் *varugir'ây* « tu viens », போகிறான் *pôgir'ân'* « il va », பண்ணுகிறாள் *paṇṇugir'âḷ* « elle fait », செய்கிறீர்கள் *çeygir'îrgaḷ* « vous faites », கூப்பிடுகிறார்கள் *kûppiḍugir'ârgaḷ* « ils appellent », பேசுகிறாயா *pêçugir'âyâ* « parles-tu? ».

Certains mots expliquent leurs formes actuelles par la chute d'un க *k*: ainsi பால் *pâl* « partie » serait pour பகல் *pagal* « diviser », ஆழ் *âj* (et தாழ் *tâj*) « profondeur, infériorité » viendrait de அகழ் *agaj* « creuser »; nous avons donné d'autres exemples plus haut.

On sait qu'il y a un mot commençant par ஞ; ஞனம் *ñan'am*. Que représente ici ce *ñ*? quelle contraction?

ச *ç* paraît-être tombé au commencement de quelques mots : cf. அவை *avei* « assemblée » pour *சவை, சபை (सभा), அமர் *amar* et சமர் *çamar* « combat », etc.

ச *ç* a deux permutations principales; une forte en த *d* : ஓதை *ôdei* pour ஓசை *ôçei* « bruit », et une faible en ய *y* : முயல் *muyal* pour முசல் *muçal* « lièvre », அயல் *ayal* pour அசல் *açal* « voisinage, proximité », இயை *iyei* pour இசை *içei* « harmonie »;

je peux ajouter பெயர் *péyar* «nom» pour *பெசர் *péçar* (canara ಹೆಸರು *hesaru*) et comparer வயிறு *vayir'u* «ventre» au canara ಬಸುರು *basuru*, ಬಸಿರು *basiru*. On a la série பைதல் *paidal*, பைசல் *paiçal*, பையல் *paiyal* «jeune garçon».

ஞ *ñ* initial ou redoublé au milieu des mots n'apparaît guère que comme un mouillement de ந *n*.

த *t* ou *d* s'affaiblit en ச *ç* au milieu des mots : வயசு *vayaçu* pour வயது *vayadu* «âge», பெரிசு *périçu* pour பெரிது *péridu* «ce qui est grand»; le groupe ந்த *nd* devient ஞ்ச *ñj'* dans அஞ்சு *añj'u* (pron. vulg. *anj'i*) pour ஐந்து *aindu* «cinq». Après இ *i* ou ஐ *ei*, les prétérits en த்த *tt* et ந்த *nd* affaiblissent ces groupes en ச்ச *c'c'* et ஞ்ச *ñj'* dans la langue vulgaire : படிச்சேன் *padic'c'èn* pour படித்தேன் *padittèn'* «j'ai étudié», வளைஞ்சான் *valeiñjân'* pour வளைந்தான் *valeindân* «il s'est replié»; on a même அத்தன் *attan'* et அச்சன் *ac'c'an'* «père». On a signalé quelques chutes de த *t* initial : அம்மனை *amman'ei* et தம்மனை *tamman'ei* «mère», ஆய் *ây* et தாய் *tây* «mère», ஆழ் *âj* et தாழ் *tâj* «infériorité, abaissement»; ஒன்பது *on'badu* «neuf» est probablement pour *தொன்பது *ton'badu* (cf. la forme தொண்டு *tondu* et le télinga తొమ్మిది *tommidi*).

ந *n* initial se supprime aussi : நிமை *nimei* et இமை *imei* «paupière», நணுகு *nanugu* et அணுகு *anugu* «approcher», அண்ணு *annu* et நண்ணு *nannu* «atteindre», அவிழ் *avij* et நவிழ் *navij* «se détacher», et peut-être இகழ் *igaj* «dédaigner» et நிகழ் *nigaj* «passer», இகல் *igal* «rivaliser avec» et நிகர் *nigar* «égaler», நீர் *nîr* «eau» et ஈர் *îr*, ஈரம் *îram* «humidité» (dont l'adjectif est ஈரம் *îrm*). Cf. peut-être aussi எரி *éri* «brûler, allumer» et நெருப்பு *néruppu* «feu»; நயினர் *nayin'âr* «chef» et ஐயனர் *aiyan'âr*, nom d'un dieu local, honorifique de ஐயன் *aiyan'* «seigneur».

ந *n* initial se mouille assez fréquemment en ஞ *ñ* : ஞாயிறு *ñâyir'u*, ஞண்டு *ñandu* (et même ஞெண்டு *ñendu*), ஞாட்பு *ñâtpu*, ஐஞ்ஞூறு *aiññûr'u* pour நாயிறு *nâyir'u* «soleil», நண்டு *nandu* «crabe», நாட்பு *nâṭpu* «foule, lutte», ஐந்நூறு *ainnûr'u* «cinq cents»; les grammairiens indigènes donnent les exemples மைஞ்ஞின்றகண் *maiññin'd'akaṇ* et நெய்ஞ்ஞின்றவிளக்கு *neyññin'd'aviḷakku* pour மைநின்றகண் *mainin'd'akaṇ* «œil où l'on a mis de la poudre colorante», நெய்நின்றவிளக்கு *néynin'd'aviḷakku* «lampe où il y a de la graisse».

ந *n* initial se mouille aussi en ய *y* : யான் *yân'* «je, moi» pour நான் *nân'*. On peut citer les exemples inverses யமன் *yaman'*, ஞமன் *ñaman'*, நமன் *naman'* (sansk. यम) «le dieu de la mort», et நங்கூரம் *naṅkûram* «ancre de navire» adapté de l'indo-européen. On verra que le suffixe personnel நன் *nan'* devient ஞன் *ñan'* après ஐ *ai* : இளைஞர் *iḷeiñar* «les jeunes gens».

Les pronoms நான் *nân'* et நீ *nî* (pour *நின் *nîn'*) ont probablement un *n* initial adventice; en tout cas ils sont essentiellement caractérisés et distingués par les démonstratifs அ *a* (éloigné) et இ *i* (prochain); cf. leurs formes adjectives என் *én'* et உன் *un'*. Le canara ancien disait ಆನ್ *ân* «moi», ಆಂ *âm* «nous».

ப *b* médial s'affaiblit en வ *v* : தவசு *tavaçu*, பாவம் *pâvam* pour தபசு *tabaçu* «ascétisme» (तपस्) et பாபம் *pâbam* «péché, faute» (पाप). Il paraît même passer à ம் *m*; cf. les finales verbales மார் *mâr*, மனார் *man'âr* et sans doute le suffixe de pluralité personnel மார் *mâr* : என்மர் *en'mar*, என்மனார் *en'man'âr* pour என்பார் *en'bâr* «ils ont coutume de dire», தோழிமார் *tôjimâr* «compagnes». — On a même வாணர் *vâṇar* et பாணர் *pâṇar* «chanteurs ambulants».

ய *y* se renforce en ச *ç* : வசறு *vaçar'u* pour வயறு *vayar'u* ou வயிறு *vayir'u* «ventre»; il devient *v* dans la prononciation vulgaire *vavur'u* et même *vaur'u* «ventre», *kévur'u* ou *kéuru* «corde» (pour கயிறு *kayir'u*). Le *y* initial de beaucoup de mots anciens est tombé à une époque relativement récente : யார் *yâr* «qui», யாடு *yâḍu* «mouton», யாறு *yâr'u* «rivière», யானை *yân'ei* «éléphant», யாண்டு *yâṇḍu* «année» (forme générale des inscriptions) s'écrivent et se prononcent généralement aujourd'hui ஆர் *yâr*, ஆடு *âḍu*, ஆறு *âr'u*, ஆனை *ân'ei*,

ஆண்டு *âṇḍu*. J'ai parlé plus haut des permutations entre ய *y* et ந *n*; on peut citer la série நாளி *nâḷi* « chien », ஞாளி *ñâḷi* « chien », யாளி *yaḷi* « lion, monstre féroce », ஆளி *âḷi* « lion, monstre » et peut-être ஞமலி *ñamali* « chien ».

ய *ya* initial a une tendance à devenir எ *é* : le यन्त्र sanscrit devient யந்திரம் *yandiram* et எந்திரம் *éndiram*. On cite இயலுதல் *iyaludal* et ஏலுதல் *èludal* « convenir, s'approprier ».

ய *y* euphonique, après இ *i* final et avec le suffixe இலே *ilé* « dans », tombe et entraîne dans la chute l'un des deux *i* : வீதியிலே *vîdiyilê* « dans la rue », se prononce *vîdilê*; சேரியிலே *çêriyilê* « dans le village », *çêrilê*; on dit même *taṇṇilê* « dans l'eau », pour தண்ணீரிலே *taṇṇîrilê*.

ய *y*, ர *r* et ல *l* final tombent après des voyelles longues : *taṇṇi* pour தண்ணீர் *taṇṇîr* « eau »; *kâ*, suffixe du conditionnel, « temps » ou « moyen », pour கால் *kâl*; *kujâ* « tuyau » pour குழல் *kujal*; *tâ* pour *tây* தாய் « mère », dans les patois populaires.

Il y a des exemples de permutation entre ர *r* et ல *l*, surtout à la fin des mots : சாம்பல் *çâmbal* « cendre », பந்தல் *pandal* « portique, hangar », குடல் *kuḍal* « entrailles », ont pour variantes சாம்பர் *çâmbar*, பந்தர் *pandar*, குடர் *kuḍar*. On a signalé la parenté évidente entre சில் *çil*, சில *çila* « quelque, un peu » et சிறு *çir'u* « petit ».

Certains mots en ர் *r* et en ற் *r'* se rapportent évidemment à une origine commune : கரு *karu* et கறு *kar'u* « noir ». De même pour ல் *l* et ன் *n* : பொன் *pon'* « or » doit être apparenté à பொலி *poli* « briller »; cf. வெள் = வெண், வில் = வின்.

ழ *j* paraît avoir des relations avec les cérébrales et avec ர *r* : cf. பழ *paja* « ancien » et பண்டு *paṇḍu* « ancienneté », அவிழ் *avij* « se détendre » et அவிர் *avir* « briller, se déchirer », பேழ் *pêj* « vaste » et பெர் *pér*, பேர் *pêr* « grand »; on a même rapproché பயன் *payan'* « produit » de பழம் *pajam* « fruit mûr » et மாரி *mâri* « pluie » de மழை *majei* « nuage, pluie ».

வி *vi* devient மு *mu* dans முழிக்கிறது *mujikkir'adu* pour விழிக்கிறது *vijikkir'adu* «ouvrir les yeux»; l'intermédiaire மிழிக்கிறது *mijikkir'adu* existe d'ailleurs.

J'ai cité plus haut un exemple de *ṇb* (ou *ṇp*) devenant *mm;* un phénomène analogue, mais bien plus général, peut s'observer dans le langage populaire : ன்ற *n'd'* y devient ordinairement ண்ண *ṇṇ* : ஒன்று *on'd'u* «un» se prononce *oṇṇu;* கன்று *kan'd'u* «veau», *kaṇṇu;* பன்றி *pan'd'i* «porc», *paṇṇi;* on peut même citer மூணு *mûṇu* pour மூன்று *mûn'd'u* «trois». Il est remarquable que ces mots paraissent provenir de primitifs en *r* ou *r';* cf. l'adjectif ஒரு *oru* ou ஓர் *ôr* «un», et le canara ಮೂರು *mûru* «trois», ಕರು *karu* «veau» («porc» y est *pandi* ಪಂದಿ). Le malayâla, qui est un rameau détaché du tamoul à une époque relativement récente, a pour forme normale *nn : onnu, kannu, panni, munnu;* dans son verbe கின்று *kin'd'u* est devenu *unnu : irikkunnu* «être», *ar'iyunnu* «savoir». Ces faits donnent raison à Caldwell, quand il suppose que, dans les radicaux verbaux en *ṅgu, ñc'u, ndu*, etc., la nasale est euphonique et adventice : cf. அடங்கு *aḍaṅgu* «être contenu» et அடக்கு *aḍakku* «contenir», குலுங்கு *kuluṅgu* «s'agiter» et குலுக்கு *kulukku* «agiter», etc. Cette intercalation euphonique se produit aussi dans la formation des gérondifs, p. ex. வாழ்ந்து *vâjndu* de வாழ் *vâj* «prospérer, vivre heureux» (le canara a *bâḷdu* ಬಾಳ್ದು). A ce propos, on a comparé le tamoul இரண்டு *iraṇḍu* «deux» au canara *éraḍu* ಎರಡು. On cite les dérivés பங்கு «part» du verbe பகு «se diviser»; அந்த *anda* et இந்த *inda*, adjectifs démonstratifs, de அது «cela» et இது *idu* «ceci»; அங்கு *aṅgu* «là» et இங்கு *iṅgu* «ici», de அ *a* et இ *i;* etc. Un phénomène inverse s'observe dans கிறு *kir'u*, forme relativement récente de கின்று *kin'd'u*, signe temporel du présent.

ன் *n'* permute avec ல் *l* dans certains suffixes dérivatifs : பையல் *paiyal* et பையன் *paiyan'* «jeune garçon», இயம்புவல்

iyambuval «je dirai» pour இயம்புவன் *iyambuvan'*, etc. Dans les participes passés en இன *in'a*, *n'* tombe souvent et est remplacé par un ய *y* euphonique : சொல்லிய *çolliya* pour சொல்லின *çollin'a* «dit». Les verbes ஆ *â* «être, devenir», போ *pô* «aller», சொல் *çol* «dire, parler» font, dans la langue vulgaire, au prétérit ஆனேன் *ân'ên'*, போனேன் *pôn'ên'*, சொன்னேன் *çon'n'ên'*, par syncope.

On verra plus loin que certains noms de qualité, de couleurs, etc., dont le radical est en *l* ல் ou *ḷ* ள் changent ces lettres en ன் ou ண் devant les consonnes : புல் *pul* «vil» et வெள் *veḷ* «blanc» font ainsi புன்செய் *pun'çéy* «terre à menus grains»[1] et வெண்குடை *veṇkuḍei* «parasol blanc». Une mutation analogue a lieu dans நான்கு *nân'gu*, de நால் *nâl* «quatre» (le canara dit *nâlku* ನಾಲ್ಕು et le télinga *nâlugu* నాలుగు; on a même en tamoul des exemples de நால்கு *nâlgu* : cf. *Sindâmaṇi*, VII, 218 et *Porunarâṭ't'uppaḍei*, 165), ainsi que dans les gérondifs des verbes en ல *l* ou ள *ḷ* : கொண்டு *koṇḍu* de கொள் *koḷ* «prendre», போன்று *pôn'd'u* de போல் *pôl* «ressembler à». On peut mentionner என்பு *en'bu* «os», dont la forme moderne est எலும்பு *élumbu*.

Comme exemples de permutation entre ல, ள et ற, on peut citer les mots அற்பு *at'pu* (*Kallâḍam*, III, 12) et அன்பு *an'bu* «affection», பொற்பு *pot'pu* «beauté», பொலிவு *polivu* «splendeur», பொலன் *polan'* ou பொலம் *polam* «couleur d'or», பொன் *pon'* «or».

ற *t'* muet s'assimile à க *k* dans la prononciation populaire *nikka* pour நிற்க *nit'ka* «se tenir». Des assimilations analogues s'observent dans les prétérits புக்கேன் *pukkên'* «je suis entré» pour *puk-dên'*, கெட்டேன் *keṭṭên'* «je suis perdu»

[1] Par opposition à நன்செய் «bonne terre, terre à riz» *nan'çéy* (de நல் *nal* «bon»). Le *pun'çéy* est un terrain élevé, sec, non irrigable, tandis que le *nan'çéy* est un terrain bas, plat, humide, facile à inonder; செய் *çéy* est proprement «champ, terrain cultivé».

IMPRIMERIE NATIONALE.

pour *keṭ-dên'*, அற்றேன் *at't'ên'* «je suis rompu» pour *ar'-dên* ou *al-dên'*.

On cite quelques cas où ற *r'* et ட *ṭ* semblent permuter entre eux : மறி *mar'i* et மடி *maḍi* «se plier», வெறி *vér'i* et வெடி *véḍi* «éclater», et même நட்பு *naṭpu* «amitié» et அற்பு *at'pu* (variation de அன்பு *an'bu*) «affection».

17. Le signe ஃ, dont nous avons constaté plus haut le rôle euphonique ou plutôt métrique, paraît cependant être organique ou radical dans un petit nombre de mots : அஃகம் *a'gam* «grain», அஃகல் *a'gal* «marque, diminution», எஃகு *é'gu* ou எஃகம் *é'gam* «javelot, trait», எஃகல் *é'gal* «carder, diminuer, élever», கஃசு *ka'çu* «un petit bois», etc. On a suggéré que, dans ces mots, la finale ne doit être qu'une dérivative, et que le ஃ est une mutation euphonique (voir p. 33) d'un ல் *l* ou ள் *ḷ* radical.

18. En poésie, on peut quelquefois allonger les mots, c'est-à-dire leur donner une syllabe de plus, en employant ce qu'on appelle l'*aḷabéḍei* அளபெடை «prolongement» (c'est le प्लुत «qui a franchi» des grammaires sanskrites) : சேஎய் *çéey* pour சேய் *çéy* «jeune prince». Il y a des exemples du double அளபெடை; cf. குறள், cxx, 10 : செறூஅஅய் *çér'ûaay* (pour செறுவாய் *çér'uvây*) «tu détruiras»[1].

[1] L'effet euphonique produit par cet allongement a paru si agréable aux Tamouls qu'ils en ont fait une sorte de rime, de liaison comme ils disent (தொடை *toḍei*); les grammairiens citent cet exemple :

> ஆஅவளியவலவன்றன்பார்ப்பினோ
> டீஇரிரையுங்கொண்டீரளைப்பள்ளியுட்
> டூஉந்திரையலைப்பத்துஞ்சாதிறைவன்றேண்
> மேளவலைப்பட்டநம்போனறுநுதா
> லோஒவுழக்குந்துயர்

davaḷiyavalavan't'an'pârppinô — ḍiirireiyuṅkoṇḍîraḷaippaḷḷiyuṭ — tûun-

On verra plus loin que certains gérondifs peuvent prendre par élégance des formes en அளபெடை.

19. Parmi les phénomènes intéressants à signaler, nous retiendrons quelques métathèses, comme சதை, குரிதை, மிஞிறு, *çadei*, *kuridei*, *miñir'u*, pour தசை *taçei* «chair», குதிரை *kudirei* «cheval», ஞிமிரு *ñimiru* «abeille, bourdon», et quelques compositions syncopées. On a prétendu que ces syncopes étaient spéciales aux idiomes de l'Amérique, dont elles auraient formé la principale caractéristique. J'ai démontré que c'était là une erreur et que de pareilles compositions, d'ordre purement phonétique, se retrouvent dans toutes les langues. Nous relevons en tamoul, sans parler des noms de parenté, dont il sera question plus loin, les exemples suivants : வந்தேன் *vandên'* «je suis venu» pour *வருந்தேன், தந்தேன் *tandên'* «j'ai donné» pour *தருந்தேன் *tarundên'*, கொணர்கிறது *koṇargir'adu* «l'action d'apporter» pour கொண்டுவருகிறது *koṇḍuvarugir'adu* «venir ayant pris» (l'idiome vulgaire a கொண்டா *koṇḍâ* «apporte (impér.)» pour கொண்டுவா *koṇḍuvâ*), சோணாடு *çôṇâḍu* pour சோழநாடு *çôjanâḍu* «le pays de Çôja»[1], போகட்ட *pôgaṭṭa* pour போகவிட்ட *pôgaviṭṭa* «laissé partir»; les génitifs en உடைய *uḍeia* réduits à இட *iḍa*

tireiyalaippattuñdjâdir'eivan't'ôḷ — mêêvaleippaṭṭanampôn'ar'unudâl — ôovujakkuntuyar.

«Ah! le crabe aimant, avec ses petits, qui emporte sa proie mouillée, dans un trou humide, battu par la vague écumeuse, ne pouvant dormir, éprouve de la douleur, ô toi dont le front est parfumé, comme moi — oh! — qui souffre en attendant les embrassements de mon seigneur».

(1) On a proposé d'expliquer certains mots par des contractions de ce genre; ainsi, dans le nom d'un célèbre sanctuaire çivaïste, அண்ணாமலை *aṇṇâmalei*, *aṇṇâ* serait pour *aruṇâ* (le nom sanskrit est अरुणाचल), mais les Tamouls y voient plutôt le participe négatif de அண் *aṇ* «s'approcher»; ce serait donc «la montagne inaccessible». Suivant la légende, Çiva y apparut sous la forme d'une colonne de feu dont Brahmâ et Vichnou ne purent atteindre les extrémités.

ou உட *uḍa;* le mot வாசாப்பு *vâçâppû* «pièce de théâtre» pour வாசகப்பா *vâçagappâ* (वाचक-). Les grammairiens citent மலாடு *malâḍu* pour மலையநாடு *maleiyanâḍu* «le pays montagneux, le Malayâla», அருமந்தபிள்ளை *arumandapiḷḷei* pour அருமருந்தன்ன பிள்ளை *arumarundan'n'apiḷḷei* «enfant extrêmement bon» litt. «enfant semblable à une ambroisie précieuse», குணாது *kuṇâdu* pour குணக்குள்ளது *kuṇakkuḷḷadu* «ce qui est à l'est» (on dit de même தெனாது *têṇâdu* «ce qui est au sud» et வடாது *vaḍâdu* «ce qui est au nord»), etc. Dans la conversation courante des gens du peuple, on observerait un grand nombre de syncopes analogues : *pûtchêri* pour புதுச்சேரி *puduććêri* «nouveau village, Pondichéry», *irukkôṇum* pour இருக்கவேணும் *irukkavêṇum* «il faut demeurer», *pêçâṇḍâm* pour பேசவேண்டாம் *pêçavêṇḍâm* «il ne faut pas parler»; la négation இல்லை *illei*, jointe au gérondif présent, se réduit à *lé* : *nân' vaikkölé* «je n'ai pas mis» pour நான்வைக்கவில்லை *nân' vaikka-v-illei;* l'interjection familière அடா *aḍâ* (à un homme), அடி *aḍi* (à une femme), qu'on peut traduire par notre «dis donc», perd souvent son *a* initial : போடா *pôḍâ* «va donc!», வாடி *vâḍi* «viens donc, femme», என்டா *eṇḍâ* «quoi donc?»; டா *ḍâ* devient même ரா *r'â :* M. Baulez donne l'exemple *pôd'r'â* pour போடு அடா *pôḍu aḍâ* «mets donc».

On peut ranger dans la même catégorie de phénomènes les contractions தா *tâ* «donne» pour தரு *taru,* வா *vâ* «viens» pour வரு *varu,* ஆனால் *ân'âl* «mais» (litt. «s'il est») pour ஆயினால் *âyin'âl,* ஆம் *âm* «il deviendra» pour ஆகும் *âgum,* போம் *pôm* «il ira» pour போகும் *pôgum,* etc.

Dans அசதி *açadi* «lassitude», qui paraît dérivé de அசர் *açar* «être fatigué», y a-t-il contraction de *açarudi* அசருதி, ou permutation de *r* en *d* comme le suppose Walther? Pour quelle raison தாமரை *tâmarei* «lotus» se tronque-t-il en மரை *marei?*

CHAPITRE III.

FORMATIONS NOMINALES.

A. — Dérivation.

Comme nous l'avons dit plus haut, lorsqu'on réduit les mots tamouls à leur plus simple expression, pour ainsi dire, lorsqu'on a séparé les terminaisons, les signes des cas, des temps, des modes, des personnes, etc., on se trouve en présence de *radicaux* de deux ou trois syllabes, d'une seule quelquefois. Pour les expressions verbales, ce radical est iden- à la forme la plus courte de l'impératif. Pour les expressions nominales, il n'est généralement autre que le nominatif singulier indéfini. On a, par exemple, d'une part வணங்கு *vaṇaṅgu* «vénère, adore», படி *paḍi* «lis, étudie», உண் *uṇ* «mange», et de l'autre நிலம் *nilam* «sol», வெள்ளி *veḷḷi* «argent», தாய் *tây* «mère».

Si l'on compare les uns aux autres les radicaux ainsi obtenus, on ne tarde pas à reconnaître qu'ils se classent naturellement en groupes distincts caractérisés par l'identité de leurs premières syllabes : நிலம் *nilam* «sol», நிலை «fixité, appui», நிலவு *nilavu* ou நிலா *nilâ* «lune», நில் «se tenir, demeurer» (et ses dérivés), ont en commun la première syllabe *nil*. De même, et nous avons déjà donné cet exemple ci-dessus, on trouvera une racine commune en *a* avec une consonne cérébrale ou linguale aux mots suivants : அடு *aḍu* «s'approcher», அடங்கு *aḍaṅgu* et அடக்கு *aḍakku* «enfermer, contenir», அடி *aḍi* «battre», அடி *aḍi* «pied, base», அடை *aḍei* «obtenir», அடைசு *aḍeiçu* «repousser», அடர் *aḍar* «presser», அடுக்கு *aḍukku* «arranger», அட்டு *aṭṭu* «extrait, suc»; — அண்டு *aṇḍu* «s'approcher», அண்ணு *aṇṇâ* «ouvrir, s'élargir », அண்ணன் *aṇṇan'* « frère ainé », அணங்கு « crainte, beauté, dame », அணல் *aṇal* « gorge », அணவு *aṇavu* « milieu », அணவு *aṇavu* « s'attacher à, adhérer », அணி *aṇi* « ornement, orner », அணுகு *aṇugu* « approcher, toucher », அணை *aṇei* « digue, lit », அணை *aṇei* « étreindre, lier », அணைசு *aṇeiçu* « écarter », அண்ணு *aṇṇu* « s'attacher »; — அழகு *ajagu* « beauté », அழல் *ajal* « feu, brûler », அழி *aji* « périr, détruire », அழு *aju* « pleurer », அழுகு *ajugu* « se gâter », அழுக்கு *ajukku* « saleté », அழுங்கு *ajuṅgu* « craindre, souffrir », அழுத்து *ajuttu* « presser », அழுந்து *ajundu* « s'enfoncer », அழை *ajei* « appeler »; — அள *aḷa* « mesurer », அளபு *aḷabu* « allongement », அளம் *aḷam* « saline », அளவு *aḷavu* « mesure », அளறு *aḷar'u* « boue », அளாவு *aḷâvu* « mêler », அளி *aḷi* « grâce, fraîcheur », அளி *aḷi* « accorder, donner, s'affaiblir », அளு *aḷu* « craindre, effrayer », அளை *aḷei* « mêler », அள் *aḷ* « extraire », etc. Tous ces mots ont évidemment une origine commune et ils se rattachent tous à la signification générale de « souffrance, diminution, pression » qui rend compte de la signification particulière de chacun d'eux : ainsi அணங்கு *aṇaṅgu* prend son sens de « beauté » ou « grande dame » d'une impression de « surprise », de « crainte »; அண்ணன் *aṇṇan'* « frère aîné » est sans doute « le supérieur, le plus fort, le protecteur ».

Ces radicaux ont d'ailleurs à leur tour des syllabes finales communes à plusieurs et qui indiquent certainement une dérivation secondaire. Ce sont, pour les substantifs, les voyelles *a*, *i*, *u*, *ei* et les syllabes *ar*, *ir*, *aj*, *ij*, *al*, *il*, *ul*, *aḷ*, *iḷ*, *uḷ*, *ar'* ou *at'*, *ir'* ou *it'*, *an'*, etc.; et, pour les racines verbales, *gu*, *ṅgu*, *kku*, *çu*, *ñ'ju*, *ćću*, *ḍu*, *ṭṭu*, *ṇḍu*, *du*, *ndu*, *ttu*, *bu*, *mbu*, *ppu*, *mu*, *vu*, entre autres, qui paraissent avoir pour fonctions de nuancer l'idée subjective ou objective de l'action.

On aura remarqué, dans les expressions rapportées ci-dessus, que la dérivation s'opère toujours en tamoul par *suffixation*, c'est-à-dire que la racine significative forme toujours le premier élément sonore du mot et que les éléments modificatifs de sa signification s'y juxtaposent successivement à la suite de la racine. Ces éléments modificatifs, ces signes de relations, ne sont pas autre chose d'ailleurs que de nouvelles racines subordonnées aux premières et uniquement affectées à l'expression des rapports. On conçoit ainsi que ces racines secondarisées, réduites à un rôle purement servile, soient beaucoup plus sujettes, dans la suite des temps, à s'altérer phonétiquement que la racine principale sur laquelle se concentre toute l'attention et qui est le centre, le pivot de la proposition. Si, par exemple, pour rendre l'idée complexe qu'expriment en français les mots *dans la montagne* ou *avec la femme*, on dit, dans telle langue donnée, *montagne-maison* ou *femme-société*, celui qui parle reste surtout préoccupé du mot *montagne* ou du mot *femme*, oubliera facilement le sens primitif de *maison* ou de *société*, pour n'y voir qu'un signe expressif de relation et sera plus exposé à en oublier et à en altérer la prononciation et la forme sonore. C'est ce qu'on appelle la *décadence formelle.* La formule générale de la dérivation tamoule sera donc

$$D = R + n\,r$$

dans laquelle D indique un mot, une expression formelle quelconque, R la racine principale significative, *r* une racine quelconque réduite à l'état de *suffixe; n* veut dire qu'on peut accumuler l'un sur l'autre un nombre indéfini de suffixes dérivatifs.

Nous avons déjà fait voir qu'il ne peut y avoir que deux séries de formations, les unes exprimant des relations d'espace, les autres exprimant des rapports de temps. On a coutume d'appeler les premières *substantifs* ou *noms* et les secondes *verbes;* mais il ne faut pas oublier qu'elles sont identiques de forme et d'origine. Ce serait une erreur grave de dire que le verbe exprime essentiellement l'action : *manger*, au point de vue strictement grammatical, ne diffère en rien de *nourriture*. On voit également que la distinction des mots en dix parties du discours est essentiellement empirique et arbitraire.

B. — Radicaux substantifs.

20. Les substantifs, considérés en dehors de toute idée de rapports, c'est-à-dire pris en eux-mêmes, dérivent des racines ou des radicaux secondaires à l'aide des terminaisons அ *a*, இ *i*, உ *u*, ஐ *ei*, அல் *al*, அன் *an*, அழ் *aj*, அள் *aḷ*, அர் *ar*, இர் *ir*, இல் *il*, உல் *ul*, இள் *iḷ*, இழ் *ij*, உள் *uḷ*, சி *çi*, வி *vi*, கு *gu*, சு *çu*, பு *bu*, வு *vu*, கை *gei*, மை *mei*, etc.

Quelques-unes de ces terminaisons ont une signification particulière; ainsi அல் *al* s'ajoute souvent à des dérivatives verbales : செய்யல் *çéyyal* « l'action de faire », செய்தல் *çéydal* « l'action d'avoir fait »; — மை caractérise le nom de qualité : மேன்மை *mên'mei* « supériorité », பசுமை *paçumei* « verdeur », சேய்யாமை *çeyyâmei* « action de ne pas faire »; — பு *bu* ou வு *vu* marquent l'idée subjective du verbe : அழிவு *ajivu* « destruction » et கை *gei* l'idée objective செய்கை *çéygei* « l'action », etc.

D'une forme nominale dérivent d'ailleurs d'autres substantifs, comme on fait en français *archer* de *arc*, *blancheur* de *blanc*, *montagnard* de *montagne*, *bossu* de *bosse*, etc.

Les noms indiquant une profession ou une qualité personnelle sont dérivés par *i* இ, par les pronoms démonstratifs (அவன் *avan'* peut se contracter en ஒன் *ôn'*) ou par les terminaisons personnelles génériques. C'est ainsi que de வில் *vil* « arc » on forme வில்லி *villi*, வில்லன் *villan'*, வில்லவன் *villavan'*, வில்லான் *villân'*, வில்லோன் *villôn'*, வில்லினன் *villin'an* « archer »; de கொடு *kodu*, கொடிய *kodiya* « cruel », on fait கொடியவன் *kodiyavan'* « homme cruel »; தருமம் *tarumam* « devoir, vertu » (skr. धर्म) fait தருமி *tarumi*, தருமன் *taruman'* ou தருமத்தன் *tarumattan'* « homme du devoir »; அறம் *ar'am* « vertu, charité» fait அறவோன் «homme charitable»; de கண் *kaṇ* «œil» on fait கண்ணன் *kaṇṇan'* «celui qui a des yeux» et கண்ணி *kaṇṇi* «celle qui a des yeux»; de ஆழம் *âjam* «profondeur» vient ஆழி *âji* «mer, océan»; de இல் *il* «n'être pas» dérive இலி *ili* «dépourvu de» (cf. le mot fréquent dans les inscriptions இறையிலி *ir'eiyili* «exempt d'impôt»), etc. Remarquez au surplus que l'on peut dire தடங்கண்ணி *taḍaṅkaṇṇi* «celle qui a les yeux larges», ce qui fait voir que les Tamouls ont le sentiment que கண் *kaṇ* et இ *i* sont indépendants l'un de l'autre et gardent leur individualité : on trouve, à plusieurs reprises, dans le *Maṇimêgalei*, l'expression மலர்க்குழலி *malarkkujali* «celle dont la chevelure est ornée de fleurs». Les grammairiens appellent ces dérivés *noms appellatifs*.

On les forme généralement en ajoutant aux radicaux substantifs ou à la forme adjective des noms les terminaisons génériques அன் *an'* masc., அள் *aḷ* fém., து *du* neutre, etc. On en forme d'autres en suffixant les éléments personnels qui servent à la conjugaison : ஏன் *ên'* «moi», ஐ *ei* ou ஆய் *ây* «toi», ஆன் *ân* «lui», etc.; ainsi on peut dire அடியேன் *aḍiyên'* «je suis (votre) esclave» de *aḍi* அடி «pied», தேவரீர் *têvarîr* «vous êtes dieu» de தேவர் «dieu» (skr. देव); en prenant ces mots dans le sens de «moi qui suis votre esclave», «vous qui êtes dieu, votre divinité» ils deviennent déclinables. Les grammairiens tamouls appellent ces dérivés வினைக்குறிப்பு *vin'eikkur'ippu* «signe du verbe, signe d'action».

Les principales particules nominales dérivatives, en dehors de celles-là, sont ஞன் *ñan'*, நன் *nan'*, மான் *mân'* (masculines), ஆளன் *âḷan'*, ஆளி *âḷi*, காரன் *kâran'* (masc.), காரி *kâri* ou காரச்சி *kârcci* (fém.), தாரி *dâri*, சாலி *çâli*, வாதி *vâdi* : கல்விமான் *kalvimân'* «savant», பகைஞன் *pageiñan'* «ennemi», இளைநன் *iḷeinan'* ou இளந்தாரி *iḷandâri* «jeune homme», புத்திசாலி *putticâli* «homme d'esprit» (skr. बुद्धिशालिन्), கூட்டாளி *kûṭṭâḷi* «associé», கலையாளன் *kaḷeiyâḷan'* «celui qui a des cornes de cerf»,

உத்தரவாதி *uttaravâdi* «celui qui répond» (skr. उत्तरवादिन्) இலிங்கதாரி *ilingadâri* «linganiste» (skr. लिङ्गधारिन्), வினைஞர் *vin'eiñar* «ouvriers» (*Pérunkaḍei*), etc.

Plusieurs de ces dérivatives sont empruntées au sanskrit : कार «qui fait», धारिन् «qui porte», वादिन् «qui parle», शालिन् «qui possède».

ஆளன் *âḷan'* et ஆளி *âḷi* sont dérivés de ஆள் *âḷ* «homme, individu, ouvrier», qui développe particulièrement la forme féminine ஆட்டி *âṭṭi* : எம்பிராட்டி *embirâṭṭi* «notre Dame», விரிசடையாட்டி *viriçaḍeiyâṭṭi* «celle qui a une longue chevelure», பெண்டாட்டி *peṇḍâṭṭi* «femme mariée, épouse».

Comme exemples de dérivés tout à fait particuliers, neutres de forme, on cite ஆடூ *âḍû* ou ஆடூஉ *âḍûu* «homme, mâle» et மகடூ *magaḍû* ou மகடூஉ *magaḍûu* «femme, femelle» formés de ஆள் *âḷ* «homme» et மகள் *magaḷ* «fille», sans doute par l'addition de து *du*, dérivative neutre, ou déterminative comme dans விண்டு *viṇḍu* pour விண் *viṇ* (*Kallâḍam*, II, 48) «l'éther, le ciel».

21. C'est ici le cas de rappeler que, comme la plupart des langues, le tamoul a des mots dialectiques, des mots propres à certaines régions; ainsi, dans un *Recueil de phrases usuelles français-tamoul*, lithographié à Marseille vers 1870, on fait observer que «blanchisseur» se dit ஏகாலி *égâli* du côté de Salem, tandis que le mot général est வண்ணான் *vaṇṇân'*; «barbier» se dit, dans certains endroits, பரிகாரி *parigâri*, dans d'autres நாசுவன் *nâçuvan*, mais le mot le plus ordinaire est அம்பட்டன் *ambaṭṭan'*.

D'après les grammairiens indigènes, il y aurait douze principaux dialectes tamouls correspondant aux régions suivantes : Pâṇḍi méridional, Kuṣṭha, Kuḍa, Kat'kâ, Aruvâ, Aruvâ nord, Vâṇ, Pûji, Pan'd'i, Çita, montagneux, du rivage; ce seraient les pays des patois incorrects. Une treizième région, celle du pur et bon tamoul, est celle qui s'étend de

Karuvûr à Maruvûr et de la Maruda à la Vaigei. Dans le Pâṇḍi méridional on dit பெற்றம் *pet't'am* pour ஆ *â* «vache», dans le Kuṣṭha தள்ளை *tallei* pour தாய் *tây* «mère», dans le Kuḍa அச்சன் *aććan'* pour தந்தை *tandei* «père», etc.

On cite encore comme variantes நீர் *nîr* et வெள்ளம் *vellam* «eau», பாழி *pâji* et குளம் *kulam* «étang», சோறு *çôr'u* et சொன்றி *çon'd'i* «riz cuit», கிழார் *kijâr* et தோட்டம் *tôṭṭam* «jardin», etc. Beaucoup de ces variantes sont considérées comme des vulgarismes. Peut-être est-ce à ce grand nombre de mots locaux qu'il faut attribuer la richesse du vocabulaire tamoul où les synonymes abondent. En revanche, certains mots ont des acceptions nombreuses et variées, augmentées encore par la confusion de mots purement indigènes avec des mots d'origine sanskrite. Ainsi, dans le *Dictionnaire* de la mission de Pondichéry, le mot அரி *ari* a quatre-vingt-seize significations, dont quatre pour अरि et vingt-deux pour हरि.

Une autre cause de la richesse du vocabulaire est l'absence ordinaire dans beaucoup de langues primitives d'expressions générales et l'abondance des mots particuliers; les Tamouls, par exemple, n'ont pas de mots pour «frère» et pour «sœur», mais ils disent «frère cadet, frère aîné», «sœur cadette, sœur aînée». Ils ont, entre autres, trois mots pour «riz» : நெல் *nél* «riz vert, riz en herbe, riz en grains», அரிசி *ariçi* «riz décortiqué cru» et சோறு *çôr'u* «riz cuit». Ils ont plusieurs verbes «donner», notamment ஈ *î*, தரு *taru* (impér. தா *tâ*) et கொடு *kodu*, qu'ils distinguent ainsi : ஈ *î* s'applique au don du supérieur à l'inférieur, கொடு au don de l'inférieur au supérieur, தரு au don d'égal à égal.

Une série de variantes intéressantes est relevée par la grammaire indigène இலக்கணவிளக்கம் *Ilakkaṇavilakkam* (liv. III, ch. v., str. 99 à 103); il s'agit de sept noms différents pour les sept âges de la femme : de cinq à sept ans பேதை *pêdei* «enfant ignorante», de huit à onze பெதும்பை *pédumbei* «fillette», de douze à treize மங்கை *maṅgei* «jeune fille», de quatorze à dix-neuf மடந்தை *madandei* « fille adulte », de vingt à vingt-cinq அரிவை *arivei* « femme faite », de vingt-six à trente தெரிவை *térivei* « femme d'expérience », de trente à quarante பேரிளம்பெண் *pêrilampen* « femme mûre ». La petite enfance et la vieillesse ne comptent pas.

Comme toutes les langues, le tamoul a ses *argots*, ses patois factices propres à certaines catégories de gens qui veulent se mettre à part dans la société. M. J.-P. Lewis, de Ceylan, a publié dans l'*Indian Antiquary* (t. XIX, p. 150) une liste de mots dans l'argot des *Pandâram* (religieux mendiants) et dans celui des Parias. Ainsi, les premiers appellent le riz cuit போனம் *pôn'am*, le riz cru en grains கொந்திவிதியல் *kondividiyal*, et disent pour « barbier » நகரக்கழுகன் *nagarakkajugan'*; les Parias, au lieu de ces trois expressions, emploient les suivantes : விலம்பல் *vilambal*, பெரியரும்பி *périyarumbi*, et சோரைதள்ளி *çôreitalli*. Les mots de la langue ordinaire sont *çôr'u* சோறு, *nel* நெல் et அம்பட்டன் *ambattan'*.

C. — Genre et nombre.

Les seules relations subjectives que peuvent avoir à exprimer les radicaux tamouls sont celles de genre et de nombre. Ils ne connaissent pas ces dérivations augmentatives, diminutives, détérioratives, si familières à d'autres idiomes, aux langues américaines par exemple; ils n'ont rien d'analogue à notre *fillette* ou à notre *hommasse* : ils expriment ces nuances par des compositions de mots. Ils ne connaissent pas davantage la dérivation pronominale indiquant l'idée de possession, et disent comme nous *mon livre* ou *mon père*, en deux mots, au lieu de former comme l'arabe le composé *kitâb-î*, ou comme le magyare le dérivé *atya-m*.

22. Genre. Le tamoul, moderne et classique, distingue trois genres, le *masculin*, le *féminin* et le *neutre*. Théoriquement, le masculin comprend les hommes, les dieux, les êtres infernaux mâles; le féminin comprend les femmes, les déesses, les êtres infernaux femelles; le neutre comprend les enfants, les animaux et tout le reste.

Les terminaisons caractéristiques de ces trois genres sont, pour le singulier : masc. அன் *an'* (1), fém. அள் *aḷ*, neutre அம் *am* et து *du*. On indique aussi, comme désinences masculines : அவன் *avan'*, ஆன் *ân'*, ஓன் *ôn'*; comme désinences féminines : ஆ *â*, ஆள் *âḷ*, அவள் *avaḷ*, இ *i* et ஐ *ei* (pour *â*, dans les noms dérivés du sanscrit : उमा *umâ*, உமை *umei*).

Toutes les terminaisons substantives, neutres en général, peuvent éventuellement prendre le genre masculin ou féminin par métaphore. Ainsi, j'ai vu dans des vers le mot கொம்பு *kombu* «liane», appliqué à une jeune femme, suivi de l'expression verbale féminine குறுகினாள் *kur'ugin'âḷ* «s'est jointe, s'est réunie».

La distinction des genres n'est certainement pas primitive dans les langues dravidiennes, ni en tamoul par conséquent, et elle ne doit avoir été introduite qu'à l'imitation du sanskrit; elle n'a d'ailleurs qu'une portée très restreinte; en télinga même, non seulement les noms d'enfants, mais encore les noms de femmes sont neutres, du moins au singulier; en malayâla, le mot *paidal* «jeune garçon» est neutre, tandis que le tamoul correspondant பையல் *paiyal*, பையன் *paiyan'*, est masculin, etc.

Pour nous en tenir au tamoul seul, nous y trouvons certains mots masculins manifestement dérivés d'une forme ancienne neutre : இறைவன் *ir'eivan'* et இறை *ir'ei* ont tous les deux le sens de «prince». Beaucoup de mots sanskrits ont en tamoul deux formes, une masculine en அன் *an'* et

(1) அல் *al* remplace quelquefois அன் *an'* comme terminaison masculine : பையல் *paiyal* «jeune garçon», சேரல் *çéral* le roi Çêra (*Silappadigâram*, préface, 2).

une en உ *u* neutre : राजा « roi » a fait d'abord அரசு *araçu*, puis அரசன் *araçan'*; देव « dieu », தே *tê* ou தேவு *têvu*, puis தேவன் *têvan'*; beaucoup de mots d'emprunt, neutres, en அம் *am* ont du reste une ancienne forme en உ *u* : உலகு *ulagu* et உலகம் *ulagam* de लोक « monde »; அமுது *amudu* et அமுதம் *amudam*, puis அமிர்தம் *amirdam* de अमृत « ambroisie »[1]; நரகு *naragu* et நரகம் *naragam* de नरक « enfer »; மயக்கு *mayakku* et மயக்கம் *mayakkam* (de माया) « trouble »; நீல் *nîl* et நீலம் *nîlam* de नील « nénuphar »; காம் *kâm* et காமம் *kâmam* de काम « amour »; ஏம் *êm* et ஏமம் *êmam* de हेम « or »; உருபம் *urûbam* et உருபு *urubu* de रूप « forme », etc. Au surplus, le sens neutre de அம் *am* et son caractère de secondarité, de modernité, d'addition explétive sont démontrés, d'une part, par l'existence de doublets tels que மதி *madi* et மதியம் *madiyam* « lune », கடல் *kaḍal* et கடலம் *kaḍalam* « mer », உரம் *uram* et உரவு *uravu* « force », படை *paḍei* et படையம் *paḍeiyam* « arme », துயர் *tuyar* et துயரம் *tuyaram* « douleur », தூணம் *tûṇam* et தூண் *tûṇ* « colonne », சங்கு *çaṅgu* et சங்கம் *çaṅgam* « coquillage » (skr. शङ्ख), புறவு *pur'avu* et புறம் *pur'am* « forêt, bois »[2], இன்பு *in'bu* et இன்பம் *in'bam* « plaisir »; et, d'autre part, par le fait que beaucoup de noms neutres en அம் *am* ont une ancienne forme également neutre en அன் *an'* : அறம் *ar'am* et அறன் *ar'an'* « charité, vertu », பழம் *pajam* et பழன் *pajan'* « fruit mûr », மரம் *maram* et மரன் *maran'* « arbre ». On a même les trois formes : உவமம் *uvamam*, உவமை *uvamei* et உவமன் *uvaman'* « comparaison » (skr. उपम). La terminaison m. f. pl. அர் *ar* s'ajoute, sans en changer le sens et le genre, à des noms neutres : சிறகு *çir'agu* ou சிறகர் *çir'agar* « plumage ».

[1] On dit même அமிழ்து *amijdu*, ce qui peut fournir un argument à ceux qui prétendent que le ழ est originellement un *r*.

[2] On dit aussi புறவம் *pur'avam*. Beaucoup de noms ont ainsi trois formes : சுறா *çur'â*, சுறவு *çur'avu*, சுறவம் *çur'avam* « requin »; அரா *arâ*, அரவு *aravu*, அரவம் *aravam* « serpent », etc.

Ajoutons que எவன் «quel» masc. est employé par les vieux poètes dans le sens de «quoi», et qu'on trouve souvent une forme verbale neutre après un sujet masculin ou féminin : சுவாமி வந்தது *çuvâmi vandadu* «le Seigneur est venu», தேவனூர் சேர்ந்தருளிற்று *têvan'âr çêrnd' aruḷit't'u* «le dieu a daigné arriver».

23. Nombre. Les langues dravidiennes ne connaissent pas le duel; elles ne distinguent que le singulier et le pluriel; et encore cette distinction ne m'apparaît-elle que comme relativement récente, au moins en ce qui concerne la troisième personne neutre; on verra, dans la dérivation verbale, que le neutre pluriel et le neutre singulier se confondent fréquemment.

En tamoul, le suffixe général de pluralité est la terminative கள் *kaḷ* ou *gaḷ*, qui s'ajoute aux radicaux singuliers en doublant, s'il y a lieu, son க *k* initial, conformément aux règles euphoniques de la langue : தம்பி *tambi* «frère cadet», தம்பிகள் *tambigaḷ;* பெண் *peṇ* «femme», பெண்கள் *peṇgaḷ;* மரம் *maram* «arbre», மரங்கள் *maraṅgaḷ;* பூ *pû* «fleur», பூக்கள் *pûkkaḷ;* குரு *kuru* «gourou, guide spirituel» (skr. गुरु), குருக்கள் *kurukkaḷ*, etc.

Toutefois, certains mots forment leurs pluriels d'une façon un peu particulière :

1° Les noms masculins en ன் *n'* changent ce ன் *n'* en ர் *r* : மனுஷன் *manuṣan'* «homme» (skr. मनुष्य) fait மனுஷர் *manuṣar;* on ajoute souvent encore கள் *gaḷ*: மனுஷர்கள் *manuṣargaḷ*.

2° Quelques noms masculins ou féminins en இ *i* font au pluriel இயர் *iyar* ou இவர் *ivar* : முனி *mun'i* (skr. मुनि) «ascète», முனிவர் *mun'ivar'* ; தம்பி *tambi* «frère cadet», தம்பியர் *tambiyar;* கண்ணி *kaṇṇi* «celle qui a des yeux», கண்ணியர் *kaṇṇiyar;* எயிற்றி *éyit't'i* «celle qui a des dents», எயிற்றியர் *éyit't'iyar*. On retrouve là, précédé de ய *y* ou வ *v* euphonique, le suffixe அர் *ar* plur. masc.-fém.

Certains noms de personnes font, dans la langue vulgaire, leurs pluriels en மார் *mâr* : தம்பி *tambi* « frère cadet », தம்பிமார் *tambimâr*; செட்டி *çeṭṭi* « négociant », செட்டிமார் *çeṭṭi-mâr*; தகப்பன் *tagappan'* « père » fait தகப்பமார் *tagappamâr* ou தகப்பன்மார் *tagappan'mâr*. On trouve aussi la terminaison மர் *mar* bref et les pléonasmes ர்மார் *rmâr*, மார்கள் *mârgaḷ*, கண்மார் *gaṇmâr* : தோழர்மர் *tôjarmar* « compagnons », தகப்பர்மார் *tagapparmâr* « pères », தம்பிமார்கள் *tambimârgaḷ* « frères cadets », குருக்கண்மார் *kurukkaṇmâr* « gourous ».

Quelques formes particulières sont à signaler, par exemple மாக்கள் *mâkkaḷ* ou மக்கள் *makkaḷ* « les hommes », pluriel, non de மகன் *magan'* « fils », mais du mot neutre மகவு *magavu* ou மக *maga* « enfant, petit, produit », où l'*a* final est peut-être adventice et où le radical est peut-être le même que dans *t-aga-p-pan'* « père »; — மாதர் *mâdar* et மாதரார் *mâdarâr* (*Sindâmaṇi*, I, 94), de மாது[1]; மடந்தையர் *maḍandei-y-ar* (on trouve aussi மடந்தைமார் *maḍandei-mâr*) de மடந்தை *maḍandei* (on trouve aussi மடந்தையள் *maḍandei-y-aḷ*); காரிகையார் *kârigei-y-âr* de காரிகை *kârigei*, et même கொங்கையர் *koṅgei-y-ar* (« celles qui ont des seins » de கொங்கை *koṅgei* « sein ») : ces derniers mots se traduisent, avec des nuances, par « les femmes ». — மகன் *magan'* fait மகர் *magar* et மகார் *magâr*; மக *maga* fait aussi மகவை *magavei*, pl. neutre. — On cite encore கேளிர் *kêḷir* « parents, maris » de கேள் *kêḷ* « affection, amitié »; பெண்டிர் *peṇḍir* pluriel de பெண்டு *peṇḍu* « femme » et மகளிர் *magaḷir* pluriel de மகள் *magaḷ* « fille » : il est vraisemblable que ce sont là des formes ayant eu primitivement le sens de « vous qui êtes femmes, vous qui êtes filles », dérivées par le suffixe de seconde personne ஈர் *îr* ou இர் *ir*. Remarquez que பெண்டு *peṇḍu* est lui-même dérivé de பெண் *peṇ* « femelle » par le suffixe de 3e personne neutre து *du* : பெண்டு et பெண்டிர்

[1] On voit dans ce mot une adaptation du sanskrit मातृ qui fait, normalement pour ainsi dire, மாதிரு *mâdiru* ou மாதுரு *mâduru*.

ont d'ailleurs une signification diminutive certaine et s'emploient surtout dans le sens de «jeune femme, femme délicate».

Les Brahmes, dans leur langage courant, ont des pluriels tout à fait irréguliers, caractérisés par l'allongement de la dernière voyelle; ils disent par exemple அவாள் *avâl* «ceux-là», இவாள் *ivâl* «ceux-ci», et même இராமலட்சுமணாள் *irâmalaṭçumaṇâl*, pour அவர்கள் *avargal*, இவர்கள் *ivargal* et இராமலட்சுமணர்கள் *irâmalaṭçumaṇargal* «Râma et Lakṣmaṇa (skr. रामलक्ष्मणौ)». Il n'y a là qu'une contraction facilement explicable.

Le suffixe de pluralité அர் *ar* se joint quelquefois à des noms de personnes terminés autrement qu'en இ *i* ou ன *n'*; ainsi கடவுள் *kaḍavul* «être supérieur, dieu» fait கடவுளர் *kaḍavuḷar;* ஆள் *âl* «homme, individu» fait ஆள்கள் *âlgal*, ஆளர் *âḷar* et même ஆளர்கள் *âḷargal* (le singulier ஆளன் *âḷan'* existe, mais il est employé surtout comme dérivative en composition). On trouve dans le Râmâyaṇa tamoul வானரர் *vân'arar* «singes», pluriel masculin de வானரம் *vân'aram* neutre (skr. वानर) : cette forme est caractéristique et montre combien est faible et artificielle la distinction des genres et des nombres en tamoul.

24. Les grammairiens indigènes ne connaissent que deux genres, qu'ils appellent உயர்திணை *uyartiṇei* «espèce supérieure» et அஃறிணை *a'r'iṇei* (pour அல் திணை *al tiṇei*) «espèce qui n'est pas (la supérieure)». Au surplus, la distinction des genres se réduit à deux au pluriel, car le masc. pl. et le fém. pl. ont une terminaison commune, de sorte que le schéma général des genres et des nombres en tamoul est le suivant :

1. Masc. sing. terminé en அன் *an'*, etc.
2. Fém. sing. terminé en அள் *al*, etc.

IMPRIMERIE NATIONALE.

3. Neutre sing. terminé en அம் *am*, அது *adu*, து *du*.
4. Masc. et fém. plur. terminés en அர் *ar*, அர்கள் *argaḷ*, etc.
5. Neutre plur. terminé en அ *a*, ஐ *ei*, கள் *gaḷ*.

On trouvera plus loin des exemples de neutres en து *du*, அ *a* et ஐ *ei*.

25. Plusieurs langues distinguent les genres ou plutôt les catégories grammaticales en *animé* et *inanimé;* on sait que les dravidiens n'ont pas conçu cette distinction. Plusieurs font aussi une distinction entre le pluriel *inclusif* et le pluriel *exclusif*, le premier comprenant et le second excluant certaines personnes; ces distinctions sont indiquées, dans les langues romanes, par l'adjectif *autres* joint aux pronoms personnels : *nous autres*, *vous autres*. Les Tamouls ont, dans cet ordre d'idées, deux pronoms de première personne plurielle : நாம் *nâm* «nous tous», நாங்கள் *nâṅgaḷ* «nous autres»; cette distinction est évidemment moderne et relativement récente; elle existe cependant dans la plupart des idiomes dravidiens, mais avec l'importante exception du canara; on l'observe aussi dans deux langues âryennes de l'Inde, le *marâṭhi* et le *gujaratî*, et dans les idiomes mundas ou kolariens.

26. Il nous reste à parler de ce qu'on a appelé, dans d'autres groupes linguistiques, le *traitement* respectueux ou honorifique. Dans nos langues indo-européennes modernes, on emploie souvent des formes plurielles en parlant à une seule personne; cette manière d'honorer les gens en les traitant comme s'ils étaient plusieurs vient de l'idée qu'à eux seuls ils valent autant que beaucoup d'autres. Lorsque, dans la suite des temps, ce traitement est devenu habituel, on a oublié la pensée qui l'avait primitivement inspiré et on a cherché un nouveau mode de parler plus respectueux, et c'est alors qu'on s'est servi, pour marquer un degré de distinction de plus, soit du pronom de troisième personne simple et singulier ou pluriel comme en italien ou en allemand, simple et réfléchi comme en basque, soit d'un titre spécial personnel comme en espagnol, soit d'un nom de qualité suivi du verbe pluriel comme en hindoustani.

Les Tamouls ont fait comme les Basques, mais aux trois personnes; ils ont pris leurs pronoms pluriels et leurs formes nominales ou surtout verbales plurielles et les ont affectés au traitement honorifique, en faisant pour le pluriel véritable des formes pléonastiques : நீர் *nîr* «vous»[1] et வந்தார் *vandâr* «ils sont venus» ont pris le sens du singulier respectueux «toi» et «il est venu» et alors on a dû dire நீங்கள் «vous» et வந்தார்கள் «ils sont venus», exactement comme les Basques ont fait de *zu* «vous» le «toi» respectueux et ont fabriqué *zuek* «vous» avec le signe ordinaire *k* du pluriel. Plus tard, pour accentuer le respect, les Tamouls ont employé le pluriel actuel pour une seule personne. Enfin, le comble de la politesse a été de prendre le pronom réfléchi pluriel தாங்கள் *tâṅgaḷ* «eux-mêmes» dans le sens de «vous».

L'emploi du pluriel simple à toutes les personnes pour exprimer le singulier honorifique est évidemment très ancien dans la langue, car les plus vieux auteurs en offrent un certain nombre d'exemples : cf. வந்தீர் *vandîr* «vous êtes venu» pour «tu es venu» (*Sindâmaṇi*, VIII, 25), சூடினீர் *çûḍin'îr* «vous vous êtes couronné» (*Kuṛ'aḷ*, CXXXII, 3), etc. Ces formes sont particulièrement employées dans la poésie amoureuse.

La terminaison honorifique de la troisième personne ஆர் *âr* s'ajoute aux substantifs masculins et féminins, aux noms d'hommes et de femmes, aux noms d'êtres animés; cf. ஐயனார் *ayan'âr* «le Seigneur» et பிள்ளையார் *pilḷeiyâr* «l'enfant», noms

(1) On a déjà vu et on verra plus loin que நீர் *nîr* était primitivement *நீம் *nîm*.

de divinités locales; காரைக்காலம்மையார் *kâreikkâl ammeiyâr* «la (sainte) dame de Karikal[1]», வாமனூர் *vâman'âr* «Vâma, Arhat» (*Sindâmaṇi*, I, 181 et VI, 18); etc. Dans les inscriptions des IXe et Xe siècles, les noms des rois Çôjas (Tchôla) sont terminés par l'appellation de forme plurielle தேவர் *têvar* prise dans le sens de «dieu, divin».

La terminaison honorifique ஆர் *âr* s'ajoute quelquefois même à des noms absolument neutres; ainsi un célèbre recueil de stances morales s'appelle நாலடியார் *nâlaḍiyâr* «les quatre pieds»; ce nom vient, dit-on, de ce que les ôles qui contenaient ces quatre cents strophes, jetées à l'eau, remontèrent le courant sur une longueur de quatre pieds. Dans le *Kallâḍam* (VI, 22) on trouve le pluriel honorifique கணியர் *kaṇi-y-ar* que le commentaire explique par வேங்கையார் *vêngei-y-âr* «l'illustre *ptérocarpus*».

A l'occasion de ces formes honorifiques, on a fait remarquer que les langues indo-européennes se servent d'expressions majestatiques, si l'on peut s'exprimer ainsi, en les accompagnant de l'adjectif possessif : Son Altesse, Sa Majesté, Sa Béatitude, Sa Révérence, etc., et l'on a signalé en tamoul des mots usuels qui paraissent avoir été formés d'une façon analogue, au moyen du pronom possessif pluriel préfixé. Le Dr Caldwell, qui en a dressé la liste, a cherché à les analyser très exactement. A part un, ce sont des noms de parenté. Les uns sont d'une composition facile à constater : தமயன்

[1] Elle est l'héroïne d'un légende çivaïste très connue dans le pays. Elle se nommait Punitavatì et était mariée au fils d'un négociant de Négapatam. Elle donna un jour à un religieux mendiant un fruit que son mari l'avait priée de lui garder pour son repas de midi. Par la grâce de Çiva, un fruit d'une qualité supérieure apparut au moment voulu dans sa main. Épouvanté de ce miracle, son mari la quitta et prit une autre femme. Alors Punitavatî, se dépouillant de tous ses bijoux et de ses vêtements, prit la forme d'un démon (பேய் *pêy*) et s'éleva immédiatement au paradis de Çiva.

tamayan' ou தமையன் *tameiyan'* «frère aîné», qui paraît formé de ஐயன் *aiyan'* «seigneur, maître»; தம்மை *tammei* «mère» de அம்மை *ammei* «matrone»; தன்னை *tan'n'ei* «mère» de அன்னை *an'n'ei* «mère, tante, sœur aînée»; தமக்கை *tamakkei* «sœur aînée» de அக்கை *akkei*, qui est évidemment une variante de அக்கா *akkâ* ou அக்காள் *akkâḷ* «sœur aînée»; d'autres sont d'une analyse plus difficile : தந்தை *tandei* «père», தங்கை *taṅgei* ou தங்கைச்சி *taṅgeiċċi* ou தங்காச்சி *taṅgâċċi* «sœur cadette», தம்பிரான் *tambirân'* «seigneur, supérieur» (en malayâla «dieu», *tamburân*); d'autres dont on peut proposer une explication : தம்பி *tambi* «frère cadet», qui s'expliquerait par தம்முன் *tammun'* «frère aîné» (முன் *mun'* «avant» fait supposer que பி *pi* est une réduction de பின் *pin'* «après»); தகப்பன் *tagappan'* «père» qui s'explique par la variante brahmanique தமப்பன் *tamappan'* et par le malayâla *tammappan* (அப்பன் *appan'* est incontestablement «père»; il y aurait eu un intermédiaire *தவப்பன் *tavappan'*; la mutation $v = g$ est normale); தம்மனை *tamman'ei* «mère» qui pourrait venir de அன்னை *an'n'ei* et être une variante de தன்னை *tan'n'ei*. J'ai dit plus haut que dans தகப்பன் *tagappan'* on pourrait peut-être retrouver le radical de மக *maga* «enfant». Il est plus difficile de rapprocher de ces mots தாய் *tây* «mère», où Caldwell verrait *ta* (pour *tam*) et *âyi* ஆயி «femme âgée, matrone»; la forme ஆய் *ây* «mère» existe : cf. *Nâlaḍiyar*, 400, என்னீன்றவாய் *en'-n'-în'd'a-v-ây* «la mère qui m'a mise au monde». Ce qu'il y a d'ailleurs de remarquable, c'est que, au moins pour les quatre mots தந்தை, தம்பி, தங்கை et தம்பிரான் (et son féminin தம்பிராட்டி *tambirâṭṭi* «grande dame»), on en dérive, dans la langue classique, par composition syncopée, les expressions : எந்தை *endei* et நந்தை *nandei* «notre père», உந்தை *undei* et நுந்தை *nundei* «votre père», எம்பி *embi* «notre jeune frère», உம்பி *umbi* et நும்பி *numbi* «votre jeune frère», எம்பிரான் *embirân'* et உம்பிரான் *umbirân'* «notre, votre seigneur», எம்பிராட்டி *embirâṭṭi* «notre dame»[1], நுங்கை «votre sœur» (*Râmâyaṇa*, VI, II, 17), on a même முந்தை *mundei* «ancêtre» de முன் *mun'* «avant, auparavant»; et M. Caldwell rattache à ces dérivés les mots நம்பி *nambi* «religieux d'ordre secondaire» (notre jeune frère?), நங்கை *nangei* «jeune femme» (notre jeune dame), மங்கை «jeune fille». Il est bon de rappeler ici que les Tamouls ont les dérivés pronominaux எமன் *eman'* «le nôtre, notre parent, notre ami», நமன் *naman'* «le nôtre», நுமன் «le vôtre», தமன் «le sien».

D. — Déclinaison.

La déclinaison comprend la série des rapports d'espace que les mots et principalement les formes nominales peuvent exprimer. Dans toutes les langues, ces rapports ont été rendus par des syllabes qui étaient primitivement des mots distincts; ces mots qui avaient un sens indépendant : «moyen, voie, maison, localité, mouvement», sont peu à peu devenus des enclitiques, des *suffixes* joints au mot principal, et leurs formes sonores se sont de plus en plus altérées au point de les rendre souvent méconnaissables.

Le nombre de ces *suffixes* est évidemment indéfini, mais il y en a qui s'emploient plus fréquemment que les autres; ce sont ceux qui correspondent aux cas suivants de nos déclinaisons classiques (et je compte le sanskrit parmi les langues classiques) : le *nominatif*, c'est-à-dire le sujet déterminé, puis l'*accusatif*, régime direct; l'*instrumental* correspondant à la préposition «par, au moyen de»; le *datif*, traduisant «à, pour»; le *génitif*, marquant la dépendance, la

[1] Les grammairiens indigènes donnent encore ces exemples : ஆந்தை *ândei*, சாத்தந்தை *çâttandei*, பூதந்தை *pûdandei*, வடுகந்தை *vaḍugandei* pour ஆடன்றந்தை *âḍan't'andei*, சாத்தன்றந்தை *çâttan't'andei*, பூதன்றந்தை *pûdan't'andei*, வடுகன்றந்தை *vaḍugan't'andei* «le père de Aḍan', de Çâttan', de Bûdan', de Vaḍugan'».

possession, l'appartenance; le *locatif* «dans»; l'*ablatif* «de, depuis, hors de»; il faut ajouter, dans les langues dravidiennes, les rapports «avec, en compagnie de, sur, sous» et bien d'autres encore. Quant au *vocatif*, cri d'appel intense, ce n'est pas un cas et on peut le laisser de côté dans les paradigmes.

De ces cas, de ces rapports, les uns sont *directs*, c'est-à-dire que le mot considéré est alors sujet, attribut ou régime; les autres sont *indirects* ou *obliques*, c'est-à-dire que le mot intéressé ne prend pas directement part à l'idée indiquée par la proposition, et ne sert que d'intermédiaire ou de complément.

27. Les suffixes de déclinaison, y compris celui de l'accusatif, s'ajoutent, non à la forme normale, nominative, mais à une forme spéciale qui est proprement la forme adjective et qu'il convient d'appeler la forme *oblique*.

Dans un très grand nombre de substantifs, l'oblique ne diffère pas du nominatif: மலை *malei* «montagne», ஊர் *ûr* «ville, village» பூ *pû* «fleur», அணி *aṇi* «ornement», காது *kâdu* «oreille».

Les noms en டு *ḍu* et று *r'u* doublent à l'oblique leur consonne dure finale : வீடு *vîḍu* «maison» fait வீட்டு *vîṭṭu*, ஆறு *âr'u* «rivière» fait ஆற்று *ât't'u*. Les disyllabes brefs n'observent pas cette loi : l'oblique de பொடு *poḍu* «gale» et de மறு *mar'u* «défaut» est semblable au nominatif.

Les noms en அம் changent à l'oblique cette finale en அத்து *attu* : மரம் *maram* «arbre» fait மரத்து *marattu*, பழம் *pajam* «fruit mûr» fait பழத்து *pajattu*.

Les formes en ட்டு *ṭṭu*, ற்று *t't'u*, அத்து *attu*, peuvent en outre prendre un suffixe spécial en இன் *in'* qui s'ajoute d'ailleurs aussi à tous les noms : நா *nâ* «langue», மனை *man'ei* «maison», கயறு *kayar'u* «corde», தகடு *tagaḍu* «plaque» et வாணம் *vâṇam* «flèche» font à l'oblique நாவின் *nâvin'*, மனையின்

man'eiyin', கயற்று *kayat't'u* et கயற்றின் *kayat't'in'*, தகட்டு *tagaṭṭu* et தகட்டின் *tagaṭṭin'*, வாணத்து *vâṇattu* et வாணத்தின் *vâṇattin'*.

Au pluriel, les noms terminés en ர் *r* ont leur oblique semblable au nominatif; mais la terminaison கள் *gaḷ* peut prendre le suffixe இன் *in'*; on aura donc pour « hommes », மனுஷர் *manuṣar*, மனுஷர்கள் *manuṣargaḷ*, மனுஷர்களின் *manuṣargaḷin'*.

Les grammairiens disent que les trois noms ஆ *â* « vache », மா *mâ* « animal de selle », கோ *kô* « roi », font à l'oblique ஆன் *ân'*, மான் *mân'*, கோன் *kôn'* par contraction de ஆவின் *âvin'* மாவின் *mâvin'*, கோவின் *kôvin'*. On dit à l'accusatif ஆவை *âvei*, ஆவினை *âvin'ei*, ஆனை *ân'ei* « la vache »; nous verrons plus loin le composé கோன்றமர் *kôn'tamar* « les parents du roi ». Dans le *Kârnât'padu* (str. 10) et dans le *Kallâḍam* (XVII, 21), on trouve மான்றேர் *mân't'êr* « char attelé de coursiers ».

L'oblique de ஏழ் *êj* « sept », யாழ் *yâj* « luth » et பூழ் *pûj* « boue, poussière », est non seulement en இன் *in'*, mais aussi en அன் *an'* : யாழனை *yâjan'ei* ou யாழினை *yâjin'ei* « luth » (acc.); mais il est préférable de regarder les formes en அன் *an'* comme des variantes du nominatif.

எல்லாம் *ellâm* « tout » fait à l'oblique எல்லாவற்று *ellâvat't'u* et ajoute உம் *um* au suffixe casuel, ce qui fait voir que எல்லாம் *ellâm* est une contraction de எல்லாவும் *ellâvum* ou peut-être de எல்லாதும் *ellâdum*.

28. Les principaux suffixes sont :

Accusatif : ஐ *ei*; origine inexpliquée.

Datif : கு *ku*, prononcé vulgairement *ki*; origine inexpliquée, on a cherché à l'identifier avec le signe verbal கு *ku* que nous verrons plus loin.

Génitif. Il y a plusieurs suffixes :

1° இன் *in'*, le plus employé dans la langue vulgaire, identique au suffixe de l'oblique;

2° அது *adu*, ou même ஆது *âdu*, qu'on a identifié avec

le pronom démonstratif neutre அது «cela» (தனது *tan'ddu* «de soi» est d'usage assez fréquent);

3° அ *a*, qui est peut-être le signe du neutre pluriel ou le suffixe adjectif et qui ne s'emploie qu'avec un nom au pluriel : நுனசிறடி *nun'açîr'ad'i* (*Sindâmani*, vi, 106) doit se traduire «tes petits pieds»; தமகாதலால் *tamakâdalâl* (*Ibid.*, i, 135) «par leurs désirs»;

4° உடை *udei* et sa forme adjective உடைய *udeiya*, très employée dans la langue vulgaire.

Le *génitif* est souvent exprimé par la seule juxtaposition de mots dont le premier devrait être au génitif : மலையரசன் *malei-y-araçan'* «le roi de la montagne»; ici, le génitif joue le rôle d'un adjectif, ce qui n'a rien d'étonnant en grammaire générale. C'est pourquoi les obliques, et surtout ceux en இன் *in'*, sont souvent pris pour le génitif.

Instrumental : ஆல் *âl*, ou ஆன் *ân'* qui paraît n'être qu'une variante euphonique de ஆல்; on y voit une altération de கால் *kâl* «canal, voie»; on a aussi proposé, mais cela est moins admissible, d'y voir une contraction du nom verbal ஆகல் *âgal* «être, devenir, demeurer, consister en».

Dans le langage moderne, ce suffixe est souvent remplacé par le gérondif கொண்டு *kondu* «ayant pris» : வாளைக்கொண்டடித்தான் *vâleikkondadittân* «il a frappé, ayant pris son épée» ou mieux «se servant de son épée» au lieu de வாளாலடித்தான் *valâladittân'* «il a frappé par l'épée».

Locatif. Pour rendre le sens de «dans», on emploie un grand nombre de mots de la langue ancienne dont les principaux sont இல் *il* «maison»[1], கண் *kan* «œil, endroit»[2],

[1] கண் *kan* sert aussi à former des noms dérivés; une strophe bien connue du *Nân'manikkadigei* (83) contient les mots வன்கண் *van'kan*, இன்கண் *in'kan*, மென்கண் *men'kan*, qui doivent être traduits «force, douceur, délicatesse».

[2] Cf. இல்லிருந்து *illirundu* «demeurant dans la maison» (*Nân'manikkadigei*, 85).

இடை *iḍei* « milieu », உளி *uḷi* ou உழி *uji* « lieu, endroit »[1], இடத்து *iḍattu* oblique de இடம் *iḍam* « lieu, place, endroit, côté gauche », auquel on ajoute aussi இல் *il* : இடத்தில் *iḍattil*, வாய் *vây* « bouche » et son locatif வாயில் *vâyil*, திசை *tiçei* « région, point cardinal », அகத்து *agattu* ou அகத்தில் *agattil* de அகம் *agam* « intérieur », ஊது *ûdu* « milieu », உள் *uḷ* « dedans, intérieur, existence », கால் *kâl* « pied ». இடத்து *iḍattu* s'emploie spécialement avec les noms de personnes.

உள் *uḷ*, dans la langue vulgaire, se joint au suffixe du datif : « à l'intérieur de la maison » se rendra par வீட்டுக்குள் *vîṭṭukkuḷ*.

La forme oblique en த்து *ttu* des noms en அம் *am* sert souvent pour le locatif : உலகத்து *ulagattu* « dans le monde ».

« Avec » s'exprime par le suffixe ஓடு *ôḍu* ou ஒடு *oḍu* ou par உடன் *uḍan* « union, solidarité ». ஓடு *ôḍu* et ஒடு *oḍu* viennent probablement d'un radical en *t* initial; en effet, le suffixe correspondant en télinga est తో *tô* et తోడ *tôḍa*; cf. les radicaux தொடர் *toḍar* « joindre », தொடை *toḍei* « liaison », தொடு *toḍu* « toucher » தொழு *toju* « vénérer », தொழுதி *tojudi* « foule », தோடு *tôḍu* « cercle », தோள் *tôḷ* « creuser », தோழன் *tôjan'* « compagnon », தோழி *tôji* « compagne »; உடன் *uḍan* se rattache aux mêmes radicaux. On y pourrait peut-être aussi rattacher le gérondif présent கூட *kûḍa* de கூடு *kûḍu* « se joindre, s'unir », qui sert dans la langue vulgaire pour exprimer la préposition « avec » : அவனைக்கூட *avan'eikkûḍa* ou அவன்கூட *avan'kûḍa* « se réunissant à lui » pour அவனோடு *avan'ôḍu* « avec lui ».

ஒடு *oḍu*, quoique formant un disyllabe bref, s'élide devant les voyelles, ce qui montre qu'il a formé enclitique et s'est pour ainsi dire incorporé au radical; aussi, pour éviter

[1] Cf. உழிதொறும் *ujitor'um* « (dans) tous les endroits » (*Kallâḍam*, x, 1).

l'élision, les poètes y ajoutent-ils souvent un உம் *um* «et» explétif d'insistance : ஒடும் *odum* «et avec, avec même».

«Sur» se rend par மேல் *mél*, et «sous» par கீழ் *kîj*; ces deux mots veulent dire «partie supérieure, dessus» et «partie inférieure, dessous».

Comme synonyme de மேல் *mêl* on trouve மீ *mî*, மீது *mîdu*, மிசை *miçei*, qui ont également le sens de «dessus, surface». Ex. : மான்மீப்படர்ந்தான் *mân'mîppaḍarndân'* «il s'éloigna sur un coursier», விழுந்தனரடிமிசை *vijundan'araḍimiçei* «ils tombèrent sur leurs pieds», பொன்மலைமீது *pon'maleimîdu* «sur une montagne d'or», மண்ணின்மீது *mannin'mîdu* «sur la terre», etc.

Les grammairiens indigènes énumèrent encore un grand nombre de suffixes : கடை *kaḍei* «extrémité, infériorité», தலை *talei* «tête», வயின் *vayin'* «maison, ventre», முன் *mun'* «devant», பின் *pin'* «derrière», சார் *çâr* «place, ornement», வலத்து *valattu* ou வலத்தில் *valattil* de வலம் *valam* «dessus, place, côté droit», புடை *puḍei* «côté, grosseur», முதல் *mudal* «commencement, principe», பாடு *pâḍu* «souffrance, partie», அளை *aḷei* «caverne, trou», தேம் *têm* «douceur, parfum» et ses obliques தேத்து *têttu* et தேமத்து *têmattu*, உழை *ujei* «place, côté», வழி *vaji* «chemin, route», புறம் *pur'am* «extérieur, derrière», மாட்டு *mâṭṭu* «attachement tenace» et மாடு *mâḍu* «côté». J'ajoute அண்டை «voisinage, proximité», பால் *pâl* «part, côté», கிட்ட *kiṭṭa* «près, auprès de» gérondif présent du கிட்டு *kiṭṭu* «s'approcher, rencontrer», அருகு *arugu* avec un ஏ *ê* emphatique: அருகே *arugê* «voisinage, proximité», பேரில் *pêril* «dans le nom» qui se prend pour «sur, touchant, concernant»; உம்பர் *umbar* «sur» (உடலும்பர் *uḍalumbar* «sur le corps» (*Kallâḍam*, x, 15); பொருட்டு *poruṭṭu* (de *poruḷ* பொருள் «chose, affaire») qui a le sens de «pour, afin de, à cause de», காறு *kâr'u* «limite, jusqu'à», etc.; on pourrait augmenter la liste indéfiniment. Ces suffixes s'ajoutent quelquefois l'un à l'autre : மீமிசை «sur, au-dessus de».

Dans la langue vulgaire இல் *il*, ஆல் *âl*, ஓடு *ôḍu*, மேல் *mêl*, கீழ் *kîj*, உடன் *uḍan'* et உள் *uḷ*, prennent ordinairement un ஏ *ê* final emphatique : இலே *ilê*, ஆலே *âlê*, ஓடே *ôḍê*, மேலே *mêlê*, கீழே *kîjê*, உடனே *uḍanê*, உள்ளே *uḷḷê*; ce dernier double le ள் parce que sa forme est restée inaltérée et que les Tamouls ont encore le sentiment de sa valeur substantive indépendante.

On voit que tous ces suffixes sont, par leur fonction grammaticale, absolument semblables à nos prépositions. Ils s'ajoutent soit au radical nominatif, soit aux formes obliques; pour les noms en ம் *m*, டு *ḍu*, று *r'u*, ils s'ajoutent exclusivement aux obliques en த்து *ttu*, ட்டு *ṭṭu* et ற்று *t't'u* ou à ces obliques augmentés de இன் *in'* : மனத்தை *man'attei* ou மனத்தினை *man'attin'ei* «l'esprit, la pensée (acc.)», காட்டில் *kât't'il* ou காட்டினில் *kaṭṭin'il* «dans la forêt», கிணற்றோடு *kiṇat't'ôḍu* ou கிணற்றினோடு *kiṇat't'in'ôḍu* «avec le puits».

On trouve cependant, dans les auteurs anciens ou du moyen âge, des exemples de suffixation directe au radical en ம் *m* : உள்ளமொடு *uḷḷamoḍu* «avec le cœur, avec la pensée» (*Kallâḍam*, XLVII, 1; *Kalittogei*, 1, 7); சனமோடு *çan'amôḍu* «avec la foule» (*Râmâyaṇa*, VI, XXXII, 132); சாதனமோடு *çâdan'amôḍu* «avec le succès» (*Prabhuliṅgalîlâ*, X, 3), கொற்றமொடு *kot't'amoḍu* «avec la force» ou «la victoire» (*Silappadigâram*), நிலக்கண் *nilakkaṇ* «sur la terre, sur le sol» (*Maṇimêgalei*, XXVII, 218). On trouvera encore plus souvent le suffixe du datif கு *ku*, joint à la forme adjective ou oblique sans ம் de ces mêmes noms : கயக்கு *kayakku* pour கயத்துக்கு *kayattukku* «à la rivière» (*Sindâmaṇi*, V, 76), நிலக்கு *nilakku* pour நிலத்துக்கு *nilattukku* «à la terre» (*Kur'aḷ*, LVIII, 2).

29. Dans l'énumération précédente, nous n'avons pas parlé des suffixes de l'*ablatif*. Les grammairiens tamouls qui ont copié servilement ceux du nord ont attribué à leur langue un ablatif en இல் *il* ou இன் *in'*. Mais, comme nous venons de le voir, இல் *il* est proprement le locatif et இன் *in'* l'oblique ou la forme adjective. L'ablatif «de, ex» se rend par une périphrase, à l'aide des gérondifs நின்று *nin'd'u* «s'étant tenu, se tenant» ou இருந்து *irundu* «ayant été, s'étant placé, étant» : «je viens de la maison» se dira வீட்டிலிருந்துவருகிறேன் *viṭṭil irundu varugir'èn'*; dans plusieurs régions de la France, ne dit-on pas, dans des cas analogues : *ici étant*, etc?

Parmi les acceptions particulières que peuvent prendre certains suffixes, l'oblique en இன் *in'* et le locatif en இல் *il* servent certainement pour l'ablatif : தலையினிழிந்தமயிர் *taleiyin' ijinda mayir* «cheveu tombé de la tête» et nous ajouterons qu'ils s'emploient aussi pour remplacer le *que* comparatif : அதனிற்பெரிதிது *adan'it' périd' idu* «ceci est grand par rapport à cela, est plus grand que cela»; que le இன் *in'* joue aussi le rôle d'instrumental : பொன்னினாயகுடம் *pon'n' in'âyakuḍam* «un vase fait d'or»; enfin que le même இன் *in'* prend le sens du «comme» comparatif. A cette occasion je citerai la strophe célèbre du *Sindâmaṇi* (ch. vi, 5) :

செல்வர்மனத்தினோங்கித்
திருவின்மாந்தர்நெஞ்.......சி
னெல்லையிருளிற்றுகிப்
பூந்தாதினிநினொழுகி........க்
கொல்லுடரவின்மயங்கிச்
சிறியர்கொண்டதொடர்பி.....ற்
செல்லச்செல்லவெஃகு
நெறிசேர்சிலம்புசேர்ந்தா.....ன்

Il arriva à la montagne où conduisait un chemin qui montait comme l'orgueil des gens riches, obscur en plein jour comme la pensée des hommes sans fortune, glissant comme un pétale de fleur, sinueux comme un serpent meurtrier et qui allait en se rétrécissant de plus en plus comme l'amitié des petites gens[1].

L'oblique en *த்து ttu* des noms en *அம் am* sert également à exprimer la similitude : அறைவாய்ச்சூலத்தருநெறிகவர்க்கும் (*Silappadigâram*, xi, 73) *ar'eivâyć ćûlatt aru nér'i kavarkkum* «le chemin pénible se divise comme un trident sur le flanc de la montagne»; on pourrait dire «en trident». Il sert parfois d'instrumental (cf. *Kallâḍam*, ii, வரத்து *varattu* «par le don, à cause du don»).

Le datif joue le rôle du locatif dans la première strophe du *Kaḷavajinât'padu* : செருவிற்குவிழ்ந்தவர் *çér'uvit'kuvîjndavar* «ceux qui sont tombés au combat» pour «dans le combat»; dans le même poème on trouve la phrase களிற்றுடம்பு *kaḷit'-t'uḍambu* «les corps des éléphants» (str. 23) où l'oblique est un génitif ou un adjectif.

Au pluriel, naturellement, les suffixes se mettent après le signe de pluralité : தம்பிமார்க்கு *tambimâr-kku* «aux jeunes frères», அரசர்களில் *araçargaḷ-il* «parmi les rois», முகங்களோடு *mugaṅgaḷ-ôḍu* «avec les visages».

Les suffixes peuvent se combiner de différentes manières. M. Ariel emprunte au *Kadâmañjari* cet exemple où கு *ku* et இன் *in'* se trouvent réunis : பாம்புக்கின்விஷம் *pâmbukkin'viṣam* «le venin du serpent»; la combinaison des deux suffixes indique que le venin est inhérent au serpent. J'ai trouvé dans

(1) Voici l'analyse exacte de ce morceau : *çélvar* «des riches», *man'attin'* «comme l'esprit», *ôṅgi* «s'étant gonflé», *tiru* «fortune», *il* «sans», *mândar* «des hommes», *néñjin'* «comme le cœur», *ellei* «de jour», *iruḷit't'u* «ce qui est obscur», *âgi* «étant devenu», *pûm* «fleuri», *tâdu* «pétale», *in'idin'* «comme ce qui est doux», *ojugi* «s'étant écoulé», *kollum* «qui tue habituellement», *aravin'* «comme un serpent», *mayaṅgi* «s'étant troublé», *çir'iyar* «les petites gens», *koṇḍa* «prise», *toḍarbin'* «comme la liaison», *çélla* «allant», *çélla* «allant», *égum* «qui diminue habituellement», *nér'i* «chemin», *çêr* «qu'atteint», *çilambu* «montagne», *çérndân'* «il atteignit».

le *Kallâḍam* (xviii, 10) et autre exemple : பெருந்திரட்கண்ணுள் *péruntiraṭ kaṇṇuḷ* « au dedans de la grande foule » où கண் *kaṇ* et உள் *uḷ* se joignent pour accentuer le sens « dans ».

30. Le *vocatif* ou cas d'appel se marque le plus ordinairement en tamoul par l'addition d'un ஏ *ê* long : ஐயனே *aiyan'é* « ô Seigneur ! » et quelquefois d'un ஓ *ô* : ஐயனோ *aiyan'ô* « oh ! Seigneur ».

Les noms en ன் *n'* ont en outre quatre vocatifs formés, le premier par la suppression du ன் *n'* : ஐய *aiya ;* le second par la suppression du ன் *n'* et l'allongement de la voyelle : ஐயா *aiyâ ;* le troisième par le changement de la voyelle en ஏ *ê* ou l'addition de ஏ *ê* à ஆ *â* : ஐயே *aiyê* ou ஐயாவே *aiyâvê ;* le quatrième par le changement de ன் *n'* en *y* : பூந்தாராய் *pûntârây* « ô toi qui as une guirlande fleurie ».

Les noms en ள் *ḷ* changent ள் *ḷ* en ய் *y*, le suppriment ou allongent la voyelle précédente[1] : நெடுங்கண்ணாய் « ô toi qui as de longs yeux », நல்லாய் *nallây* « ô belle » ; on pourrait dire aussi கண்ணா *kaṇṇâ*, நல்லா *nallâ*. On cite beaucoup de pluriels en கள் *gaḷ* qui font காள் *gâḷ* : நமரங்காள் *namarangâḷ* « ô mes amis » (litt. « ô les nôtres ! »), திரிவீர்காள் *tirivîrgâḷ* « ô vous qui errez », மலர்காள் *malargâḷ* « ô fleurs » (*Sindâmaṇi*, vi, 110).

Les noms en ர் allongent la voyelle, la changent en இ *i* ou ஈ *î* ou ajoutent ஈர் *îr* : தெவ்வர் *tevvar* « ennemis » fait தெவ்விர் *tevvir* (*Kur'aḷ,* lxxviii, 1), ஊரார் *ûrâr* « les gens de la ville » fait *ûrîr* ஊரீர், மங்கைமார் *mangeimâr* « femmes » மங்கைமீர் *mangeimîr*, நமர் « nos parents » நமரீர் *namarîr*.

Les pluriels (ou honorifiques) en கள் *gaḷ* peuvent faire கேள் *gêḷ* ; les grammairiens indigènes citent cet exemple :

[1] Quand la voyelle est déjà longue, on y ajoute sa brève par அளபெடை *alabéḍei* « prolongement » : பெருமான் *pérumân'* « prince » fera donc பெருமாஅன் *pérumâan'* et வேள் *vél* « Subrahmaṇya » deviendra வேஎள் *véél*.

தலைமீதுகொள்வமடிகேள் *talei mîdu koḷvam aḍigêḷ* « nous t'implorons, Seigneur ! » où அடிகேள் *aḍigêḷ* est le vocatif de அடிகள் *aḍigaḷ* « pieds » pris dans le sens de « Seigneur » c'est-à-dire « celui aux pieds duquel on se prosterne, auquel on rend hommage ».

இ *i* fait ஈ *î* : தம்பி *tambi* « jeune frère » devient தம்பீ *tambî*.

ஐ *ei* s'allonge en ஆய் *ây* qui peut se réduire à ஆ *â* : பிள்ளை *piḷḷei* « enfant », பிள்ளாய் *piḷḷây*; அன்னை *an'n'ei* « mère », அன்னாய் *an'n'ây* ou அன்னா *an'n'â* « ô mère ».

On cite quelques vocatifs remarquables : நன்னுதால் *nan'n'udâl* « ô beau front (femme au beau front) », வள்ளால் *vaḷḷâl* « ô brave, ô héros », de நன்னுதல் et வள்ளல்.

Le nom, sous sa forme ordinaire, sert aussi de vocatif. C'est, disent les grammairiens, quand on parle à quelqu'un de près; les formes longues servent à appeler de loin.

On aura remarqué que les formes en ஆய் *ây* et ஈர் *îr* sont en réalité non pas des vocatifs mais des composés pronominaux : நமரீர் *namarîr* et கண்ணாய் *kaṇṇây* signifient proprement « vous qui êtes à nous », « toi qui as des yeux ».

E. — Formes pronominales.

31. Les pronoms sont des noms de personnes pour ainsi dire vagues et généraux, indiquant seulement leur position dans la conversation; dans la plupart des langues connues, l'idée personnelle est surtout rendue par deux pronoms, celui de la première personne qui parle et celui de la seconde qui écoute. Quant à la 3e personne, celle de qui l'on parle, la conception en est naturellement beaucoup plus indécise et complexe; aussi est-il plus avantageux, au point de vue théorique et grammatical, de l'étudier séparément. En revanche, il est utile de rapprocher des pronoms de première et de seconde personne le pronom réfléchi — se, soi — qui, dans la plupart des langues, est nettement apparenté aux deux autres.

C'est précisément le cas du tamoul, où ces trois pronoms offrent les caractères communs suivants : ils forment une seule syllabe composée d'une consonne, d'une voyelle longue et de ன் *n'* final qui se change en ம் *m* au pluriel ; ces pluriels en ம் *m* sont devenus les singuliers honorifiques ou respectueux, et alors on y a ajouté le signe ordinaire de pluralité கள் *gaḷ* pour former le pluriel ordinaire ; les formes adjectives ou obliques dérivent du pronom nominatif par un simple abrègement de la voyelle radicale, ainsi qu'on peut s'en rendre compte par les tableaux suivants :

PREMIÈRE PERSONNE.

Sing.....	யான் *yân'*, நான *nân'*.
Sing. obl..	என் *én'*.
Plur. hon..	நாம் *nâm*.
Pl. hon. obl.	எம் *ém*, நம் *nam*.
Plur......	நாம் *nâm*, நாங்கள் *nâṅgaḷ*.
Plur. obl..	எங்கள் *eṅgaḷ*.

DEUXIÈME PERSONNE.

Sing.....	நீ *nî*, நீய் *nîy*.
Sing. obl..	உன் *un'*, நின் *nin'*, நுன் *nun'*.
Plur. hon..	நீர் *nîr*, நீயிர் *nîyir*, நீவிர் *nîvir*.
Pl. hon. obl.	உம் *um*, நும் *num*.
Plur.....	நீங்கள் *nîṅgaḷ*.
Plur. obl...	உங்கள் *uṅgaḷ*.

PRONOM RÉFLÉCHI.

Sing......	தான் *tân'*.
Sing. obl...	தன் *tan'*.
Plur. hon..	தாம் *tâm*.
Pl. hon. obl.	தம் *tam*.
Plur......	தாங்கள் *tâṅgaḷ*.
Plur. obl...	தங்கள் *taṅgaḷ*.

IMPRIMERIE NATIONALE.

La seconde personne semble d'une forme différente des deux autres, mais la variante நீய் *nîy* et l'oblique நின் *nin* montrent que le primitif était நீன் **nîn*; de même, le pluriel pléonastique நீங்கள் *nîṅgaḷ* montre que le pluriel simple ancien était **nîm* நீம் qui se retrouve d'ailleurs dans l'ancien canara littéraire ನೀಂ (actuellement *nîvu* ನೀವು).

Nous avons déjà vu plus haut que நாம் *nâm* est le pluriel général et que நாங்கள் *nâṅgaḷ* est le pluriel exclusif «nous autres».

Les suffixes déclinatifs s'ajoutent uniquement aux formes adjectives ou obliques : என்னோடு *en'n'ôḍu* «avec moi», உன்னால் *un'n'âl* «par toi», தன்னை *tan'n'ei* «soi» (accus.), etc.

L'oblique sert d'ailleurs pour le génitif et l'accusatif : எற்காணவந்தீர் *ét'kâṇavandîr* «vous êtes venu me voir» (*Sindâmaṇi*, VIII, 25); நந்நீந்தார் *nannîndâr* «ils m'ont laissée» (*Kur'aḷ*, CXXII, 10), நிற்றொழ *nit't'oja* «pour t'adorer» (*Naiṣadha*, XI, 81), நிற்கடித்தது *nit'kaḍittadu* «cela t'a mordu (*ou* attrapé)» (*Ibid.*, XXIV, 6), நிற்பிரிந்து *nit'pirindu* «me séparant de toi» (*Ibid.*, XXII, 14)[(1)].

Le datif est, avec un அ *a* épenthétique, எனக்கு *én'akku* «à moi», உனக்கு *un'akku* ou நினக்கு *nin'akku* «à toi», தனக்கு, நமக்கு, உமக்கு, தமக்கு. Au singulier, les formes எற்கு *et'ku*, நிற்கு *nit'ku*, தற்கு *tat'ku*, sont aussi usitées; les grammairiens tamouls disent que நிற்கு *nit'ku* ne se rencontre pas; cf. cependant (*Râmâyaṇa*, I, VIII, 40): நிற்கியாம்புதல்வர் *nit'kiyâmpudalvar* «nous sommes des fils pour toi».

On trouve même நேக்கு *nékku* pour எனக்கு *én'akku* «à moi» (*Kadâmañjari*, 21); le எ *é* initial s'est reporté sur l'அ *a* de la seconde syllabe de எனக்கு et s'est allongé par compensation.

On peut citer aussi d'assez nombreux exemples d'intercala-

(1) Faut-il voir தற்செய்வான் *tat'çéyrdn'* «devant faire sien» dans le தச்செய்வான் *tac'c'éyvân'* du *Karnât'padu* (str. 7).

tion du suffixe déterminatif தன் *tan'* : என்றன்கற்பு *en'tan'kat'pu* «ma chasteté» (*Râmâyaṇa*, VI, xxxi, 73), அனுமன்றனுடல் *an'uman't'an'uḍal* «le corps d'Hanumân'» (*Ibid.*, VI, xxxi, 34).

Comme pronoms possessifs, on ne cite au singulier que le neutre எனது *én'adu* «le mien»; j'ai parlé plus haut des dérivés du pluriel எமன் *éman'* «le nôtre», நுமன் *numan'* «le vôtre», etc. Le neutre de ces dérivés existe : தம *tama* «ses choses, ses affaires» (*Kur'aḷ*, xxxviii, 6); il n'est donc pas tout à fait exact de dire que ces formations correspondent exactement au latin *nostras, nostrates, vestrates*, quoiqu'elles s'emploient plus volontiers au pluriel qu'au singulier : இரவலர்தமரினுமினியராவரே *iravalar tamarin'um in'iyar âvaré* «les pauvres leur doivent être plus chers que leurs propres parents» (*Nâiṣadha*, xi, 22), நுமருள்ளல் *numar uḷḷal* «l'existence des vôtres (de vos amis)» (*Kur'aḷ*, cxxxii, 8), கோன்றமர் *kôn't'amar* «les parents du roi» (*Sindâmaṇi*, i, 262).

Les pronoms *réfléchis* «moi-même, toi-même», etc. sont les pronoms de première ou de seconde personne accompagnés de தான் : நான்றான் *nân' tân'* «moi-même».

32. Les pronoms *démonstratifs* sont au nombre de trois, dérivés de அ *a*, இ *i*, உ *u*; morphologiquement, on doit en rapprocher les pronoms *interrogatifs* dérivés de எ *é* et de யா *yâ*. On aura donc அவன் *avan'* «celui-là», அவள் *avaḷ* «celle-là», அது *adu* «cela», அவர் *avar* «ceux-là» ou «celles-là» honorifiquement «celui-là» ou «celle-là», அவர்கள் «ceux-là, celles-là» (plur. pléon.); le pluriel neutre est, dans la langue vulgaire அதுகள் *adugaḷ*, dans la langue littéraire அவை *avei*. On trouve cependant அ *a* et இ *i* avec வ *v* épenthétique, employés pour «ces choses-là» ou «ces choses-ci»; cf. *Nâlaḍiyâr*, xviii, 1 : அவ்வும் *avvum* «ces choses mêmes», et *Sindâmaṇi*,, xiii, 164 : இவ்வென *ivvén'a* «en disant : ces choses».

On aura de même இவன் *ivan'* «celui-ci», இவள் *ivaḷ*, இது *idu*, இவர் *ivar*, இவர்கள் *ivargaḷ*, இவை *ivei*, இதுகள் *idugaḷ*;

— உவன் *uvan'* «cet intermédiaire», உவள் *uvaḷ*, உது *udu*, உவர் *uvar*, உவர்கள் *uvargaḷ*, உதுகள் *udugaḷ*, உவை *uvei*; — எவன் *évan'* «lequel?», எவள் *évaḷ*, எது *édu*, எவர் *évar*, எவர்கள் *évargaḷ*, எதுகள் *édugaḷ*, எவை *évei*; — யாவன் *yâvan'* «qui, lequel?», யாவள் *yâvaḷ*, யாது *yâdu*, யாவர் *yâvar* ou யார் *yâr* qui en est une contraction, யாதுகள் *yâdugaḷ*, யாவை *yâvei*.

Dans la langue vulgaire யார் *yâr* (écrit et prononcé le plus souvent ஆர் *âr*) sert pour tous les noms de personnes quel que soit leur genre, comme notre français «qui?» — «quoi?» se traduit par ஏது *êdu*, avec ஏ *ê* long, ou plutôt par என்ன *en'n'a* qui est l'adjectif possessif correspondant et qui prend alors le sens de «quelle chose?»; en poésie, on emploie dans ce même sens «quoi, quelle chose?» le pronom எவன் *évan'* et son abréviation என் *én'* : காப்பெவன் செய்யும் *kâppévan' çéyyum* «que fera la garde?» (*Kur'aḷ*, IX, 7); என்னும் *en'-n'-âm* «que sera-ce?» (*Kur'aḷ*, LXXVII, 3). — என்ன *en'n'a*, affaibli en என்னை *en'n'ei*, prend souvent en poésie le sens de «pourquoi?» : அழுங்குபதென்னை *ajuṅgubad' en'n'ei* «pourquoi pleurer?» ou peut-être : «qu'est-ce que pleurer?» (*Sindâmaṇi*, VI, 126).

Les pronoms interrogatifs ont, comme dans beaucoup de langues, un autre emploi; c'est, en raison de l'idée essentiellement vague et indéfinie qu'ils expriment, celui de traduire les pronoms indéfinis «tout, chacun, quoi que ce soit, quelconque»; pour exprimer «tout», on y ajoute généralement un உம் «et» d'insistance : எவனும் *évan'um* «un quiconque», யாரும் *yârum* ou யாவரும் *yâvarum* «des gens quelconques», c'est-à-dire «tout» et «tous», யாதும் *yâdum* et யாவதும் *yâvadum* «toute chose», etc.

Il y a d'ailleurs un mot spécial pour «tout», எல்லாம் *ellâm*, qui se rattache au radical எல்லை *ellei* «limite», et qui paraît contracté de எல்லாவும் *ellâvum* ou, comme le suppose Walther, de எல்லாதும் *ellâdum* pour எல்லவதும் (où உம் *um* est la particule collective et où எல்லவது serait une forme verbale signifiant quelque chose comme «ce qui est dans les limites, dans l'ensemble»); எல் *él* est peut-être corrélatif des négatifs *al* அல் et இல் *il* et எல்லாதும் pourrait signifier «ce qui est infini, illimité». En tout cas, உம் *um* «et» s'ajoute à tous les suffixes déclinatifs qui sont joints à எல்லாம் *ellâm*. Les formes adjectives de ce mot, qui se place le plus ordinairement après le nom déterminé, sont எல்லா *ellâ* ou எல்லாத்து *éllâttu* au singulier et எல்லாவற்று *ellâvat'tu* au pluriel neutre; c'est à ces deux dernières seulement que s'ajoutent les suffixes déclinatifs. Quant aux masculin et féminin pluriels, on a les formes எல்லார் *ellâr* «tous», எல்லோம் *ellôm* «nous tous», எல்லீர் *ellîr* «vous tous». On y ajoute souvent le உம் *um* «et» d'insistance.

Les pronoms அவன் *avan'*, etc., se déclinent comme les substantifs en அன் *an'* ou அள் *al*. Les neutres அது *adu*, இது *idu* et உது *udu*, peuvent, dans l'idiome littéraire, joindre les suffixes non seulement à leur forme radicale, mais encore à une forme adjective ou oblique qui est அதன் *adan'*, இதன் *idan'*, உதன் *udan'* pour le singulier et அவற்று *avat'tu*, இவற்று *ivat'tu*, உவற்று *uvat'tu* pour le pluriel; on dira donc அதன்விலை *adan'vilei* «le prix de cela», இதுக்கு *idukku* ou இதற்கு *idat'ku* «à ceci», அதனில் *adan'il* «en cela», அவை *avei* ou அவற்றை *avat'tei* ou அதுகளை *adugalei* «ces choses-là» (accus.). அது *adu* et இது *idu*, quoique disyllabes brefs, peuvent élider leur உ *u* final : இதில் *idil* «en ceci»; dans ce cas, இது *idu*, par compensation, allonge quelquefois son initiale : காட்சியீதாங்கு *kâṭçiyîd'âṅgu* «manifestation, ceci là» (*Silappadigâram*, XI, 140); ஈதென *îdén'a* «ceci étant dit» (*Kallâḍam*, LXIX, 7); on trouve même ஈது *îdu*, sans élision : ஈதுமுன் *îdumun'* «avant ceci» (*Râmâyaṇa*, I, VI, 30).

Les pronoms en உ *u* sont très rarement employés. Les grammairiens ne sont pas d'accord sur leur signification précise. On cite notamment deux exemples en உவன் *uvan'* dans le *Râmâyaṇa* (VI, XXVIII, 19-21) et dans le *Nâiṣadha* (XI, 16). Dans ce dernier passage, le chef des dieux, Indra, présente au roi Naḷa les dieux Agni, Varuṇa et Yama; il désigne le premier par இவன் *ivan'* «celui-ci», le second par மற்றிவன் *mat't'ivan'* «cet autre-ci» et Yama par உவன் *uvan'*. Les commentateurs disent que Agni et Varuṇa devaient être à droite et à gauche d'Indra et que Yama devait être derrière : உவன் *uvan'* signifierait donc : «celui qui est derrière». Tout cela est fort subtil : உவன் *uvan'* désigne probablement un intermédiaire entre «celui-ci» et «celui-là», quelqu'un dont la place est incertaine et imprécise; ce doit être le correspondant exact de l'hindoustani *sô* سو.

Les langues dravidiennes n'ont pas de pronoms conjonctifs.

F. — Déterminatives.

33. On sait que dans la plupart des langues, l'adjectif se comporte exactement comme le génitif, car ils jouent tous les deux le même rôle de déterminant; il y a cependant quelques exceptions, ainsi en basque, le génitif se place devant le nom qu'il détermine tandis que l'adjectif se place après. En tamoul, l'adjectif et le génitif se placent tous les deux devant, mais on trouve, dans les anciens ouvrages poétiques, une détermination pronominale analogue à notre article et cet élément se suffixe à la fin du mot, comme en roumain, avant les suffixes déclinatifs cependant.

Cette sorte d'article est le pronom démonstratif éloigné neutre அது *adu* «cela», qui a aussi une forme en அன் *an'*, அதன் *adan'*; ainsi on dira மரமது *maramadu* «l'arbre», நாடது *nâḍadu* «le pays» (*Sulâmaṇi*, I, 1), ஆக்கமது *âkkamadu* «l'accroissement» (*Sindâmaṇi*, I, 196), இன்பதற்கு *in'badat'ku* «au plaisir» (*Kallâḍam*, XV, 11). அது *adu* peut se réduire à து *du* : விண்டு *viṇḍu* «l'air, le ciel» pour விண் *viṇ* (*Kallâ-*

ḍam, II, 48); பெண்டு *peṇḍu* «la femme» pour பெண் *peṇ* «femelle».

Cette déterminative peut servir pour les noms de personnes; on cite l'accusatif சாத்தனதனை *çâttan'adan'ei* du nom propre சாத்தன் *çâttan'* «Çâstâ»; mais avec les noms de personnes, on paraît employer surtout dans ce cas l'oblique du pronom réfléchi தன் *tan'* sing. et தம் *tam* plur. «de soi» : அரசன்றன்னை *araçan't'an'n'ei* pour அரசனை *araçan'ei* «le roi» (acc.); என்றனக்கு *én't'anakku* pour எனக்கு *én'akku* «à moi» et même கோன்றமர் *kôn't'amar* «ceux du roi» (*Sindâmaṇi*, I, 262).

Dans la langue moderne, on emploie comme déterminatifs les dérivés ஆனவன் *ân'avan'* «celui qui est», என்கிறுன் *en'gir'ân'* ou என்பவன் *en'bavan'* «celui qui est dit, celui qui s'appelle», ainsi que leurs féminins en அள் *aḷ* ou ஆள் *âḷ* et leurs neutres en து *du*: குருவானவர் *kuru-v-ân'avar* (resp.) «celui qui est le guru», பொன்னுசாமியென்பவன் *Pon'n'uçâmi-y-én'bavan'* «le nommé Ponnoussamy».

34. *Formes adjectives.* — Beaucoup de radicaux s'emploient tels quels et, pour qualifier un nom quelconque, se placent simplement devant lui; dans ce cas, le sens adjectif se confond souvent avec le sens génitif: மலைவீடு *maleivîḍu* «maison montagneuse» ou «maison de la montagne», மனையாறு *man'eiyâru* «la voie de la maison, la vie domestique», நடுவூர் *naḍuvûr* «au milieu de la ville», etc.

Les formes obliques sont essentiellement adjectives: மலையின்வழி *maleiyin'vaji* est plutôt «chemin montagneux» que «chemin de la montagne».

Les noms en ம் *m* ont une forme spéciale obtenue par la suppression du ம் *m*: மரம் *maram* «arbre, bois», மர *mara*; செல்வம் *çélvam* «prospérité», செல்வ *çélva*.

Le suffixe général adjectif paraît être அ *a*. Ainsi de சுனை *çun'ei* «étang, source», நனை *nan'ei* «bouton de fleur» et சினை *çin'ei* «rameau, branche», on a fait சுனைய *çun'ei-ya*, நனைய

nan'ei-y-a, சினைய ***çin'ei-y-a***[1]; வெரி ***vêri*** « parfum » fait de même வெரிய ***vêri-y-a;*** மேனி ***mên'i*** « corps », மேனிய ***mê-n'iya;*** நெற்றி ***net't'i*** « front », நெற்றிய ***net't'iya;*** கண் ***kaṇ*** « œil », கண்ண ***kaṇṇa;*** வாய் ***vây*** « bouche », வாய ***vâya;*** எல்லை ***ellei*** « limite », எல்லைய ***elleiya;*** பெயர் « nom » ***péyar*** fait பெயரிய ***péyariya.***

Le suffixe அ ***a*** s'ajoute aussi aux formes en அத்து ***attu*** dérivées de அம் ***am :*** பிணத்த ***piṇ-at-t-a*** « cadavéreux » de பிணம் ***piṇam*** « cadavre », நிறத்த ***nir'-at-t-a*** « coloré » de நிறம் ***nir'am*** « couleur », முகத்த ***mugatta*** de முகம் ***mugam*** (sk. मुख) « visage », etc. Dans le ***Kaḷavajinât'padu***, on trouve (str. 37) l'adjectif கோட்ட ***koṭṭa***, de l'oblique கோட்டு ***kôṭṭu*** de கோடு ***kôḍu*** « défense d'éléphant ».

Plusieurs noms dérivent leurs adjectifs par இய ***iya:*** அறம் ***ar'am*** « vertu, charité » fait அறவிய ***ar'aviya***, அழகு ***ajagu*** « beauté » அழகிய ***ajagiya*** « beau ».

அ ***a*** s'affaiblit quelquefois en ஐ ***ei;*** on peut du moins expliquer ainsi les exemples suivants, cités par les grammairiens, de noms en ண்டு ***ṇḍu*** et ன்று ***nd'u*** qui, pour devenir adjectifs, assimilent leur nasale à l'explosive suivante et ajoutent ஐ ***ei*** : ஆண்டு ***âṇḍu*** « année » fait ஆட்டை ***âṭṭei;*** இரண்டு ***iraṇḍu*** « deux », இரட்டை ***iraṭṭei*** « double »; இன்று ***ind'u*** « ce jour-ci, aujourd'hui », இற்றை ***it't'ei*** « d'aujourd'hui »; ஒன்று ***ond'u*** « un », ஒற்றை ***ot't'ei*** « unique ». On dit cependant இன்றையதினம் ***in'd'eiyadin'am*** « le jour d'aujourd'hui ».

Nous venons de voir des exemples du durcissement de la nasale muette en la forte explosive suivante de son ordre; l'usage paraît général. Ainsi, on a நச்சு ***nac'c'u*** « vénéneux » de நஞ்சு ***nañju*** « poison », இரட்டு ***iraṭṭu*** « double » de இரண்டு ***iraṇḍu*** « deux », மருத்து ***maruttu*** « médicinal » de மருந்து ***ma-***

[1] Cf. *Sindâmaṇi*, VII, 52 : *çun'eiya nîlam* « le nénuphar des sources », *nan'eiyanâgam* « le *calophyllum* en boutons », *çin'eiya çaṇbagam* « le *tchampaka* couvert de rameaux ». On y trouve aussi (1, 270) எல்லைய *ellei-y-a* adj. de எல்லை *ellei* « limite ».

rundu «remède», இருப்பு *iruppu* «en fer» de இரும்பு *irumbu* «fer[1]», கற்று *kat't'u* «jeune, petit» de கன்று *kan'd'u* «jeune plant, petit»; je trouve, dans le *Kallâḍam* (XLIX, 3) l'exemple அருப்புமுலை *aruppumulei* «sein en bouton de fleur», avec அருப்பு *aruppu* de அரும்பு *arumbu* «bouton de fleur».

Souvent à ces formes, et à toutes celles caractérisées par le doublement de l'explosive, on ajoute la finale அம் *am* ou même ஆம் *âm*: ஆறு *âr'u* «rivière» donne ஆற்றம் *ât't'am* «de rivière», குளம் *kuḷam* «étang» fait குளத்தம் *kuḷattam* «d'étang», பூட்டு «ligature» fait பூட்டாம் *pûṭṭâm* «lié, serré, fermé»; on a même முள்ளம் *muḷḷam* ou முள்ளாம் *muḷḷâm* «épineux» de முள் *muḷ* «épine».

அம் *am* se réduit à ம் *m* après certains monosyllabes longs et certains disyllabes brefs: புளி *puḷi* «acidité» fait புளிம் *puḷim*, வசு *vaçu* «ail» fait வசும் *vaçum*, தீ *tî* «douceur» தீம் *tîm*, தே *tê* «parfum» தேம் *têm*, பூ *pû* «fleur» பூம் *pûm*, விழ் *vîj* «rameaux pliants du multipliant» விழ்ம் *vîjm*, வேய் *vêy* «bambou» வேய்ம் *vêym*; j'ai trouvé dans le *Râmâyaṇa* (VI, XXX, 76) கூர்ங்கணை *kûrṅkaṇei* «flèches aiguës» avec கூர்ம் *kûrm* de கூர் *kûr*.

Faut-il voir dans அம் *am* le suffixe général neutre ou un abrégé de ஆம் qui est le participe futur «devant être, étant, qui est»?

Les noms de qualité en மை développent une série de formes adjectives dérivées du radical; les unes consistent dans le radical lui-même: பசுமை *paçumei* «verdeur, fraîcheur» fait

(1) M. Pope a fait remarquer que les noms tamouls des métaux principaux paraissent dérivés du nom de leur couleur: இரும்பு *irumbu* «fer» serait ainsi «le (métal) noir», செம்பு *çémbu* «cuivre» serait «le rouge», வெள்ளி «argent» serait «le blanc»; பொன் *pon'* «or» parait se rattacher à une racine ayant le sens de «beauté, éclat»: ce mot est du reste pris aussi dans le sens de «métal» en général et on y ajoute les épithètes செம் *çém* «beau, pur», வெண் *véṇ* «blanc», கரும் *karum* «noir», etc., pour distinguer l'or, l'argent, le fer, etc.

பசு *paçu;* சிறுமை *çir'umei* «petitesse», சிறு *çir'u;* கிழமை *kijamei* «vieillesse», கிழ *kija;* நுண்மை *nuṇmei* «minceur, délicatesse», நுண் *nuṇ;* வெண்மை *véṇmei* «blancheur», வெள் *veḷ;* வன்மை *van'mei* «force», வல் *val;* செம்மை *çémmei* «rougeur, pureté», செம் «pur»; செம்மை *çémmei* pour செவ்மை *çévmei* «rougeur, ardeur», செவ் *çév;* தனிமை *tan'imei* «isolement», தனி *tan'i* «seul»; உடைமை *uḍeimei* «possession» உடை *uḍei*, etc.

D'autres ajoutent ம் *m* au radical: பசும் *paçum* «vert», சிறும் *çir'um* «petit», நெடும் *néḍum* «long», இளம் *iḷam* «jeune».

D'autres ajoutent அ *a*: இனிய *in'iya* «doux», உடைய *uḍei-y-a*, இளைய *iḷei-y-a* «jeune» (pour இளய *iḷa-y-a*), பழைய *pajei-y-a* «ancien» (pour பழய *pajaya*), செய்ய *çéy-y-a* «rouge, droit, pur».

D'autres ajoutent இய *iya*, en élidant l'உ *u* épenthétique du radical: அரிய *ariya* «rare, pénible», கரிய *kariya* «noir», கொடிய *koḍiya* «cruel», புல்லிய *pulliya* «vil», நுண்ணிய *nuṇṇiya* «délicat», செவ்விய *çévviya* «beau, régulier»; — quelques-uns n'élident pas l'உ *u*: கொழுவிய *kojuviya* «gras, fertile», நறுவிய *nar'uviya* «odoriférant» et விழுமிய *vijumiya* «élégant» pour விழுவிய *vijuviya;* on dit aussi நறிய *nar'iya* «parfumé».

Devant une voyelle initiale suivante, உ final s'élide et la syllabe précédente du disyllabe bref s'allonge soit en remplaçant la voyelle brève par sa longue, soit en doublant l'explosive: அருமை *arumei* «difficulté» fait ஆர் (*Kur'aḷ*, cxv, 1: ஆருயிர் *âr uyir* «vie précieuse»); கடுமை *kaḍumei* «amertume», கட்டு *kaṭṭu;* கருமை *karumei* «noirceur», கார் *kâr;* கொழுமை «fécondité», கோழ் (*Sindâmaṇi*, iv, 19: கோழரை *kôjarei* «dont une moitié est grasse»); சிறுமை *çir'umei* «petitesse», சீறு *çîr'u* et சிற்று *çit't'u;* நறுமை *nar'umei* «parfum», நாறு *nâr'u;* நெடுமை *néḍumei* «longueur», நெட்டு *néṭṭu;* பசுமை *paçumei* «verdeur», பாசு *pâçu* et பச்சு *pac'c'u;* புதுமை *pudumei* «nouveauté», புத்து *puttu;* பெருமை *pérumei* «grandeur, பேர் *pêr;* முதுமை *mudumei* «antiquité», மூது *mûdu;* வெறுமை *vér'umei* «manque, pauvreté», வெற்று *vét't'u;* —

ஆர் *âr* et பேர் *pêr* s'emploient même devant les consonnes : ஆர்புனல் *ârpun'al* «eau précieuse» (*Sûḷâmaṇi*, x, 121); — பசுமை *paçumei* fait aussi பச்சை *pac'c'ei*, பை *pai* et பைம் *paim* «vert».

Un même adjectif peut prendre plusieurs de ces formes.

On trouve des exemples de radicaux en மை *mei* employés tels quels adjectivement, பெருமைவீட்டொடு *pérumei vîṭṭoḍu* «avec la grande libération» (*Sindamâṇi*, xiii, 150), அருமை மாந்தர்கள் *arumei mândargaḷ* «les hommes rares» (*Aruṇâçala-purâṇa*, i, 9), கொம்மைவார்முலை *kommei vâr mulei* «les vastes seins superbes» (*Nâiṣadha*, xxii, 17). — Il y a aussi des exemples de la dérivation de மை par அ : பொதுமைய *podu-mei-y-a* «nouveau», மென்மைய *men'mei-y-a* «tendre» (*Nâi-ṣadha*, xxii, 17), தன்மைய *tan'mei-y-a* «naturel» (*Râmayaṇa*, VI, xxvi, 61).

Les noms des points cardinaux, qui sont formés par le suffixe du datif, ont pour formes adjectives leurs radicaux simples : வடக்கு *vaḍakku* «nord», வட *vada*; மேற்கு *mêt'ku* «ouest», மேல் *mêl*; தெற்கு *tét'ku* «sud», தென் *ten'*; கிழக்கு *kijakku* «est», கீழ் *kîj*; குடக்கு *kuḍakku* «ouest», குட *kuḍa*; குணக்கு *kuṇakku* «est», குண *kuṇa* (1).

(1) L'étymologie de ces divers radicaux est intéressante : *vaḍa* «nord» est apparenté à une racine *vaṭ*, *vaḍ*, *vaj*, *veḷ* qui a le sens général de «souffrir, tordre, plier»; *ten'* «sud» a une racine *tél* ou *tén'* ou *tét'* «presser, tourmenter, tordre, contrarier, s'opposer»; *kuḍa* «ouest» et *kuṇa* «est» sont difficiles à expliquer. Mais les noms vraiment caractéristiques sont ceux de l'est, கிழக்கு *kijakku*, et de l'ouest, மேற்கு *mêt'ku*, qui viennent de கீழ் *kîj* «inférieur» et மேல் *mêl* «supérieur» et qui indiquent que l'habitat originel des Tamouls était limité par des montagnes à l'occident et par les plaines ou la mer à l'orient. Faut-il expliquer les autres noms par les tempêtes redoutables qui accompagnent les changements de mousson? On a expliqué aussi தென் *tén'* «sud» par «opposition, côté opposé au nord, au mauvais côté». On a signalé depuis longtemps la particularité de la langue malayâla, parlée dans un pays qui est haut à l'est et bas à l'ouest, et qui a conservé pour «est» et «ouest» les deux mots tamouls. Le malayâla étant

Certains noms d'arbres, déterminant les mots « fruit, fleur, bourgeon, rameau, tige, pied » et autres analogues, prennent des formes adjectives spéciales d'ailleurs parfaitement explicables par ce qui vient d'être dit :

1° Des noms en ஆ *â* prennent un ம் *m* et quelquefois abrègent ஆ *â* en அ *a* : மா *ma* « manguier (*mangifera indica*) » fait மாங்காய் *mâṅgây* « fruit vert du manguier, mangue verte », விளா *viḷâ* « *cratæva marmelos* (*feronia elephantum*) » fait விளங்கனி *viḷaṅgaṇi* « fruit mûr du *feronia* ».

2° D'autres, qui ne se terminent pas en ஆ *â*, prennent également ம் *m* ou அம் *am* : புளி *puḷi* « tamarin » donne புளியம்பழம் *puḷiyampajam* « fruit de tamarin » ; தேக்கு *têkku* « teck » (*tectona grandis*) dérive தேக்கந்தளிர் *têkkantaḷir* « pousse de teck » ; வேம்பு *vêmbu* « margosier (*melia azadirechta*) » fait வேப்பு *vêppu* puis வேப்பம் *vêppam* et on dira par conséquent வேப்பங்காய் *vêppaṅkây* « fruit vert du margosier » ; அறுகு *ar'ugu* « *agrostis linearis* », அறுகம்பூ *ar'ugampû* « fleur de *l'agrostis* » ; உதி *udi* « *odina pinnata* », உதிங்கோடு *udiṅkôḍu* « branche d'*odina* ».

3° D'autres en ஐ *ei* substituent அம் *am* à cette finale : மாதளை *mâdaḷei* « grenadier » produit மாதளந்தோல் *mâdaḷantôl* « écorce de grenadier » ; தாழை *tâjei* « *pandanus odoratissima* », தாழம்பூ *tâjampû* « fleur de pandanus » ; கூவிளை *kûviḷei* « *cratæva religiosa* », கூவிளங்கனி *kûviḷaṅgan'i* « le fruit mûr du *cratæva* »[1]

d'ailleurs un ancien dialecte tamoul, il paraît ainsi démontré que ceux qui parlèrent ce dialecte ont franchi la montagne à une époque relativement récente.

[1] Les noms des pieds, dans la prosodie tamoule, sont empruntés au règne végétal. Le spondée ou le trochée s'appelle தேமா *têmâ* « manguier doux », le ◡ ◡̲ — *puḷimâ* புளிமா « manguier acide », le — ◡ ◡̲ கூவிளம் *kûviḷam* « cratæva », le ◡ ◡̲ ◡ ◡̲ கருவிளம் *karuviḷam* « feronia noir » et l'on dérive les noms de pieds plus longs par l'addition des syllabes காய் *kây* « fruit vert », கனி *kan'i* « fruit mûr », தண்பூ *taṇpû* « fleur fraiche », நறும்பூ *nar'umpû* « fleur parfumée », தண்ணிழல் *taṇṇijal* « ombre fraiche », நறுநிழல் *nar'unijal* « ombre parfumée ». La longue s'appelle

— வாழை «bananier» n'a pas la forme en அம் *am*, mais on dit வாழைப்பழம் *vâjappajam* «banane».

Le mot பனை *pan'ei* «palmier» ne change pas cependant devant கொடி *koḍi* «rameau» et திரள் *tiraḷ* «groupe, abondance», பனைக்கொடி *pan'eikkoḍi* «rameau de palmier» et பனைத்திரள் *pan'eittiraḷ* «groupe de palmiers»; on dit pourtant aussi பனந்திரள் *pan'antiraḷ* comme on dit பனம்பழம் *pan'ampajam* «fruit du palmier», பனம்பூ *pan'ampû* «fleur du palmier», etc.; avec அட்டு *aṭṭu* «jus cuit», பனை *pan'ei* se contracte en பனாட்டு *pan'âṭṭu*, ce qui fait supposer que la forme primitive de பனை *pan'ei* était பன *pan'a* ou பனா *pan'â*.

தெங்கு *téngu* «cocotier» fait avec காய் *kây* : தேங்காய் *têngây* pour தெங்கங்காய் *téngangay* «coco»; on dit தென்னமரம் *ten'n'amaram* «arbre cocotier», தென்னங்கீற்று *tên'n'ankît't'u* «jeune branche de cocotier», தென்னங்கன்று *ten'n'ankan'd'u* «jeune cocotier», etc. (1)

35. Il n'y a pas de formes pour les degrés de comparaison; on y supplée par des périphrases. Le comparatif s'exprime en ajoutant au mot qui sert de type de comparaison les expressions விட *viḍa* «en laissant», பார்க்க *pârkka* «en regardant», பார்க்கிலும் *pârkkilum* «même si l'on voit», காட்டாலும் *kâṭṭâlum* «même si on montre» : அதைப்பார்க்கிலுமிதுபெரிது *adei*

நேர் *nér* «régularité» et la double brève ou plutôt le pied de deux syllabes dont la première est brève et la seconde douteuse நிரை *nirei* «rectitude».

(1) L'étymologie de ce mot paraît le rattacher au radical தென் *ten'* «méridional», comme si le cocotier était essentiellement «l'arbre méridional»; le cocotier en effet, primitivement étranger à l'Inde continentale, paraît y être arrivé de Ceylan. — கன்று *kan'd'u*, pris ici dans le sens de «plant, jeune arbre», signifie aussi «veau, petit de la vache»; பிள்ளை *piḷḷei* «enfant» sert de même pour désigner les petits de certains animaux et les jeunes plants du cocotier et de l'aréquier. Ces confusions sont remarquables et indiquent évidemment un degré de civilisation rudimentaire, un état mental peu avancé.

pârkkilum idu péridu «ceci est plus grand que cela». On pourrait encore mettre ce mot au datif ou à l'ablatif en இல் *il*: அதுக்கு ou அதில் இது பெரிது *adukku* ou *adil idu péridu;* on précise d'avantage en intercalant அதிக ou அதிகமாய் «plus» (अधिक): அதுக்கு இது அதிகமாய்ப் பெரிது *adukku idu adigamây péridu.* Pour le comparatif d'infériorité, «moins» se rend par குறை *kur'ei*, தாழ்மை *tâjmei*, etc.

Pour le superlatif, on ajoute à la phrase comparative un mot signifiant «tout, en général, etc.» ou en préfixant «beaucoup, très grand» : மகா *magâ* (महा), மெத்த *métta*, வெகு *végu* (बहु), etc. On emploie aussi le procédé de la répétition, habituel aux idiomes primitifs : மெள்ளமெள்ள *meḷḷameḷḷa* «très lentement».

36. Les adjectifs *possessifs* «mon, ma, mes, etc.» sont remplacés par les obliques des pronoms : என் *én'* «de moi», உன் *un'* «de toi», etc. Le réfléchi தன் *tan'*, தம் *tam*, தங்கள் *taṅgaḷ* correspond souvent à «son, sa, ses» non réfléchi.

Les adjectifs *démonstratifs* sont dérivés des radicaux அ *a*, இ *i*, உ *u* qui d'ailleurs servent eux-mêmes de démonstratifs : அக்குதிரை *akkudirei* «ce cheval-là», இம்மனிதன் *imman'idan'* «cet homme-ci», இவ்வரசன் *i-vv-araçan'* «ce roi-ci». Mais la forme ordinaire des adjectifs démonstratifs est en ந்த *nda :* அந்த *anda*, இந்த *inda;* உந்த *unda* ne paraît pas usité.

L'*interrogatif indéfini* est எந்த *enda* «quel?» ou «quelconque»; யா *yâ* ne dérive pas d'un adjectif.

Outre les formes en ந்த *nda*, il y a des adjectifs en ன்ன *n'n'a* qui ont plutôt le sens qualitatif que le sens démonstratif: அன்ன *an'n'a* «de cette façon-là», இன்ன *in'n'a* «de cette façon-ci» ou «tel que».

De அ *a*, இ *i* et எ *é* dérivent les formes adverbiales அங்கு *aṅgu* «là», இங்கு *iṅgu* «ici», எங்கு *éṅgu* «où?» ou «dans un endroit quelconque» (et, avec உம் *um*, எங்கும் *éṅgum* «partout»); அங்கண் *aṅgaṇ*, இங்கண் *iṅgaṇ*, எங்கண் *éṅgaṇ*, qui ont le même sens; அவன் *avaṇ*, இவன் *ivaṇ*, எவன் *évaṇ*; etc.; et les composés அங்ஙன் *aṅṅan'* «ainsi», அங்ஙனம் *aṅṅan'am*, இங்ஙனம் *iṅṅan'am*, எங்ஙனம் *éṅṅan'am* (de ஙனம் *ṅan'am* «manière, endroit»); அப்படி *appaḍi* et இப்படி *ippaḍi* «ainsi», எப்படி *éppaḍi* «comment?» ou «de quelque manière que ce soit»; அப்போது *appôdu* «alors», இப்போது *ippôdu* «maintenant», எப்போது *éppôdu* «quand?» ou «à un moment quelconque»; ஆங்கு *âṅgu* «là», ஈங்கு *îṅgu* «ici», யாங்கு *yâṅgu* «où?» ou bien «dans un endroit quelconque»[1]; அன்று *an'd'u* «ce jour-là», இன்று *ind'u* «ce jour-ci», என்று *en'd'u* «un jour quelconque» ou «quel jour?»; ஆண்டு *âṇḍu* «là», ஈண்டு *îṇḍu* «ici»[2], யாண்டு *yâṇḍu* «où?»; அம்பர் *ambar* «là», இம்பர் *imbar* «ici», எம்பர் *émbar* «où?», etc. A ces dernières formations il faut sans doute rattacher உம்பர் *umbar* «les bienbeureux, les dieux» et y voir une extension du sens de உம்பர் *umbar* «l'espace intermédiaire, l'air, l'espace»[3]. D'autres intéressants dérivés sont இம்மை *immei* «la renaissance actuelle» et உம்மை *ummei* «la renaissance immédiatement précédente» à laquelle on oppose மறுமை *mar'umei* «la renaissance future». Ces composés sont difficiles à analyser; il doit y avoir là des syncopes et des altérations profondes comme dans les noms de parenté formés du pronom réfléchi dont nous avons parlé ci-dessus.

Si l'on remarque que les pronoms de première et de seconde personne diffèrent surtout par leurs voyelles radicales, *a* (*nân'*, *nâm*) et *i* (**nîn'*, **nîm*), et que le ந *n* initial paraît y être adventice, on peut les rattacher à ces démonstratives.

(1) நடு «milieu, au milieu» est peut-être pour நாண்டு *nâṇḍu* «là au milieu, dans cet endroit intermédiaire».

(2) Peut-on y apparenter பாங்கர் *pâṅgar* «face, côté» et ஞாங்கர் *ñâṅgar* «place, lieu, dessus»?

(3) Nous avons vu plus haut que உம்பர் *umbar* signifie aussi «au-dessus, sur». Dans le *Kallâḍam* (11, 64), on lit இம்பரில் *imbar-il* «dans cet endroit-ci».

Nous devons rapprocher des mêmes formations les deux négations en அல் *al* et இல் *il*, dont la première est principalement qualitative et la seconde quantitative: இது நல்லதல்ல *idu nallad' alla* «ceci n'est pas bon», காட்டில் விடொன்றுமில்லை *kâṭṭil vîḍ' on'd'um illei* «il n'y a pas une seule maison (même une maison) dans la forêt». Le collectif எல்லாம் «tout» parait avoir été formé d'un radical en எல் *el* qui est peut-être le corrélatif de அல் et இல், comme எது l'est de அது et இது, et qui serait apparenté, comme nous l'avons déjà dit, à எல்லை «limite».

Serait-il trop audacieux de rapporter à ces radicaux les mots அன்பு *an'bu* «affection», இன்பு *in'bu* et இன்பம் *in'bam* «plaisir», et peut-être துன்பம் *tun'bam* «douleur» pour *உன்பம் *unbam*, ainsi que என்பு *en'bu* «os» (qui se rattache d'ailleurs à un radical en *l* : cf. la forme *élumbu*)?

De என் *én'* a été dérivé le substantif என்னம் *en'n'am* qui signifie «quelle chose?»; avec l'*â* ஆ interrogatif, on fait என்னமா *en'n'amâ* «comment?»; avec le suffixe du datif, என்னத்துக்கு *en'n'attukku* «pourquoi?»

G. — Adjectifs numéraux et noms de nombre.

37. On sait qu'il y a deux sortes d'adjectifs numéraux, les *cardinaux* et les *ordinaux*.

Voici le tableau des nombres cardinaux, avec les chiffres correspondants et les formes proprement adjectives :

CHIFFRES.	FORME ORDINAIRE.	FORME VULGAIRE.	FORME ADJECTIVE.
1. ௧	ஒன்று	ஒண்ணு	ஒரு, ஓர்
2. ௨	இரண்டு	ரெண்டு	இரு, ஈர், இரண்டு
3. ௩	மூன்று	மூணு	மு, மூ, மூன்று

CHIFFRES.		FORME ORDINAIRE.	FORME VULGAIRE.	FORME ADJECTIVE.
4.	ச	நான்கு	நாலு	நான்கு, நால்[1]
5.	ரு	ஐந்து	அஞ்சு	ஐ, ஐம், ஐந்து
6.	சா	ஆறு	"	அறு, ஆறு
7.	எ	ஏழு	"	எழு, ஏழு
8.	அ	எட்டு	"	எண், எட்டு
9.	கூ	ஒன்பது	"	ஒன்பது
		தொண்டு	"	"
10.	௰	பத்து	"	பத்து
11.	௰க	பதினொன்று	"	பதினொன்று
12.	௰உ	பன்னிரண்டு	"	பன்னிரண்டு
13.	௰ந	பதின்மூன்று	"	பதின்மூன்று
14.	௰ச	பதினான்கு	பதினாலு	பதினான்கு
15.	௰ரு	பதினைந்து	பதினைஞ்சு	பதினை
16.	௰சா	பதினாறு	"	பதினறு
17.	௰எ	பதினேழு	"	பதினெழு
18.	௰அ	பதினெட்டு	"	பதினெண்
19.	௰கூ	பத்தொன்பது	"	"
20.	உ௰	இருபது	இருவது	இருபத்து
21.	உ௰க	இருபத்தொன்று	இருவதொண்ணு	"
30.	ந௰	முப்பது	"	முப்பத்து
40.	ச௰	நாற்பது	"	"
50.	ரு௰	ஐம்பது	"	"
60.	சா௰	அறுபது	"	"
70.	எ௰	எழுபது	"	"

(1) On trouve même நால்கு *nâlgu* (*Sindâmaṇi*, VII, 218, et *Porunarât't'uppaḍei*, 165).

CHIFFRES.		FORME ORDINAIRE.	FORME VULGAIRE.	FORME ADJECTIVE.
80.	௮௰	எண்பது	″	″
90.	௯௰	தொண்ணூறு	″	தொண்ணூற்று
100.	௱	நூறு	″	நூற்று
200.	௨௱	இருநூறு	″	″
400.	௪௱	நானூறு	″	″
800.	௮௱	எண்ணூறு	″	″
900.	௯௱	தொள்ளாயிரம்	″	தொள்ளாயிரத்து
1000.	௲	ஆயிரம்	″	ஆயிரத்து
1001.	௲௧	ஆயிரத்தொன்று	″	″

Il ne me semble utile de transcrire que les noms de un à douze, de vingt, de cent et de mille : *on'd'u* (vulg. *oṇṇu*), *iraṇḍu* (vulg. *réṇḍu*), *mûn'd'u* (vulg. *mûṇu*), *nân'gu* (vulg. *nâlu*), *aindu* (vulg. *añj'u*), *âr'u*, *êju*, *éṭṭu*, *on'badu*, *pattu*, *padi-n'on'd'u*, *pan'n'iraṇḍu*, *iruppadu* (vulg. *iruvadu*), *nûr'u*, *âyiram*.

Précédé d'un autre chiffre, ௲ 1000 se réduit à த : ௨த se lit 2000.

5672 s'écrit ௫த௬௱௭௰௨ et se prononce ஐயாயிரத்தறு நூற்றெழுபத்திரண்டு *aiyyâyirattar'unût't'éjubattiraṇḍu*.

Cent mille se dit இலட்சம *ilaṭçam* (pron. *lakṣam*, sanskr. लक्ष) et *dix millions* கோடி *kôḍi* (skr. कोटि).

On voit que les Tamouls, s'ils ont la numération décimale, n'ont pas le système décimal; on a commencé à l'introduire depuis un certain nombre d'années dans leurs habitudes et l'on écrit généralement aujourd'hui ௧0, ௧00, ௧000, ௫௬௭௨, etc.

Anciennes formes des chiffres : ௧ ௨ ௩ ௪ ௫ ௬ ௭ ௮ ௯ ௰ ௱ ௲.

Les Tamouls ont un système de fractions très imparfait et très défectueux, mais correspondant aux divisions de leurs poids, mesures et monnaies originaux. En voici les principaux éléments :

CHIFFRES.	VALEUR.	NOMS.	TRANSCRIPTION.
𑿀	$\frac{1}{320}$	முந்திரை	*mundirei.*
𑿁	$\frac{1}{160}$	அரைக்காணி	*areikkâṇi.*
𑿂	$\frac{1}{80}$	காணி	*kâṇi.*
𑿄	$\frac{1}{40}$	அரைமா	*areimâ.*
𑿆	$\frac{3}{80}$	முக்காணி	*mukkâṇi.*
𑿈	$\frac{1}{20}$	ஒருமா	*orumâ.*
𑿉	$\frac{1}{16}$	மாகாணி ou வீசம்	*mâgâṇi* ou *viçam.*
𑿋	$\frac{1}{10}$	இருமா	*irumâ.*
𑿌	$\frac{1}{8}$	அரைக்கால்	*areikkâl.*
𑿍	$\frac{3}{20}$	மூன்றுமா	*mûn'd'umâ.*
𑿏	$\frac{1}{5}$	நாலுமா	*nâlumâ.*
𑿐	$\frac{1}{4}$	கால்	*kâl.*
𑿑	$\frac{1}{2}$	அரை	*arei.*
𑿓	$\frac{3}{4}$	முக்கால்	*mukkâl.*

Un *mundirei* est censé composé de 320 கீழ்முந்திரை *kijmundirei*, subdivisés chacun en dix இம்மி et demi. L'*immi* இம்மி, mot pris souvent dans le sens d'atome, serait donc l'unité fractionnaire et équivaudrait à $\frac{1}{1075200}$.

On aura remarqué que, dans les nombres dérivés, பத்து *pattu* «dix» devient பது *padu* et même பதின் *padin'*, et que «douze» பன்னிரண்டு *pan'n'iraṇḍu* est probablement une contraction de *பதினிரண்டு *padin'iraṇḍu*. Dans le *Kallâḍam* (VII, 14), je relève ஒருபதும் *orupadum* «même une dizaine».

La manière dont sont formés neuf, quatre-vingt-dix et neuf cents est également fort remarquable : on y trouve le radical dix, cent ou mille précédé de ஒன் *on'*, தொண் *toṇ*, தொள் *toḷ*; la forme générale de ce préfixe est évidemment தொள் *toḷ* dont ஒன் *on'*, dans ஒன்பது *on'badu* «neuf», n'est qu'une altération aisément explicable. L'analogie avec «quatre-vingt-dix» et «neuf cents», la forme télinga తొమ్మిది *tommidi* (pour *తొంపది *tompadi*), et l'existence en tamoul d'une vieille forme தொண்டு *toṇḍu*, démontrent que la forme primitive était தொண்பது *toṇpadu*, *toṇbadu*; le changement de la linguale en nasale mouillée n'est pas plus surprenant que celui de la linguale en labiale qu'offrent le télinga, le canara, le malayâla et le tulu. Mais quel est le sens propre de *tol* தொள்? En tamoul, தொண்டு ne signifie pas seulement «neuf» mais aussi «servitude, antériorité, ancienneté» : cf. les radicaux தொடர் *toḍar* «lier, suivre, nouer», தொடு *toḍu* «toucher, saisir», தொடங்கு *toḍaṅgu* «commencer», தொடை *toḍei* «liaison, poutre», தொட்டி *toṭṭi* «enclos», தொட்டில் *toṭṭil* «berceau», தொண்டை *toṇḍei* «gosier», தொழில் *tojil* «office, emploi», தொழு *toju* «vénérer, adorer», தொளி *toḷi* «amollir», தொளை *toḷei* «perforer», தொள் *toḷ* «diminuer, trouer». Le sens primitif des «neuf, quatre-vingt-dix, neuf cents» tamouls est donc évidemment «dix imparfait, cent imparfait, mille imparfait»,

On peut se demander quel était l'état primitif de la numération dravidienne. Dans la plus imparfaite des langues de la famille, les deux premiers nombres seuls sont originaux; dans toutes «cent» est l'analogue du tamoul நூறு *nûr'u* dont le sens propre est «pulvériser» et que M. Caldwell rapproche avec raison de நீறு *nîr'u* «cendre». Quant à «mille»[1], le télinga seul a un mot original వేలు *vêlu* que M. Caldwell rapproche de la racine வெ *vé* «chaleur, ardeur, augmentation». «Mille» et «cent» signifieraient donc essentiellement «beau-

[1] J'ai trouvé «mille» exprimé par பத்துடைநூறு *pattuḍeinûr'u* «cent employé dix fois (?)» dans le *Kallâḍam* (LXIV, 2).

coup, grand nombre, nombre incalculable». Quant à «dix» on rapporte *pattu* à une racine *pa* qui paraît impliquer une idée de division ou à un radical பல் *pal* qui a le sens certain de «pluralité»; ce qui tendrait à confirmer cette dernière hypothèse, c'est une forme, பஃது *bagdu*, employée dans les vieux poètes (ainsi que பான் *bân'*) pour exprimer «dix» en composition : இருபஃது *irubagdu* (et இருபான் *irubân'*) «vingt»; on sait que, dans la phonétique artificielle des grammairiens, ஃ peut remplacer *l* ou *ḷ* devant une explosive dentale.

Le tamoul ஆயிரம் *âyiram* «mille» vient certainement du sanskrit सहस्र par l'intermédiaire de **çagaçiram*, **çagayiram*, **çavayiram*, **çâyiram*.

38. Les adjectifs ordinaux dérivent des cardinaux en suffixant à ceux-ci ஆம் *âm* ou ஆவது *âvadu*, le premier étant plutôt adjectif et le second plutôt adverbe. ஆம் *âm* est le participe aoriste de ஆவது *âvadu*, nom neutre dérivé du même temps du verbe ஆ *â*, ஆகு *âgu* «être, devenir». On dira donc இரண்டாம் *iraṇḍâm* «deuxième», ஒன்பதாம் *on'badâm* «neuvième», எட்டாவது *eṭṭâvadu* «huitièmement»; dans les inscriptions on peut lire, par exemple dans la plus grande inscription de la Pagode de Bahour : ஸ்ரீராஜேந்திரதேவற்குயாண்டு ௬ ஆவது *çrî râj'êndradêvat'ku yâṇḍu 6 âvadu* «la 6e année de l'illustre Râjêndraçôja (991 ap. J.-C.)». ஆம் *âm* s'emploie quand l'adjectif précède le substantif et ஆவது *âvadu* quand il se trouve placé après. Dans le privilège des Juifs de Cochin (environ 750 ap. J.-C.), on trouve இரண்டாமாண்டைக்கெதிர்முப்பத்தாறுமாண்டு *iraṇḍâm âṇḍeikk' édir muppattâr'âm âṇḍu* «la trente-sixième année correspondant à la deuxième».

«Premier» se dit முதல் *mudal*, mot qui se rattache à la racine மு *mu* (*mun*, *mud*) «antériorité, ancienneté»; «premièrement» est முதலாவது *mudalâvadu*; mais «trente et unième», par exemple, se dit naturellement முப்பத்தோராம் *mu-p-patt-ôr-âm.*

39. Les expressions «un à un, deux à deux», etc., se rendent par une sorte de redoublement des initiales : ஒவ்வொன்று *ovvon'd'u*, இவ்விரண்டு *ivvirandu*, மும்மூன்று *mummûn'd'u*, நந்நாலு *nannâlu*, ஐவைந்து *aivaindu*, அவ்வாறு *avvâr'u*, எவ்வேழு *évvêju*, எவ்வெட்டு *évvéṭṭu*, பப்பத்து *pappattu*. L'expression correspondant à neuf n'existe pas.

40. En ajoutant aux formes adjectives des numéraux les suffixes அன் *an'*, அர் *ar*, இ *i*, soit directement, soit par l'intermédiaire d'autres suffixes, on obtient les dérivés ஒருவன் *oruvan'* «l'un, un certain, un homme», ஒருத்தி *orutti* «l'une, une certaine, une femme», ஒருவர் *oruvar* «les uns» ou «les unes», ஒருத்தன் *oruttan'* «l'un»; இருவர் *iruvar* «les deux», மூவர் *mûvar* «les trois», நால்வர் *nâlvar* «les quatre», ஐவர் *aivar* «les cinq», அறுவர் *ar'uvar* «les six», எழுவர் *éjuvar* «les sept», எண்மர் *eṇmar* «les huit» : on dit aussi எண்வர் *eṇvar* (*Râmâyaṇa*, VI, xxii, 53); j'ai même trouvé இருவிர் *iruvîr* «vous deux» (*Nâiṣadha*, iv, 121) et இருவேம் *iruvêm* «nous deux» (*Kallâḍam*, xv, 2).

Le parler populaire emploie ஒருவன் et ஒருத்தி, mais, pour les autres, on dit simplement ரெண்டுபேர் *réṇḍu pêr* «deux noms, deux personnes», நாலுபேர் *nâlupêr* «quatre personnes», etc.

On a également les dérivés ஒவ்வொருவன் *ovvoruvan'* «l'un après l'autre, chacun», மும்மூவர் *mummûvar* «les gens pris trois à trois», etc.

On forme de la même façon des pronoms redoublés qui prennent l'acception du *singuli* latin : அவனவன் *avan'avan'*, அந்தந்த *andanda*, தத்தம் *tattam*, etc.

41. Il ne paraît pas utile de donner ici des détails sur le comput chronologique des Hindous, sur leurs poids et leurs mesures, mais peut-être sera-t-il intéressant de parler de leur système monétaire. Dans toute l'Inde anglaise, l'unité est la *roupie*, subdivisée en seize *annas* de douze *pies* chacun. La roupie, qui vaut aujourd'hui de 1 fr. 65 à 1 fr. 70, est une pièce d'argent au titre de 0,91666, du poids de 11 gr. 664. Ce mot *roupie* vient du sanskrit रूप्य *rûpya* qui signifie «pièce d'argent portant une empreinte»; le mot *anna*, proprement *ânâ* (انا), vient aussi du sanskrit et veut dire «petite valeur»; le mot *pie*, proprement *pâ'î* (پائی), a le sens de «quart, quatrième partie» et paraît être une altération de *pâisâ* (پیسا) écrit *pice* par les Anglais. Un *pice* comprenait trois *pies* et était le quart d'un *anna*.

Dans le pays tamoul, un *pie* est appelé *cache* (காசு *kâçu* «monnaie, pièce de monnaie»).

A Ceylan, la roupie est divisée en centimes, *cents* : சதம் (skr. शत).

Sur le territoire français, la roupie est divisée en huit *fanons* (du tamoul பணம் *paṇam* «monnaie d'argent») correspondant à deux annas chacun. Les anciennes roupies françaises, frappées à Pondichéry au type indigène, avec un croissant pour différend, de 1737 à 1793 et de 1816 à 1837, valaient 2 fr. 40; elles pesaient 11 gr. 30 en moyenne et étaient aux titres de 0,941 à 0,962 [1]. On a frappé aussi des *fanons* en argent et des *caches* en cuivre marqués de fleurs de de lis de 1702 à 1830 et d'un coq de 1830 à 1837.

Les premières monnaies originales du pays comprenaient des *caches* de cuivre, des *fanons* d'argent et des *chakras* (சக்கரம் *çakkaram* चक्र) «disque» ou *pon'* «pièce d'or» valant dix fanons chacun. La valeur de ces pièces de monnaie variait

[1] Les roupies frappées à Pondichéry depuis 1816 portent uniformément le nom de شاه عالم Châh-Alam, le dernier Grand-Mongol qui ait été indépendant, et la date de 1221 (1806), qui est l'année de sa mort.

beaucoup d'une région à une autre. A une période plus moderne, on frappait des *pagodes*, pièces d'or valant trois roupies et demie, représentant une divinité hindoue, d'où son nom (*bhâgavati*, *bagwadi*, *pagode*)[1]; cette divinité est ordinairement Vichnou dans sa troisième incarnation: c'est pourquoi la pagode est appelée en tamoul வராகன் *varâgan'* (skr. वराह «sanglier»).

[1] Le mot *pagode* n'est originairement qu'une transcription portugaise de *bhagavat* ou *bhagavati* que les Tamouls prononçaient *pagavada*, *pagavadi*, ou quelquefois *pagwada*, *pagwadi*. *Pagode* a eu d'abord le sens de «divinité» et Psalmanaazaar a rendu «Dieu» par *pagot* dans sa prétendue langue formosane. «Pagode, temple» se dit en tamoul *kô-il* «palais, maison du roi, du chef».

CHAPITRE IV.

FORMATIONS VERBALES.

Ces formations sont essentiellement caractérisées par l'idée de temps qu'elles expriment toujours plus ou moins, et aussi par l'idée d'espace limitée primordialement à la personne subjective. « Aimant », c'est « une personne qui exerce, au moment considéré, l'action d'aimer »; « je souffrirai », c'est « la personnalité de mon individu qui sera, à un moment qui n'est pas encore arrivé, dans l'état de souffrance ».

Les dérivés verbaux sont d'ailleurs de plusieurs espèces : 1° les verbes proprement dits, qui expriment les nuances principales et directes de l'action verbale et qui embrassent l'ensemble de ce qu'on appelle la *conjugaison;* 2° les *adjectifs verbaux;* 3° les *noms verbaux.*

42. La langue tamoule, comme les autres idiomes de la famille dravidienne, a des noms verbaux d'une espèce particulière: en ajoutant aux substantifs les terminaisons personnelles verbales, on leur donne une personnalité qui est dans l'état ou qui possède l'objet indiqué par le substantif. En d'autres termes, ces expressions forment des composés qui impliquent les relations marquées en français par nos verbes « être » et « avoir »; nous en avons déjà parlé plus haut. De பூண் *pûṇ* « ornement » on fait பூணேன் *pûṇên'* « je possède un ornement » ou plutôt « je suis celui qui possède un ornement »; de கொடிய *koḍiya* « cruel », on fait கொடியை *koḍi-y-ei* « tu es cruel »; on peut même ajouter un adjectif பெரும்பூணேன் *pérum pûṇ-ên'* « j'ai un grand ornement ». Le tamoul peut d'ailleurs traiter toutes les formes verbales subjectivement, pour ainsi dire, et en faire de véritables substantifs, auxquels s'ajoutent les suffixes déclinatifs; செய்தான் *çeydân'* «il a fait» prendra le sens de «celui qui a fait» et on en dérivera par exemple செய்தானுக்கு «à celui qui a fait»; on dira de même பெரும்பூணேனுக்கு *pérumpûṇên'ukku* «à moi qui ai un grand ornement».

Le verbe proprement dit peut être *simple* ou *composé*, c'est-à-dire *périphrastique*; il varie suivant les nuances de voix, modes, temps et personnes.

A. — Verbe simple.

a. conjugaison.

43. Voix. Les voix servent, ainsi que nous l'avons dit plus haut, à différencier les nuances significatives de l'idée verbale. Elles se groupent naturellement et logiquement en deux grandes catégories : la première contient les *voix dérivées* indiquant les nuances subordonnées de causalité, d'activité, de commencement, de continuité, de répétition, etc., ou pouvant exprimer la négation de l'acte ou de l'état verbal; la seconde comprend les deux *voix principales* : la voix *active* ou *transitive* et la voix *neutre*, *moyenne* ou *intransitive*, suivant les deux directions que peuvent prendre presque toutes les idées verbales.

Transitif et intransitif. Une même idée verbale peut en effet avoir deux manières d'être; le but de son activité peut être interne, subjectif, ou au contraire externe, objectif. Dans le premier cas, le verbe est moyen, neutre, intransitif, *âtmanêpadam* comme disent les Indiens du Nord, *tan'vin'ei* தன்வினை «action sur soi-même», comme ont traduit les Dravidiens; — dans le second, le verbe est actif, transitif, *parasmâipadam*, பிறவினை *pir'avin'ei* «action sur autrui». «J'éclaire, je suis lumineux, j'émets de la lumière» est intransitif; «j'éclaire le monde, je rends le monde clair» est transitif. Cette distinction, cette division est si naturelle qu'elle existe dans la plupart des langues et surtout dans celles du second groupe morphologique; M. Caldwell en rapproche fort ingénieusement la forme indéterminée *látok* «je vois» du verbe magyare et sa forme déterminée *látom* «je le vois». Les langues à flexion ont souvent perdu le sens de cette distinction naturelle; elles ont laissé s'oblitérer bien des formes moyennes et ont développé à leur place une voix *passive* qui correspond à une conjugaison composée de la période primitive. C'est pourquoi le premier Européen qui ait fait imprimer une grammaire tamoule (Ziegenbalg, à Halle, 1716) appelle *passifs* (p. 80) les intransitifs tamouls. Mais le passif est un état personnel, propre au sujet, et non une variation de la signification verbale; aussi le vrai *passif*, de formation postérieure, est essentiellement périphrastique dans la conjugaison dravidienne.

Dans cette conjugaison, le moyen et l'actif, ou, pour être plus exact, le transitif et l'intransitif, ne sont pas au contraire distingués par des compositions, ni même par des suffixes différents; ils sont exprimés par des variations sonores du radical. Il y a là quelque chose qui ressemble à la flexion indo-européenne ou sémitique, mais ce n'est proprement qu'un simple renforcement ou qu'un simple affaiblissement consonnantique.

Il faut remarquer avant tout que certains verbes ne sont pas susceptibles d'être ainsi variés. Par exemple, «je marche» est essentiellement intransitif, car son transitif se confond avec le causatif «je fais marcher», le sens intime de l'idée verbale ne changeant pas; «je fais», au contraire, ne saurait guère avoir de forme intransitive. Il en résulte que certains verbes tamouls ont une seule forme, analogue à celle qui est ordinairement active ou neutre, mais sans que la correspondance de l'idée et de la forme soit rigoureuse : *paṇṇugir'ên'* பண்ணுகிறேன் «je fais» est un actif à forme neutre, *nadappên'* நடப்பேன் «je marcherai» un neutre à forme active.

En principe néanmoins, chaque verbe tamoul qui peut exprimer les deux voix a deux formes sonores : une forte pour la voix transitive, une faible pour la voix intransitive. En général, ces deux formes sont caractérisées par la présence à la fin du radical d'une explosive forte ou douce. On reconnaît cependant trois cas : 1° celui où la différence se produit dans le radical lui-même; 2° celui où elle a lieu dans le suffixe temporel; 3° celui, tout exceptionnel, où un suffixe spécial semble employé.

1° Dans le premier cas, il faut encore rechercher si le radical est simple ou s'il est composé :

α. S'il est simple, il se termine en டு *ḍu* ou று *r'u;* la forme forte est alors obtenue par le doublement de la consonne finale et par le durcissement qui en résulte : மாறுகின்றேன் *mâr'u-gin'd'ên'* «je change (intr.)» devient மாற்றுகின்றேன் *mât't'u-gin'd'ên'* «je change (act.)»; வாடுகிறது *vâḍu-gir'adu* «cela se flétrit» donne வாட்டுகிறது *vâṭṭu-gir'adu* «il flétrit».

Dans ce cas, la forme faible tamoule a souvent une nasale avant l'explosive; cette nasale disparaît dans la conjugaison forte : தீண்டுவேம் *tîṇḍu-vêm* «nous toucherons» fait தீட்டுவேம் *tîṭṭu-vêm* «nous exciterons, nous pilerons». Il est vraisemblable que la nasale est purement euphonique.

β. S'il est composé, il est formé du radical et des formatifs கு *gu*, சு *çu*, து *du*, பு *bu* (ou, avec la nasale euphonique, *ṅgu* ங்கு, ஞ்சு *ñju*, ந்து *ndu*, ம்பு *mbu*). La forme forte est alors en க்கு *kku*, ச்சு *ćću*, த்து *ttu*, ப்பு *ppu*, sans nasale : தூங்குவேன் *tûṅgu-vên'* «je dormirai, je serai suspendu» fait தூக்குவேன் *tûkku-vên'* «je porterai».

2° Dans le second cas, le redoublement et le durcissement de l'explosive a lieu, non plus à la fin du radical, mais au commencement du signe temporel, toujours avec suppression de la nasale euphonique : வருந்தேன் *varu-n-d-ên'* «j'ai souffert» et வருத்தேன் *varu-tt-ên'* «j'ai affligé», மேய்வேன் *mêy-v-ên'* «je paîtrai, je brouterai» (où வ *v* est un affaiblissement de ப *b*) et மேய்ப்பேன் *mêy-pp-ên'* «je paîtrai, je mènerai paître».

Certains verbes qui appartiennent à la seconde catégorie du premier cas ont aussi, au présent, une forme que les grammairiens appellent contracte et où le கு *gu*, dérivatif secondaire, disparaît : ainsi, on dit வணங்கிறாள் *vaṇaṅ-gir'-âḷ* «elle adore, elle vénère, elle plie (intr.)» pour வணங்குகிறாள் *vaṇaṅgu-gir'-âḷ*, et வணக்கிறாள் *vaṇa-kkir'-âḷ* «elle plie, elle courbe» pour வணக்குகிறாள் *vaṇakku-gir'-âḷ*.

3° Le troisième cas est celui d'un petit nombre de verbes, la plupart monosyllabiques ou disyllabiques brefs, qui forment leurs transitifs en ajoutant au radical la terminative து *tu*, qui donne souvent un sens causatif : படுவாய் *paḍu-v-ây* «tu souffriras» et படுத்துவாய் *paḍu-ttu-v-ây* «tu feras souffrir», விழுகிறேன் *viju-gir'-ên'* «je tombe (intr.)» et விழுத்துகிறேன் *vijuttu-gir'-ên'* «je tombe (act.)».

L'euphonie peut rendre ce து *tu* en partie méconnaissable; ainsi சுழல்வேன் *çujal-vên'* «je tournerai, je me roulerai en cercle» fait சுழற்றுவேன் *çujat't'u-vên'* «je tournerai, je ferai se tourner»; அருளுகிறேன் *aruḷu-gir'ên'* «je m'agite, je m'éveille» a pour transitif அருட்டுகிறேன் *aruṭṭu-gir'ên'* «j'agite, j'éveille».

Il est bon de remarquer ici que le causatif diffère essentiellement du transitif en ce que celui-ci extériorise l'activité du sujet : «je nourris, je donne à manger» opposé à «je me nourris, je mange»; le causatif indique surtout qu'on fait faire l'action en dehors de soi : «je fais que quelqu'un mange». C'est ce que l'hindoustani distingue nettement par ses trois formes : پینا *pînâ* «boire», پلانا *pilânâ* «abreuver», پلوانا *pilwânâ* «faire que quelqu'un boive».

La division des verbes tamouls en forts et faibles ne correspond pas toujours à l'expression exacte des voix. Il arrive que certains verbes, sous leur forme faible, ont deux significations évidemment connexes, mais assez différentes pour que l'une soit déjà active; dans ce cas, la forme forte ou transitive ne s'applique qu'à l'autre signification. Ainsi வணங்கு *vaṇaṅgu* signifie «plier, se courber» (intr.) et aussi «vénérer, adorer», mais வணக்கு *vaṇakku* a seulement le sens de «faire courber, plier (tr.)»; de même அருளு *aruḷu*, outre «s'éveiller, s'agiter», veut dire «faire grâce, daigner» et son fort அருட்டு *aruṭṭu* n'a pas d'autre sens que «éveiller, agiter». On comprend fort bien l'évolution des idées qui a fait de «se courber» intr. l'actif «adorer» ou de «s'éveiller» l'actif «faire attention, veiller, faire grâce»; de même on comprendra aussi que quelquefois la signification neutre de la forme faible ait disparu et que les deux formes soient actives : சேர் *çêr*, par exemple, donne சேர்ந்தாய் *çêr-n-dây*, forme faible, «tu as approché, tu as atteint» et சேர்த்தாய் *çêr-t-tây*, forme forte, «tu as uni, joint, assemblé». Il y a d'autres anomalies; ainsi certains verbes, comme நட *naḍa* «marcher», sont forts au présent et au futur, mais faibles au prétérit ou passé. Ces irrégularités apparentes doivent aider à faire retrouver le sens primitif des radicaux.

On pourrait ranger, parmi les *voix* simples du verbe tamoul, le *causatif* et le *négatif;* mais le premier est un dérivé du futur et il est plus commode de l'étudier après qu'on aura connu la formation des temps; le second, simple en apparence, est en réalité périphrastique et trouvera sa place naturelle plus loin.

44. Modes. Le verbe tamoul n'a pour ainsi dire qu'un mode, l'*indicatif.* Le *subjonctif* ou *conjonctif* et l'*optatif* sont remplacés par des tournures périphrastiques, souvent même impersonnelles. Quant à l'*impératif,* qui n'est pas plus un mode que le vocatif n'est un cas, nous en parlerons plus loin.

45. Temps. La conjugaison tamoule exprime, par des

suffixes différents, les trois temps naturels : passé, présent et futur.

a. Passé ou *prétérit.* — Le signe général du passé en tamoul est un suffixe த், *d* ou *t*, qui se place à la suite du radical : செய்தேன் *çéy-d-ên'* «j'ai fait», படித்தேன் *paḍi-tt-ên'* «j'ai étudié».

Quelques verbes emploient un suffixe spécial, இன் *in'*, où l'on a vu un *i* radical suivi d'un *n'* euphonique, mais où je préférerais voir le suffixe déclinatif ou adjectif *in'* : வணங்கி னேன் *vaṇang-in'-ên'* «j'ai vénéré». இன் *in'* ne s'emploie généralement qu'avec les verbes dont le radical se termine par un உ *u*, d'ailleurs euphonique, et comprend avec cet உ *u* au moins deux syllabes, dont la première est longue et dont la dernière consonne n'est ni ர் *r*, ni ழ் *j*, ni ல் *l*, ni ள் *ḷ* : பேசு *pêçu* «parler», பேசினேன் *pêç-in'-ên'* «j'ai parlé»; திருடு *tiruḍu* «voler», திருடினேன் *tiruḍ-in'-ên'* «j'ai volé»; சுற்று *çut't'u* «environner», சுற்றினேன் *çut't'-in'-ên'*; le double ள்ளு *ḷḷu* prend aussi l'*i* : தள்ளு *taḷḷu* «pousser», தள்ளினேன் *taḷḷ-in'-ên'*.

Les verbes dont le radical est une syllabe brève terminée par une explosive à laquelle est joint un உ *u* adventice euphonique forment leur prétérit par le simple redoublement de l'explosive finale, qui devient alors forcément dure : ainsi புகு *pugu* «entrer» fait புக்கேன் *puk-k-ên'* «je suis entré»[1]; கெடு *kéḍu* «se perdre, se détruire» fait கெட்டான் *kéṭ-ṭ-ân'* «il est perdu», பெறு *pér'u* «obtenir» fait பெற்றாய் *pét-'t'-ây* «tu as obtenu» : il est probable qu'ici le redoublement de la lettre est une mutation de த் *d* : *pug-d* ou plutôt *puk-d* est devenu *pukk*; *kéḍ-t* et *pét'-t* se sont uniformisés en *keṭṭ*, *pet't'*, etc.

Le signe du passé த் *d* est employé par les verbes faibles

(1) On dit aussi புகுந்தேன் *pugundên'*; c'est la seule forme usitée aujourd'hui. Du reste, புகு *pugu* a une autre forme, secondaire et dérivée, புகுது *pugudu*, d'où vient le négatif புகுதா *pugudâ* «n'entrant pas».

et த்த் *tt* par les verbes forts. Dans le premier cas, on y préfixe souvent un ந் *n* euphonique : வளர் *vaḷar* «élever, faire croître» a வளர்த்தேன் *vaḷarttên'*; வளர் *vaḷar* «croître, grandir» a வளர்ந்தேன் *vaḷarndên'*; வாழ் *vâj* «vivre heureux» donne வாழ்ந்தேன் *vâjndên'*, etc. ; ள *ḷ* et ல *l* radicales s'assimilent à *n* euphonique : கொல் *kol* «tuer» fait கொன்றேன் *kon'd'ên'*, உருள் *uruḷ* «se rouler» உருண்டேன் *uruṇḍên'*. Il y a de nombreux cas particuliers : *aju* அழு «pleurer» fait அழுதேன் *ajudên'*; அருள் *aruḷ* «faire grâce», அருளினேன் *aruḷin'ên'*; பொரு *poru* «combattre», பொருதேன் *porudên'*; தரு *taru* «donner», தந்தேன் *tandên'*; வரு *varu* «venir», வந்தேன் *vandên'*; சா *çâ* «mourir», செத்தேன் *çettên'*; வே *vê* «brûler, se consumer», வெந்தேன் *véndên'*; பெய் *péy* «pleuvoir, couler», பெய்தேன் *péydên'*; செய் *çéy* «faire», செய்தேன் *çéydên'*; காண் *kâṇ* «voir», கண்டேன் *kaṇḍên'*, etc.

Dans la langue vulgaire, lorsque le radical est terminé par இ *i* ou ஐ *ei*, le த்த் *tt* des verbes forts et le ந்த் *nd* des verbes faibles se prononcent et s'écrivent respectivement *çç* et *ñj'* : அடித்தான் *aḍittân'* «il a frappé» et அறிந்தான் *ar'indân'* «il a su» se prononcent அடிச்சான் *aḍiççân'* et அறிஞ்சான் *ar'iñj'ân'*.

β. Présent. — Le passé ou prétérit est le temps dont la signification est la plus nette dans les langues dravidiennes ; le présent est loin d'avoir la même précision.

Le suffixe est கிறு *kir'u* ou *gir'u* et sa variation கின்று *kin'd'u* ou *gin'd'u*, dont l'உ *u* final s'élide : செய்கின்றேன் *çey-gin'd'-ên'* «je fais», நடக்கிறேன் *naḍa-k-kir'-ên'* «je marche». Les grammairiens ajoutent ஆனின்று *ân'in'd'u* ou ஆநின்று *ânin'd'u*, mais c'est une forme périphrastique passée dont nous aurons à parler plus loin. Naturellement, les formes dures s'appliquent aux verbes forts et les douces aux verbes faibles.

γ. Futur. — La signification de ce temps est encore moins nette que celle du présent. Il exprime non seulement l'idée d'avenir, mais encore celle d'éventualité, de possibilité, d'état prolongé, d'habitude présente ou passée; c'est pourquoi il me paraîtrait préférable de l'appeler *aoriste* ou, si l'on veut, *futur aoristique*.

Le suffixe du futur est ப் *b* ou *pp* ப்ப : காண்பாய் *kâṇbây* «tu verras», காப்பாள் *kâppâḷ* «elle gardera»; la douce et la forte correspondent, comme on peut s'y attendre, aux verbes forts ou faibles. *B* s'affaiblit en வ *v* avec les radicaux vocaliques ou avec ceux terminés autrement que par ண் *ṇ*, ள் *ḷ*, ல் *l* ou ன் *n'* : காண்பேன் *kâṇbên'* «je verrai», நிற்பேன் *nit'pên'* «je demeurerai», செய்வார் *çéyvâr* «ils ou elles feront», எழுதுவேன் *éjuduvên'* «j'écrirai», etc.

46. *Personnes.* — Dans aucune langue dravidienne ne s'observe l'incorporation pronominale du régime, indirect ou direct; le pronom sujet seul est suffixé. On a donc neuf formes différentes : 1re pers. sing. et plur., 2e pers. sing. et plur., 3e pers. masc. sing., 3e pers. fém. sing., 3e pers. masc. fém. plur., 3e pers. neutre sing., 3e pers. neutre plur. Il convient d'ajouter le pluriel moderne, car le pluriel neutre, comme nous l'avons dit plus haut, est devenu le singulier respectueux ou honorifique :

1re pers. sing.	ஏன் *ên'*, என் *én'*, அன் *an'*, அல் *al.*
1re pers. plur.	ஓம் *ôm*, ஆம் *âm*, அம் *am*, ஏம் *êm*, எம் *ém* (1).
2e pers. sing.	ஆய் *ây*, ஓய் *ôy*, ஐ *ei*, இ *i*.
2e pers. plur.	ஈர் *îr*, இர் *ir*.
3e pers. masc. sing.	ஆன் *ân'*, அன் *an'*.
3e pers. fém. sing.	ஆள் *aḷ*, அள் *aḷ*.
3e pers. masc. fém. plur.	ஆர் *âr*, அர் *ar*.

(1) Il semble, mais je n'ose l'affirmer, que les formes en ஏம் *ém* aient été employées spécialement dans le nord, celles en ஓம் *ôm* dans le sud-est, et celles plus pures en ஆம் *âm* dans l'intérieur du pays.

IMPRIMERIE NATIONALE.

3e pers. neutre sing........	அது *adu*, உம் *um*, து *du*, இற்று *it't'u*.
3e pers. neutre plur.......	அ *a*.
2e pers. plur. mod.........	ஈர்கள் *îrgaḷ*.
3e pers. masc. fém. plur. mod.	ஆர்கள் *ârgaḷ*.

Les premiers suffixes de chaque ligne sont à peu près les seuls qui soient employés dans la langue vulgaire. Les suffixes pléonastiques du pluriel moderne se prononcent *ìṅgaḷ*, *âṅgaḷ* et même *ìṅgö*, *âṅgö* dans le langage populaire.

La 3e personne en உம் *um* ne s'observe qu'au futur et dans ce cas le suffixe temporel n'est pas employé, உம் *um* s'ajoutant directement au radical : செய்யும் *çéyyum* « cela fera », வரும் *varum* « cela viendra », etc.; les verbes à forme forte font க்கும் : நடக்கும் *naḍakkum* « cela marchera », படிக்கும் *paḍikkum* « cela étudiera ».

Quant à l'origine de cette forme essentiellement aoristique, c'est-à-dire non temporelle, on pourrait la rapprocher des premières personnes plurielles ஆடாமோ *âḍâmô*, கொட்டாமோ *koṭṭâmô*, கொய்யாமோ *koyyâmô* (*Tiruvâçagam*, XV-XVI, XIII, XIV) que l'on traduit ordinairement par l'impératif : « dansons, frappons, cueillons », mais qui signifient proprement : « ne danserons-nous pas? ne battrons-nous pas? ne cueillerons-nous pas? »

La terminaison இற்று *it't'u* est particulière à la 3e personne neutre singulier du passé : சொல்லிற்று *çollit't'u* « il dit », விளங்கிற்று *viḷaṅgit't'u* « il brilla »; elle est évidemment formée de இன் *in'*, signe du passé, et de து *du*.

47. Nous avons dit plus haut qu'en ajoutant ces suffixes personnels aux substantifs on en fait des expressions verbales, composées en français avec « avoir » ou « être » et que les Tamouls nomment வினைக்குறிப்பு *vin'eikkur'ippu* « signe du verbe » ou plutôt « signe d'action »; en voici quelques exemples :

வெற்பிற்று *vet'pit't'u* «cela est dans la montagne» (auteur inconnu), கண்ணை *kannei* «tu as des yeux» (*Kur'al*, CXXXIII, 2), மென்னீரள் *men'n'îraḷ* «elle est d'une nature délicate» (*id.*, CXII, 2), தெரிவான்கட்டு *térivân'kaṭṭu* «cela est chez celui qui sait» (*id.*, XIX, 7), உளேம் *uḷêm* «nous sommes dedans» (*id.*, CXXI, 4), காதலம் *kâdalam* «nous avons le désir, nous aimons» (*id.*, CXXXII, 4), யாமிளையம் *yâm iḷeiyam* «nous sommes jeunes» (*Nâlaḍiyâr*, II, 9), தொழிலேன் *tojilên'* «j'ai l'occupation» (*Sindâmaṇi*, I, 399), உடையை *uḍeiyei* «tu possèdes» (*Id.*, I, 203), உடையேமா *uḍeiyêmâ* «étant nous qui possédons» (*Kur'aḷ*, CXXV, 10), உரியம் *uriyam* «nous sommes propres à...» (*Kallâḍam*, X, 32). On cite même, avec deux signes personnels, கொடியையலை *koḍiyei-y-alei* «tu n'es pas cruelle» (*Râmâyaṇa*, I, XVI, 54), அயர்ந்தொழிவாயலை *ayarndojivây-alei* «ne sois pas toi qui laisses en oubliant» c'est-à-dire «souviens-toi» (*Maṇimêgalei*, XXI, 112). Je relève dans le *Sindâmaṇi* (VII, 119) la très curieuse expression இற்று *it't'u* qui doit être traduite : «c'est ainsi, il en est ainsi», et qui est évidemment dérivée par து *du* du suffixe adjectif இன் *in'*.

48. Les terminaisons personnelles de toutes ces formes verbales sont certainement les pronoms personnels plus ou moins phonétiquement altérés. On trouve dans les vieux auteurs tamouls des suffixes plus complets : வாழுநம் *vâju-nam* «nous vivrons» (*Kur'aḷ*, CXX, 3) et முடித்துநாம் «nous avons terminé» (*Râmâyaṇa*, I, VII, 18, et *Tiruviḷeiyâḍalpurâṇa*, préface, 4).

Ceci indique bieu que les Indiens ont le sentiment de l'indépendance des suffixes; les formes primitives des pronoms n'avaient probablement pas le *n* initial, ainsi qu'on l'a vu plus haut.

On trouve assez fréquemment அல் *al* à la première personne du singulier : விளம்புவல் *viḷambu-v-al* «j'expliquerai» (*Sindâmaṇi*, III, 179), கூறுவல் *kûr'uval* «je dirai» (*Maṇimê-*

galei, VI, 34), காண்பல் *kâṇbal* «je verrai» (*Kalittogei*, V, 122), புலப்பல் *pulappal* «je paraîtrai en colère» (*Kuraḷ*, CXXVI, 9): ல் *l* n'est ici qu'une mutation de ன *n'*[1].

En général, les formes brèves *en*, *an*, *ei*, etc., sont précédées d'un suffixe intercalaire *an* qu'il faut évidemment considérer comme une sorte de redoublement euphonique compensatif: நடந்தனன் *naḍa-n-d-an'-an'* pour நடந்தான் *naḍa-n-d-ân'* «il a marché».

En tamoul moderne, அது *adu* sert aussi au neutre pluriel. Au singulier du présent, கிறது *gir'adu* se contracte ordinairement, dans l'idiome vulgaire, en உது *udu*: செய்யுது *çéy-y-udu* «cela fait» ou செய்குது *çéygudu;* en général d'ailleurs, dans les présents, கி *gi* ou க்கி *kki* se supprime : வருகிறேன் *varugir'én* se prononce *va-r'én* «je viens», போகிறாய் *pô-gir'ây* «tu vas», *pôr'ây;* சொல்லுகிறான் *çollugir'ân'* «il dit», *çol'r'ân'*.

En tamoul ancien, உம் *um*, terminaison neutre du futur, s'emploie aussi au masculin et au féminin, singulier et pluriel: அவள்வரும் *avaḷ varum* «elle viendra», இவர்கள்வரும் *ivargaḷ varum* «ceux-ci viendront», அளிக்கும்வானரவீரர் *aḷikkum vânara vîrar* «les héros singes accorderont» (*Râmâyaṇa*, VI, VII, 32), காரிகையுலகுணர்கடவுட்பாடும் *kârigei-y-ulag' uṇarkaḍavuṭ pâḍum* «les femmes chantèrent (chanteront) le dieu que connaissent les gens supérieurs[2] (*Sindâmaṇi*, VI, 55).

Au pluriel neutre, on trouve, dans les vieux auteurs, *uṅgaḷ* : உறுங்கள் *ur'uṅgaḷ* «ils approchent» (*Sindâmaṇi*, III, 17), இடுங்கள் *iḍuṅgaḷ* «ils donneront» (*Id.*, XIII, 175).

49. *Formes irrégulières et formes impersonnelles.* — On trouve

[1] On trouve சேரல் *çéral* pour சேரன் *çéran'* «le roi du Çéra» (*Silappadigâram*, préface, 2).

[2] Les lexicographes tamouls disent que உலகு *ulagu* «le monde» peut prendre le sens particulier de «les gens supérieurs»; cf. notre «les gens du monde».

dans le *Tiruvâçagam :* கொண்டன்று *koṇdan'd'u* «il a pris» pour கொண்டது; dans le *Nâladiyâr* (vi, 5) கழிந்தன்று *kajindan'd'u* «cela est passé» pour கழிந்தது *kajindadu* et (xiv, 4) வைப்புழி *vaippuji* «là où est placé», (xxiii, 10) செல்வுழி *çelvuji* «là où il va» (வைப்பு, செல்வு sont les radicaux impersonnels du futur). La 3ᵉ pers. neutre du futur qui est en உம் *um* n'a pas de signe temporel : வரும் *varum* «cela viendra» est formé seulement du radical வர் *var* «venir» et de உம் *um;* les verbes forts remplacent le ப *p* par க *g* : நடக்கும் *naḍa-kk-um* «cela marchera».

Ce க, *k* ou *g*, est d'ailleurs employé dans les anciens auteurs comme signe du futur: செய்கேன் *çéygên'* «je ferai» (*Maṇimêgalei*, xvi, 36). En y ajoutant un *u* épenthétique, au pluriel *um*, on emploie cette forme sans signes personnels : என்கோயான் *en'g-ô-yân'* «dirai-je?» (*Silappadigâram*, ch. xvii, § 25, 26, 27), உரைக்கோ *urei-kk-ô* «exprimerai-je?» (*Kur'aḷ*, cxix, 1), உண்கும் *uṇgum* «nous mangerons» (je ne retrouve pas la citation).

En revanche, on emploie souvent comme pluriel masc. ou fém. des formes neutres de futur en ப *ba* ou ப்ப *ppa :* என்ப «ils disent, on dit», ஒப்ப *oppa* «ils égalent, ils ressemblent à» (*Sûḷâmaṇi*, v, 180 [1]); அறிப *ar'iba* «ils savent» et காணிப *kâṇiba* «ils voient» (*Nân'maṇikkaḍigei*, 78); மாந்தருண்ப *mândar uṇba* «les hommes mangent» (*Sindâmaṇi*, i, 103).

On a rattaché au futur des formes verbales de 1ʳᵉ pers. en து *du* (sing.) et தும் *dum* (plur.) dont les écrivains classiques offrent de nombreux exemples : சேர்தும் *çêrdum* «nous approcherons» (*Sindâmaṇi*, i, 1), சேறும் *çêr'um* (pour செல்தும் *çéldum*) «nous irons» (*Sûḷâmaṇi*, i, 5), அஞ்சுதும் *añjudum* «nous craindrons» (*Kur'aḷ*, cxiii, 8), பொருதும் *porudum* «nous combattrons» (*Nâiṣadha*); mais ce sont là proprement

[1] மக்களையிலாதவர்மரத்தொடொப்ப *makkaḷei ilâdavar marattoḍ' oppa* «ceux qui n'ont pas d'enfants sont pareils à des arbres».

des prétérits comme nous le verrons tout à l'heure et on devrait traduire : «nous avons approché, nous sommes allés, nous avons craint, nous avons combattu». Je n'ai encore rencontré aucun exemple du து *du*.

Ces து *du* et தும் *dum* peuvent aussi s'ajouter au கு *gu* du futur : செய்குதும் *çeygudum* «nous ferons» et கொடுக்குதும் *kodukkudum* «nous donnerons» (*Prabhuliṅgalîlâ*, x, 18 et 34). Au même கு *gu* peut également s'ajouter le signe ordinaire du futur வ *v* : செய்குவம் *çéy-gu-v-am* «nous ferons» (*Sindâmaṇi*, III, 148), பெறுகுவன் *per'u-gu-v-an'* «il obtiendra» (*Kur'aḷ*, CXXXIII, 8), கொணர்குவன் *koṇar-gu-v-an'* «il apportera»[1] (*Râmâyaṇa*, VI, XXII, 9), உரைக்குவன் *urei-kku-v-an'* «il exprimera» (*Prabhuliṅgalîlâ*, x, 30), படர்குவை *paḍar-gu-v-ei* «tu t'éloigneras» (*Maṇimêgalei*, XVI, 12).

D'autres formations, irrégulières en apparence, se rattachent à ce க் *g*, par exemple : கண்கம் *kaṇ-g-am* «nous verrons» (*Kur'aḷ*, CXXXI, 2), அயர்கம் *ayar-g-am* «nous accomplirons» (*Kur'aḷ*, CXXVII, 8), களைகமெழுகம் *kaḷei-g-am éju-g-am* «nous nous dépouillerons, nous nous lèverons» (*Sindâmaṇi*, I, 260); வாழ்கலேம் *vâj-g-al-êm* «nous ne vivrons pas» (*Sindâmaṇi*, III, 149), நயக்குநர் *naya-kku-nar* «ils désirent» (*Râmâyaṇa*, VI, XXV, 119), நீக்குகிற்பார் *nî-kku-git'-pâr* «ils rejetteront» (*Sindâmaṇi*, I, 5), சுடுகிற்றிலர் *çuḍu-git't'-il-ar* «ils ne brûleront pas» (*Râmâyaṇa*, VI, XXVI, 224). Les trois premières résultent de l'union directe à *gu* ou *g* des suffixes pronominaux (avec la négation pour le second); la quatrième est formée de *g*, *in'* et *b*; la cinquième de *g*, *in'* (dérivé en *it'ťu*; voir ci-après) et de la négation.

Je ne m'occupe pas de l'allongement poétique de உம் *um* en ஊஉம் *ûum*, comme தரூஉம் *tarûum* pour தரும் *tarum* (ou plutôt தருவும் *taruvum*) «il donnera» (*Kur'aḷ*, XLIV, 4), புகூஉம்

[1] Ce radical கொணர் *koṇar* est une contraction de *koṇḍu var* «venir ayant pris», கொண்டு வர்.

pugûum «il entrera» et பெறாஉம் *pér'ûum* «il obtiendra» pour புகும் *pugum* et பெறும் *pér'um*, ni de l'omission prosodiquement autorisée de l'*u* : கொண்ம் *koṇm* pour கொள்ளும் «il prendra» (*Sindâmaṇi*, I, 48); போன்ம் *pôn'm* pour போலும் *pôlum* «il ressemble» (*Nâiṣadha*, I, 2; XXIV, 5), சென்மே *çén'mê* pour செல்லும் *çellum* «il ira» avec ஏ *ê* emphatique (auteur inconnu), முடிமே *muḍimê* «il se termine» pour முடியுமே *muḍiyumê*. Les verbes monosyllabiques longs contractent en ஆம் *âm*, சாம் *çâm*, நோம் *nôm*, போம் *pôm*, வேம் *vêm* leurs futurs ஆகும் «deviendra», சாகும் *çâgum* «mourra», நோகும் *nôgum* «fera mal», போகும் *pôgum* «ira», வேகும் *vêgum* «brûlera». Ce ne sont là que des contractions euphoniques comme les gérondifs ஆய் *ây*, போய் *pôy*, les participes ஆய *âya* «devenu», etc.

Les soi-disant futurs en து *du* et தும் *dum* sont en réalité des prétérits; la preuve en est dans ces nombreux prétendus impératifs en தி *di* qui se présentent dans les vieux poèmes et qui sont des secondes personnes passées. Quand l'ascète Gâutama maudit sa femme adultère, il lui dit : விலைமகளனைய நீயுங்கல்லியலாதி *vilei magaḷ an'eiya nîyum kalliyal âdi* «ô toi qui est semblable à une fille vénale, deviens nature de pierre» (*Râmâyaṇa*, I, x, 79); ஆதி *âdi* «deviens» est proprement ஆதி *â-d-i* «tu es devenue» pour ஆயினாய் *ây-in'-ây*. J'ai trouvé l'exemple plus caractéristique encore போதாய் *pôdây* «tu es allé» ou, si l'on veut, «va», pour போயினாய் *pôy-in'-ây* (*Kur'aḷ*, CXIII, 3)(1); cf. encore சேறி *çêr'i* (pour செல்தி *çéldi*) «tu es allé» (*Kur'aḷ*, CXXV, 9), என்றி *en'd'i* «tu as dit» (*Nâlaḍiyâr*, XL, 8), ஏகுதி *êgudi* (pour போவாய் *pôvây* «tu iras», dit le commentateur) «va» (*Maṇimêgalei*, XXV, 8); காணுதி *kâṇudi* «regarde (tu as regardé)» et கேட்டி *kêṭṭi* pour கேள்தி *kêḷti* «écoute (tu as écouté)» (*Râmâyaṇa*, I, XVI, 31,

(1) கருமணியிற்பாவாய்நீபோதாய் *karumaṇiyit' pâvây nî pôdây* «ô femme (qui es) dans la perle noire (de mes yeux), va-t-en».

VI, xxxi, 87), கூட்டுதியேல் *kûṭṭudiyêl* «si tu as joint», உரைத்தி *ureitti* «dis (tu as dit)», இருத்திகொல் *iruttikol* «es-tu? (as-tu été?)», அயருதியோ *ayarudiyô* «défailles-tu? (as-tu défailli?)» (*Nâiṣadha*, iv, 101, 106; xxii, 20; xxiii, 15). Ici, ces formes ont très nettement le sens du prétérit ou même du présent, comme aussi dans la sentence bien connue விடுதி யேற்கெடுதி *viḍudi-y-êt' kêḍudi* «si tu quittes, tu es perdu» (auteur inconnu). Les pluriels sont en இர் *ir* : அறிதிர் *ar'idir* «vous savez, vous saurez, vous pourrez savoir» (*Nâlaḍiyâr*, xi, 6; xxvi, 2), ஆகுதிர் *âgudir* «vous devenez, vous êtes» (*Kur'aḷ*, cxxxii, 3), கட்டுதிர் *kaṭṭudir* «vous liez, vous avez attaché» (*Kâllâḍam*, xiii, 3).

50. De ces formes et du rôle grammatical qu'y joue le த, *d* ou *t*, on peut conclure que த் était le signe général et unique du passé. Mais quelle en est l'origine? Le Dr Graul y voit le formatif து *du* affecté à la spécialisation de la racine verbale avec le sens vague du passé, sous la forme du démonstratif éloigné அது *adu* «cela», bien propre, dit-il, à marquer la relation du temps passé. Quant à l'இ *i* (ou இன் *in'*) serait-ce le suffixe oblique ou adjectif des substantifs?

Le கின்று *kin'd'u*, antérieur probablement à கிறு *kir'u*, est, suivant le même auteur, formé du க் *g* dont nous venons de parler et de இன்று *in'd'u* «aujourd'hui, à présent». Mais que signifierait கு *gu* ou க் *g* lui-même?

On n'a pas expliqué les ப்ப் *pp*, ப் *b*, ou வ் *v* du futur aoristique; nous avons vu que ce signe s'adoucit même en ம *m* : cf. என்பர் *en'-bar*, என்மர் *en'mar*, என்மார் *en'mâr*, என்மனார் *en'man'âr* «ils dirent, on dit».

51. Mais, pour pouvoir dresser le tableau de la conjugaison tamoule simple, il faut étudier l'impératif, ainsi que la voix causative et la voix négative.

L'*impératif* n'a que deux formes, l'une pour le singulier, l'autre pour le pluriel.

Au singulier, c'est le radical simple du verbe : செய் *çéy* « fais », போ *pô* « va ». Quelques exceptions apparentes s'expliquent par des altérations euphoniques du radical; ainsi தரு *taru* « donner » fait தா *tâ* et வரு *varu* « venir » வா *vâ* ou même வம் *vam* (*Sindâmaṇi*, III, 172, et *Nâiṣadha*, XXVII, 17). On ajoute quelquefois des suffixes explétifs [1] : மோ *mô*, மியா *miyâ*, மதி *madi* : கேண்மோ *kêṇmô*, கேண்மியா *kêṇmiyâ*, கேண்மதி *kêṇmadi* « écoute », தவிர்மோ *tavirmô* (*Kallâḍam*, XCI, 14) « laisse ».

Au pluriel, on ajoute, dans la langue vulgaire, உம் *um* et உங்கள் *uṅgaḷ*, ce qui produit des formes identiques aux troisièmes personnes du futur aoristique. Dans la langue classique, on ajoute மின் *min'*, மினோ *min'ô*, மினீர் *min'îr*, மின்கள் *min'gaḷ*: வம்மின் *vammin'* « venez », கேண்மினீர் *kêṇmin'îr* « écoutez », போமின்கள் *pômin'gaḷ* « allez » (*Sindâmaṇi*, III, 165).

Une forme directe de l'impératif est produite par la suffixation au radical des signes de la seconde personne : விடாய் *viḍ-ây* « laisse, quitte » (*Nâlaḍiyâr*, XIII, 19), கேளிர் *kêḷ-ir* « écoutez » (*Sindâmaṇi*, III, 25), காணீர் *kâṇ-îr* « voyez » (*Râmâyaṇa*, VI, XXVII, 20).

b. CAUSATIF ET NÉGATIF.

52. Le *causatif* est la seule voix non périphrastique du tamoul; c'est un verbe essentiellement actif et qui a par consé-

[1] Ces suffixes donnent une ou deux syllabes de plus, ce qui peut être commode en poésie. Dans le même ordre d'idée, il y a un suffixe இசின் *için'*, sans signification apparente, et qui s'intercale, au passé, entre le signe temporel et l'élément pronominal. On n'en cite guère d'exemples que dans les ouvrages de grammaire et à la troisième personne plurielle en ஓர் *ôr* : அறிந்திசினோரே *ar'indiçin'orê* « ils ont su, certes ». Cette particule est cependant employée, sans suffixe pronominal, avec un sens personnel neutre à la str. 53 du *Yâpparuṅgalam* : மொழிந்திசிற்பெயரே *mojind' içit' péyarê* « le nom est attribué ».

quent la forme forte, mais il peut avoir deux régimes directs. On peut dire par exemple : மனுஷர்களைக்கோயிலைக்கட்டுவித்தான் *manuṣargaḷei-k-kôyilei-k-kaṭṭuvittân'* «il a fait construire le palais (ou le temple) aux hommes».

Le causatif se forme du futur. On ajoute un இ *i* au signe de ce temps, ப் *p* ou *b* ou வ் *v*, et on forme ainsi un radical secondaire qui prend les signes temporels et se conjugue régulièrement : செய்வேன் *çéy-v-ên'* «je ferai» donne செய்விப்பேன் *çeyv-i-pp-ên'* «je ferai faire»; நடப்பேன் *naḍappên'* «je marcherai» donne நடப்பிப்பேன் *naḍapp-i-pp-ên'* «je ferai marcher». Les grammairiens tamouls prétendent que les causatifs peuvent eux-mêmes avoir des causatifs : de செய்விப்பேன் *çéyv-i-ppên'* «je ferai faire» on déduirait செய்விப்பித்தேன் *çéyv-i-pp-i-ttên'* «j'ai été cause qu'on a fait faire». Cette forme, dont je n'ai jamais rencontré d'exemples, me paraît une fantaisie théorique ingénieuse mais sans réalité pratique.

53. L'idée *négative*, dans la plupart des verbes de nos langues modernes, s'indique en ajoutant à l'expression verbale une négation : je fais, je ne fais pas. Le tamoul et ses congénères ne procèdent pas autrement, avec cette différence que la particule négative est intercalée dans l'expression verbale et précède les suffixes personnels. Ainsi, en tamoul, on forme des négatifs en intercalant *il* ou *al* et, dans ce cas, les suffixes personnels sont le plus souvent brefs : on a par conséquent செய்தாய் *çéy-d-ây* «tu as fait» et செய்திலை *çéy-d-il-ei* «tu n'as pas fait», இருக்கின்றேன் *iruk-kin'd'-ên* «je suis, je demeure» et இருக்கின்றிலேன் *iruk-kin'd'-il-ên'* «je ne suis pas».

De cette manière, le tamoul a développé un temps aoristique qui est formé du radical verbal, de la négation et des suffixes personnels : நான்பேசலேன் *nân' pêç-al-ên'* «je ne parle pas, je n'ai pas coutume de parler», பேசலள் *pêç-al-aḷ* «elle ne parle pas» (*Râmâyaṇa*, VI, xxv, 114), அரசன்றன்னை நோக்கலள் *araçan't'an'n'ei nôkk-al-aḷ* «elle ne regarda pas le roi» (*Sindâmaṇi*, III, 193). Cette formation est très remarquable.

Mais le négatif le plus habituel au tamoul consiste dans une simple combinaison du radical et des suffixes personnels longs, toujours longs; l'expression résultante se traduit généralement par le futur : பேசேன் *pêç-ên'* «je ne parlerai pas», காணாய் *kâṇ-ây* «tu ne verras pas», எழுதேம் *ejud-êm* «nous n'écrirons pas, nous ne dessinerons pas» (*Kur'aḷ*, CXIII, 7), ou par le présent de possibilité : கேளான் *kêḷ-ân'* «il ne peut pas entendre», mais elle sert aussi à rendre le passé ou le présent. Les deux verbes தரு *taru* «donner» et வரு *varu* «venir» (dont les impératifs sont தா *tâ* et வா *vâ*) ont leurs négatifs longs : தாரேன் *târên'* et வாரேன் *vârên'*. Il paraît que cette forme pouvait quelquefois ne comporter aucune idée négative : cf. ci-dessus p. 121 et p. 129.

Quand elle est négative, M. Caldwell l'explique par une réduction de *al* négatif dont le *l* est d'abord tombé et dont l'*a* initial s'est confondu avec les initiales longues des suffixes personnels. L'étude des gérondifs et des participes confirme cette théorie. La troisième personne négative neutre est en ஆது *âdu* et non point en உம் *um*. Cependant le verbe வேண்டு *vêṇḍu* «il faut, il est nécessaire» fait à la 3e pers. sing. neutre négative வேண்டாம் *vêṇḍâm* «il ne faut pas»; ce qu'on explique par une contraction de வேண்டாது *vêṇḍâdu* ou வேண்டா *vêṇḍâ* «il ne faut pas» pris dans le sens de «ce qu'il ne faut pas» et de ஆம் *âm* (pour ஆகும் *âgum*) «il deviendra, il est». On dit de même வேண்டாதார் *vêṇḍâdâr*, pour வேண்டார் *vêṇḍâr* «ceux qui ne désirent pas, qui n'ont pas besoin».

Dans la langue vulgaire, le négatif se forme périphrastiquement du gérondif présent joint à இல்லை *illei* «il n'est pas» et ce composé a le sens du passé : நான்போகவில்லை *nân' pôga-v-illei* «je ne suis pas parti». On se sert aussi des noms verbaux en அது *adu* : மழைபெய்ததில்லை *majei péydad' illei* «la pluie n'est pas tombée», அவன்போகிறதில்லை *avan' pôgi-*

r'ad' illei «il ne part pas», கப்பல்வருவதில்லே *kappal varuvad' illei* «le navire ne viendra pas», etc.

Avec les dérivés substantifs on emploie dans l'idiome classique le verbe அலேன் *alên'* ou *allên* அல்லேன் «je ne suis pas» : இவன்கொலேப்படுமகனலன் *ivan' koleippaḍu magan' alan'* «celui-ci n'est pas un homme à tuer» (*Silappadigâram*, XVI, 163).

L'impératif négatif tamoul est dérivé par l'addition au radical de diverses terminaisons où nous retrouvons la négation *al*. Au singulier ce sont : 1° எல் *êl*, கேளேல் *kêḷêl* «n'écoute pas»; 2° ஆதி *âdi* qui est évidemment une forme du prétérit : படாதி *paḍâadi* «ne souffre pas» (*Kur'aḷ*, CXXI, 10), குறாதி *kur'âdi* «ne diminue pas» (*Nâlaḍiyâr*, XXXIX, 8), நில்லாதி *nillâdi* «ne demeure pas» (*Kalittogei*, III, 14); 3° அன்மோ *an'mô* : சொல்லன்மோ *çollan'mô* «ne dis pas». Au pluriel, on trouve 1° ஆமின் *âmin'*, où *min'* est le suffixe personnel : செய்யாமின் *çeyyâmin'* «ne faites pas»; 2° அன்மின் *an'min'* et 3° அற்பிர் *at'pîr*; dans ces deux dernières formes la négation *al* est apparente; *at'pîr* paraît être une forme future. On emploie aussi pour l'impératif le suffixe அற்க *at'ka* : செய்யற்க *çéy-y-at'-ka* «ne fais pas» ou «ne faites pas»; c'est proprement, comme on pourra s'en rendre compte plus loin, un gérondif employé optativement avec *al* négatif intercalé.

Bien entendu, அல் *al* à lui seul forme un impératif négatif : செல்லல் *çellal* «ne pars pas» (*Kallâḍam*, L, 31).

Le tamoul moderne forme son impératif négatif ou, comme disent certains grammairiens, son prohibitif, en ajoutant au gérondif négatif en *âdu* l'*ê* emphatique : செய்யாதே *céy-y-âd-ê* «ne fais pas»; au pluriel on ajoute encore உம் *um* ou pléonastiquement உங்கள் *uṅgaḷ* : செய்யாதேயுங்கள் *çéy-y-âdê-y-uṅgaḷ* «ne faites pas, vous plusieurs».

C. ADJECTIFS VERBAUX.

54. J'appelle *adjectifs verbaux* et *noms verbaux* deux sortes d'expressions verbales qui sont employées avec une signification adjective, mais qui diffèrent l'une de l'autre en ce que dans les premières, que j'appelle proprement *participes*, c'est l'idée adjective qui prédomine, tandis que dans les secondes, auxquelles je réserve le nom de *gérondifs*, c'est l'idée verbale. Si je dis, par exemple : «l'homme qui a mangé», j'ai un participe dravidien; mais si je dis : «l'homme, ayant mangé, s'en est allé», j'ai un gérondif. Les grammairiens indigènes expriment cette différence en désignant le premier par l'appellation de பெயரெச்சம் *péyar-éččam* «défectuosité du nom», c'est-à-dire «nom à compléter» et le second par celle de வினையெச்சம் *vin'ei-y-éččam* «défectuosité du verbe», c'est-à-dire «verbe à compléter». Les Européens qui ont écrit des grammaires tamoules appellent généralement *participes* l'une et l'autre forme; seulement ils qualifient, Caldwell notamment, la première de *participe relatif* et la seconde de *participe verbal*, de *participe absolu* ou même de *participe adverbial*. Ariel appelait les gérondifs *participes indéclinables*, mais ce nom a le défaut de s'appliquer surtout à l'expression verbale française correspondante.

Le nom de *participe relatif* est plus exact; le participe dravidien en effet sert principalement à remplacer les pronoms relatifs, ou plutôt conjonctifs, qui relient le sujet à son complément déterminant : «l'homme qui marche, l'enfant qui a lu le livre». Aussi, le participe tamoul, que quelques auteurs appellent pour ce motif *adjectif verbal*, est toujours accompagné d'un substantif qu'il précède, mais il peut naturellement lui-même être accompagné d'un complément direct ou indirect, comme le verbe d'où il procède.

55. Il y a autant de participes que de temps simples, trois par conséquent, plus un participe négatif.

Ceux du présent et du passé sont formés par l'addition d'un *a* bref, அ, que nous avons vu être un suffixe adjectif, aux signes des temps : செய்கின்ற *çéy-gin'd'-a* ou செய்கிற

çéy-gir'-a «qui fait», செய்த *çéy-d-a* «qui a fait». Les prétérits en இன் *in'* font இன *in'a* ou இய *iya* au participe : எழுதின *ejud-in'-a* ou எழுதிய *éjud-i-y-a* «qui a écrit».

Le participe futur, dont le sens est aussi incertain, aussi aoristique que le temps auquel il correspond, est en உம் *um* ajouté au radical; il est donc identique à la troisième personne neutre : செய்யும் *çéy-y-um* «qui fera», நடக்கும் *naḍakkum* «qui marchera».

Les grammairiens indigènes comptent un participe futur allongé et un participe futur abrégé. Le premier consisterait dans l'addition de la syllabe து *du* à l'*um* உம் ordinaire du futur; je n'en connais aucun autre exemple que le suivant qui est donné par les grammairiens indigènes et dont l'auteur est inconnu :

புணரிநீர்சூழுந்துபூவுலகில்யாவு
முணரினினக்கிலையொப் . . . . . பு

Puṇari nîr çûjundu *pû-v-ulagil yâvum*
uṇarin'nin'akk' ilei-y-op . . . . pu

Dans le monde terrestre *qu'entourent* les eaux de l'océan, il n'y a rien qui puisse t'être comparé.

Je crains qu'il n'y ait là une confusion avec le gérondif, provenant de quelque observation maladroite, et que l'exemple ait été fabriqué par un grammairien.

Quant au participe abrégé, il est caractérisé par l'absence de la formative உம் *um* et naturellement les explosives dures finales prennent alors un *u* உ épenthétique : நடக்கு *naḍakku* «qui marche», செய் *çéy* «qui fait». Sauf le cas du verbe neutre à forme active, ce participe abrégé n'est pas autre chose que le radical verbal, et on pourrait penser que c'est là simplement le radical verbal employé adjectivement. Ce participe abrégé, qui n'existe pas pour les verbes dont le radical est de deux syllabes brèves, s'emploie à tous les temps. Joint à l'adjectif அரும் *arum* ou அரிய *ariya* «difficile», il prend le sens du supin latin en *u* : செய்யரும் *çéy-y-arum* «difficile à faire (factu difficile)», சொல்லரும் *çollarum* «difficile à dire» (*Sindâmaṇi*, I, 52)[1], தவலரும் *tavalarum* «difficile à s'altérer» (*Kallâḍam*, XI, 9).

Le participe négatif est formé de ஆ *â* ou ஆத *âda*, joint au radical, dans la langue vulgaire, de அலா *alâ* (avec அல் *al* négatif) dans la langue poétique : செய்யா *çéy-y-â*, செய்யாத *çéy-y-âda*, செய்யலாத *çéy-y-al-âda* «qui ne fait pas».

56. Le participe dravidien, comme nous l'avons dit plus haut, remplace le pronom relatif ou conjonctif. Il importe de remarquer que, dans ce sens, il peut être pris objectivement ou subjectivement, c'est-à-dire que le sujet et le complément peuvent changer de place; ainsi la phrase புலி கொன்ற யானை *puli kon'd'a yân'ei* «tigre tué éléphant» peut vouloir dire, suivant les cas : «l'éléphant qui a tué le tigre» ou «l'éléphant qu'a tué le tigre». Pour préciser le premier sens, on met le complément à l'accusatif : புலியை *puliyei*; le second se trouve précisé quand le sujet est un pronom, puisque le nominatif du pronom ne se confond pas avec l'oblique : நான் கண்ட யானை *nân' kaṇḍa yân'ei* doit être uniquement traduit : «l'éléphant que j'ai vu». La seconde acception, celle où le participe est subjectif, est la plus souvent employée et la plus naturelle. Le participe s'adapte pour ainsi dire à tous les cas et à toutes les circonstances : ஒருத்தனும் இல்லாத வீடு *oruttan'um illâda vîḍu* «une-personne-même qui-n'est-pas maison» c'est-à-dire «maison où il n'y a personne», நீ வந்த பொழுது *nî vanda pojudu* «toi venu moment» c'est-à-dire «le

[1] Quelquefois, on intervertit l'ordre des mots; le participe est remplacé par le nom verbal en அல் *al* et அரும் *arum* le qualifie : cf. அரும் பெறலுயிர் *arum pér'al uyir* «la vie difficile à obtenir» (*Kalittogei*, I, 5), c'est-à-dire «la vie à l'obtention difficile».

moment où tu es venu, lorsque tu es venu», அரசன் போகும் முன்னே *araçan' pôgum mun'n'ê* «le roi devant-venir avant», c'est-à-dire «avant que le roi vienne», என் மகள் திரும்பி வருகிற வரைக்கு *en' magaḷ tirumbi varugir'a vareikku* «ma fille ayant-retourné venant pour-la-durée», c'est-à-dire «jusqu'à ce que ma fille revienne».

d. NOMS VERBAUX.

Je comprends, sous cette rubrique, deux sortes de formations tout à fait distinctes: le nom d'action, le verbe impersonnel absolu, qui correspond à notre *infinitif* pris substantivement, et le verbe impersonnel relatif qui est le *gérondif* dont j'ai parlé au commencement du paragraphe précédent.

57. En tamoul, chaque temps a son gérondif, mais, dans la langue vulgaire, celui du passé est le seul usité et il y prend le sens du présent. Il y a aussi un gérondif négatif.

α. Le *gérondif passé* a plusieurs formes. La plus ordinaire et pour ainsi dire la plus naturelle est celle du prétérit sans suffixes personnels : செய்து *çéy-du* «ayant fait», விட்டு *viṭṭu* «ayant laissé». Les prétérits en இனேன் *in'ên* font இ *i* : விளங்கி *viḷaṅgi* «ayant brillé».

Les quatre verbes போ *pô* «aller», ஆ *â* «devenir», தா *tâ* «donner», கூ *kû* «appeler, crier» font போகி *pôgi* et போய் *pôy*, ஆகி *âgi* et ஆய் *ây*, தாய் *tây* (*Tiruviḷeiyâḍalpurâṇa*, pr. 11), கூய் *kûy* (*Nâiṣadha*, xxv, 1). On trouve, dans les auteurs, d'autres formes irrégulières : கொடு *koḍu* (devant les voyelles கோடு *kôḍu*) et கொளீஇ *kôḷîi* pour கொண்டு *koṇḍu* «ayant pris», சேரி *çêri* pour சேர்ந்து *çêrndu* «étant arrivé à», தெரி *téri* et தேரி *têri* pour தேர்ந்து *têrndu* «ayant appris, ayant su», நிறீஇ *nir'îi* pour நிறுத்து *nir'uttu* «ayant arrêté»[1].

[1] Les verbes faibles dont le radical est en ஐ *ei* ont, outre les gérondifs réguliers en ஐந்து *eindu*, une forme irrégulière en ஐஇ *eii* employée

Les grammairiens énumèrent trois autres gérondifs passés dérivés du radical par la suffixation de பு *bu* ou *pu*, de ஆ *â* et de ஊ *û* : விளங்குபு *viḷaṅgubu* «ayant brillé», நடப்பு *naḍappu* «ayant marché» — எழா *éjâ* «s'étant levé» (1) — காணூ *kâṇû* «ayant vu» (*Agaval* de Kapila, préface, vers 28). Les premiers, qui se rattachent évidemment aux formes du futur, ne s'emploient guère qu'en poésie et avec les verbes dont le gérondif ordinaire est en இ *i*, ce qui permet de gagner une syllabe. Le gérondif en ஆ *â*, est, en apparence, identique au gérondif négatif.

Le gérondif passé se remplace quelquefois par le nom verbal en அல் *al* avec உம் *um* «et» ou ஓடு *ôḍu* «avec» : வணங்கலும் *vaṇaṅgalum* ou வணங்கலோடு *vaṇaṅgalôḍu* prennent le sens de வணங்கி *vaṇaṅgi* «ayant adoré, ayant vénéré».

β. Le *gérondif présent* est en அ *a* joint au radical simple ou aux signes *g* et *p*, *b* du futur : செய்ய *çéyya* «faisant», *ar'iya* அறிய «sachant» ou செய்க *çéyga*, அறிக *ar'iga*; நடக்க *naḍakka* et நடப்ப *naḍappa* «marchant».

Les gérondifs en க *ga* ou க்க *kka* sont employés souvent comme des optatifs : நீ செய்க *nî çéyga* «puisses-tu faire!» Dans ce cas, remarquent les grammairiens, அ *a* final s'élide : ஏவுகென்று *évug' en'du'* «ayant dit : appelle (ou crie)» (*Râmâ-*

dans les vers et offrant cet avantage de conserver la quantité du mot devant les voyelles : வளைந்து *vaḷeindu* et வளைஇ *vaḷeii* «ayant plié», நசைந்து *naçeindu* et நசைஇ *naçeii* «ayant aimé». On en dérive un participe, வளைஇய *vaḷeiiya*, நசைஇய *naçeiiya*, qui a quatre syllabes, tandis que le régulier வளைந்த *vaḷeinda*, நசைந்த *naçeinda*, en a trois seulement.

D'autres gérondifs en அளபெடை paraissent de simples variations orthographiques élégantes : கடாஅய் *kaḍâay* pour கடாவி *kaḍâvi* «ayant poussé, chassé, conduit».

(1) Y a-t-il un exemple de ces gérondifs dans le என்றா *en'd'â* de certains commentateurs ou faut-il y voir le composé என்று-ஆ *en'd'u-â* (pour *âga*) «étant ayant-dit»?

IMPRIMERIE NATIONALE.

yaṇa, VI, xxx, 2), உற்றதையொழிக்கென *ut't'adei-y-o'jikk-én'a* «disant : laisse ce qui est arrivé» (*Silappadigâram*, v, 79). Mais y a-t-il là vraiment élision de l' *a* அ? L'optatif ou même le gérondif ne serait-il pas simplement le radical verbal avec le suffixe temporel க் *k* et le suffixe adjectif ou déterminatif அ *a*? Les verbes forts peuvent faire க்குக *kkuga* ou க்க *kka*: dans une même strophe, dont l'auteur est inconnu, on trouve ஆக்குக *âkkuga* «puissiez-vous faire!» et காக்க *kâkka* «veuillez-garder!».

On forme un optatif négatif en ajoutant அற்க *at'ka* (de அல் «non») au radical : உரையற்க *ureiyat'ka* «ne dis pas» (*Naladiyâr*, 71).

L'optatif ne double pas les க *k*, ச *ç*, த *t*, ப *p* suivants, ce que fait au contraire le gérondif : எழுகசேனை *éjugaçên'ei* «levez-vous, armée!» (*Râmâyaṇa*, VI, xxvi, 56); மகவுக்குப்பாலளிக்க ப்பால் *magavukku pâl aḷikka-p-pâl* «comme elle donnait du lait à l'enfant, le lait...» (*Silappadigâram*, ix, 5-6).

Le gérondif présent prend parfois le sens du gérondif futur et souvent celui de l'infinitif français : காணவம்மின் *kâṇa vammin'* «venez voir, venez pour voir», சொல்லத்தொடங்கினன் *çolla-t-toḍangin'ân'* «il commença à dire». Dans ce dernier cas, on remplace quelquefois le gérondif par le radical simple : நோதக்க *nô-takka* pour நோவதக்க *nôva-takka* «des choses capables de faire souffrir» (*Kuraḷ*, lxxxi, 5).

γ. Le *gérondif futur* ajoute au radical les suffixes இய *iya*, இயர் *iyar*, வான் *vân'* (ou பான் *bân'*, *pân'*) et பாக்கு *bâkku*; les premières formes sont sans doute des adjectifs pris d'une façon absolue; les secondes, la troisième personne masculine du futur prise impersonnellement et absolument; பாக்கு n'est probablement que le datif de பான் : செய்யிய *çéy-y-iya* «pour faire», ஒருத்தியைக்காட்டியசூடினீர் *orutti-yei kâṭ-ṭ-iya çûḍin'ir* «vous vous êtes couronné pour le faire voir à une autre» (*Kur'aḷ*, cxxxii, 3); — உயிர்கவர்வான்வரும் *uyir kavarvân varum* «qui vient pour ravir la vie» (*Nâiṣadha*, viii, 9); —

படுபாக்கு *padubâkku* «devant souffrir», என்பாக்கு *en'bâkku* «devant dire», காப்பாக்கு *kâppâkku* «devant garder» (*Kur'al*, XVII, 4; CXXXII, 2; CXIII, 8); dans ces derniers exemples, on peut supposer que le கு *ku* est un datif «à souffrir, à dire, à garder».

Le gérondif en இய *iya* sert quelquefois d'optatif. Un mot très usité dans ce sens est வாழிய *vâjiya* ou même வாழியர் *vâjiyar*, de வாழ் *vâj* «vivre, prospérer», qui se tronque souvent en வாழி *vâji* et est employé dans le sens de «salut!»

δ. Le *gérondif négatif* dérive du radical par l'addition de ஆ *â*, ஆது *âdu*, ஆமல் *âmal*, ஆமை *amei*; les trois dernières formes sont substantives et ont plutôt le sens de notre infinitif précédé de la préposition *sans* : செய்யா *çéyyâ* «ne faisant pas», செய்யாது *çéyyâdu* «ne faisant pas» ou «sans faire», செய்யாமல் *çeyyâmal* «sans faire», வழாமை *vajâmei* «sans dévier» (*Sindâmaṇi*, II, 35).

ஆ est évidemment contracté de அலா *alâ* qui sert aussi : யாவதுநினையலா *yâvadum nin'eiyalâ* «sans penser à rien» (*Silappadigâram*), காக்கலாகலா *kâkkal âgalâ* «sans être à garder» (*Râmâyaṇa*, VI, XXVII, 23).

On remplace ce gérondif par le gérondif passé ou, pour les verbes dont le gérondif est en இ *i*, par le radical avec la particule négative அன்றி *an'd'i* ou இன்றி *in'd'i* : முடித்தன்றி *mudittan'di* «sans finir», கொன்றின்றி *kon'd'in'd'i* «sans tuer» (*Râmâyaṇa*, VI, XXV, 49, 119), கொண்டன்றி *koṇḍand'i* «sans prendre» (*Ibid.*, VI, XXIV, 180).

58. Les *noms verbaux* sont très nombreux en tamoul; les deux formes les plus générales se terminent en கிறது *gir'adu* ou க்கிறது *kkir'adu* et தல் *dal* ou த்தல் *ttal*; ces suffixes s'ajoutent au radical : செய்கிறது *çéygir'adu* «l'action de faire», படிக்கிறது *padikkir'adu* «l'action de lire», போதல் *pôdal* «l'action d'aller», உரைத்தல் *ureittal* «l'action de parler». Comme on le voit, les formes en அது *adu* dérivent du présent et celles en அல் *al* du passé. Cet அல் *al* s'ajoute quelquefois simplement au radical : செய்யல் *çéy-y-al* «l'action de faire», நீக்கல் *nikkal* «l'action d'éloigner».

Les lois phonétiques sont naturellement observées dans cette dérivation; ainsi என் *én'* «dire» fait என்றல் *én'd'al*, கனல் *kan'al* «brûler» fait கனறல் *kan'ar'al* (pour கனல்தல் *kan'al-d-al*; on peut dire aussi *kan'aludal* கனலுதல்); ce dernier fait même கனன்றல் *kan'an'd'al* : on connaît les affinités de ல் *l* et ன் *n'*, ள் *ḷ* et ண் *ṇ*.

தல் *dal* s'affaiblit quelquefois en சல் *çal* : இடிசல் *iḍiçal* «l'action de se détruire».

Ces formes en *al* servent à rendre certaines nuances modales. Augmentées de ஆம் *âm* (pour ஆகும் *âgum*, troisième personne future de ஆ *â* ou ஆகு *âgu* «devenir»), elles constituent une sorte de potentiel très usité : செய்யலாம் *çéy-y-al-âm* «on peut faire», மொழியலாம் *moji-y-al-âm* «on peut parler». Nous avons vu qu'avec உம் *um* ou ஓடு *ôḍu*, elles forment un gérondif.

Parmi les variantes possibles on peut citer des noms verbaux en குதல் *gudal* ou க்குதல் *kkudal* pour தல் *dal* ou த்தல் *ttal* : நீக்குதல் *nikkudal* «l'action d'éloigner», படிக்குதல் *paḍikkudal* «l'action de lire», செய்குதல் *çéygudal* «l'action de faire».

D'autres noms verbaux généraux, si cette expression nous est permise, se forment en ajoutant கை *gei* (ou க்கை *kkei*), குகை *gugei* (ou க்குகை *kkugei*), வு *vu* ou பு *bu* (ou ப்பு *ppu*) au radical : இழிவு *ijivu* «destruction», படிப்பு *paḍippu* «leçon, lecture», நடக்கை *naḍakkei* «marche», etc. On voit que ce sont plutôt des noms d'action que des noms verbaux proprement dits. Il y a aussi des noms d'action en வி *vi*, தி *di*, ச்சி *cci*, அம் *am*, ஐ *ei* : பிற *pir'a* «naître» et பிறவி *pir'avi* «naissance» (la forme பிறப்பு *pir'appu* existe aussi), தொகு *togu* «réunir» et தொகை *togei* «collection» ainsi que தொகுதி *togudi* «réunion, amas», இகழ் *igaj* «mépriser» இகழ்ச்சி

igajćći «mépris», ஒடுக்கு *odukku* «retenir» ஒடுக்கம் *odukkam* «retenue, arrêt», நட *nada* «marcher» நடை *nadei* «marche», நில் *nil* «rester debout» நிலை *nilei* «station, place», உண் *un* «manger» உண்டி «nourriture», etc.

Quelques dérivés se forment par l'allongement de la voyelle radicale : உண் *un* «manger» ஊண் *ûn* «nourriture», தின் «manger» தீனி «repas», கொள் *kol* «prendre» கோள் *kôl* «prise, mal», பெறு *per'u* «obtenir» பேறு *pêr'u* «gain», கெடு *kédu* «se détruire» கேடு *kêdu* «perte»[1].

Mais on dérive des noms verbaux particuliers en suffixant மை *mei* aux participes présent, passé et négatif des verbes : செய்கின்றமை *çéygin'd'amei* «l'action de faire», செய்தமை *çéydamei* «l'action d'avoir fait», செய்யாமை *çéyyâmei* «l'action de ne pas faire» ou «de ne pas pouvoir faire». En y ajoutant les suffixes locatif, instrumental ou «avec», ces formes servent à exprimer certaines nuances conjonctives : அவனது செய்தமையால் *avan' adu çéydamei-y-âl* «par l'action de lui d'avoir fait cela» c'est-à-dire «parce qu'il a fait cela»; வந்தமையோடு *vandameiyôdu* «avec l'action d'être venu» c'est-à-dire «quand on fut venu»; காணாமையில் *kânâmeiyil* «dans l'action de ne pas avoir vu» c'est-à-dire «parce qu'on n'a pas vu»; ces formes sont très usitées. A ce propos, on cite de remarquables exemples de transposition de sens; ainsi, on trouve dans les குறள் *kur'al* (CXXIX, 2) : ஊடாமைவேண்டும் *ûdâmei vêndum* «la non-bouderie est nécessaire» qui est évidemment pour ஊடுமைவேண்டாம் *ûdumei vêndâm* «la bouderie n'est pas nécessaire; il ne faut pas bouder».

D'autres noms verbaux particuliers, ou si l'on veut temporels, se dérivent par l'addition de அது «cela» aux signes temporels; outre செய்கிறது *çéygir'adu* ou செய்கின்றது *çéygin'*-

[1] De விடு *vidu* «laisser, quitter» vient வீடு *vîdu* qui est employé dans le sens philosophique de «délivrance, libération»; est-ce le même mot que வீடு *vîdu* «demeure, maison»?

d'adu « l'action de faire », on a ainsi செய்தது *çéy-d-adu* « l'action d'avoir fait »; நோவது *nô-v-adu* « l'action de devoir souffrir », பேசாதது *pêçâdadu* « l'action de ne pas parler »; cf. (*Sindâmaṇi*, VI, 126) : அழுங்குவதென்னை *ajuṅgavad' en'n'ei* « pourquoi pleurer ? » La déclinaison de ces dérivés forme également des conjonctifs.

59. D'autres conjonctifs d'usage plus général sont dérivés de la façon suivante :

Pour rendre le *si* conditionnel, on ajoute au radical simple le suffixe locatif இல் *il* ou இன் *in'* : செய்யில் *çéyyil* « dans le faire » c'est-à-dire « si l'on fait », நான்வரின் *nân' varin'* « si je viens », etc. On trouve dans les auteurs des conditionnels dérivés de formes aoristiques : நினைப்பின் *nin'eippin'* « si l'on pense » (*Sindâmaṇi*, XIII, 164), மறப்பின் *mar'appin'* « si l'on oublie » (*Kur'aḷ*, CXIII, 5), செல்கிற்பின் *çélgit'pin'* « si l'on arrive » (*Kur'aḷ*, CXVII, 10).

Le *si* peut s'exprimer encore par l'addition de ஆல் *âl* ou ஏல் *él* soit au radical du prétérit, soit aux formes personnelles : அவன்சொல்லினுல் *avan' çollin'-âl* « s'il dit (par l'action d'avoir dit de lui) », நான்செய்தால் *nân' çéydâl* ou செய்கின்றேனேல் *çéygin'd'én'él* « si je fais », அவாநீங்காதேல் *avâ nîn-gâdêl* « si le désir ne s'éloigne pas » (*Sindâmaṇi*, VI, 23), கேட்டீரேல் *kéṭṭîrél* « si vous avez entendu » (*Râmâyaṇa*, VI, XXVI, 50) : ஏல் *él* est vraisemblablement une altération de ஆல் *âl* qui n'est pas autre chose que le suffixe de l'instrumental; on a proposé aussi d'y voir une contraction de ஆயில் *âyil* (pour ஆகில் *âgil*) « s'il est, s'il devient ».

On exprime encore le *si* par une composition périphrastique, en ajoutant ஆகில் *âgil*, ஆயில் *âyil*, ஆயின் *âyin'*, ஆனால் *ân'âl* (contracté de ஆகினுல் *âgin'âl* pléonastique) « si l'on devient » aux formes personnelles : செய்வேனுகில் *çéyvên'-âg-il* « si je fais, si je peux faire », proprement « s'il arrive : je ferai ».

Mais la manière la plus ordinaire de rendre le «si» est de composer le participe passé avec le mot கால் *kâl* «temps» (skr. काल) ou «lieu», en doublant le க *k* initial : அவன் செய்தக்கால் *avan' çéyda-k-kâl* «s'il fait»; கால் *kâl* se joint même au participe futur : நாஞ்சொல்லுங்கால் *nâñ çôllun kâl* «si nous disons». La langue vulgaire emploie exclusivement la première forme, en supprimant le *l* final et en accentuant l'*a* du participe : நான்போனக்கால் *nân' pôn'akkâl* «si je vais» se prononce *nân' pon'àkkâ*; *â* se corrompt même en *i* dans le langage populaire, *pôn'àkki*.

«Quoique» est rendu par les formes de «si» augmentées de la copulative உம் *um* «et, aussi, même» : செய்தாலும் *çéy-d-âl-um* «même si on fait, quand même on ferait, quoique l'on fasse».

«Quand, lorsque, puisque» se traduisent par le mot உழி *uji* ou உளி *uḷi* «lieu, place» joint aux signes temporels en உ *u* : நான்செய்துளி *nân'çéyduḷi* «pendant que je faisais», நீநடப்புழி *nînaḍappuji* «quand tu marchais», அவனென்புழி *ava-n'en'buji* «quand il dit», அதுவழங்கின்றுழி *aduvajaṅgin'd'uji* «puisque cela est en usage». Avec les verbes dont le gérondif est en இ *i*, cette particule se joint au radical : வேண்டுழி *vênḍuji* «quand il est nécessaire». Avec le négatif nous trouvons வழி *vaji* «voie» joint au participe en ஆ *â* : இல்லா வழி *illâ vaji* «quand il n'y a pas» (*Kur'aḷ*, cxxxi, 8); un autre exemple, avec un substantif, est துணையல்வழி *tuṇeiy-al-vaji* «quand il n'y a pas de secours» (*Kur'al*, cxxix, 9), ce qui montre bien le rôle négatif de அல் *al* dans la conjugaison. Le tamoul vulgaire emploie le mot கால் *kâl*, mais il se sert plutôt de போது *pôdu* ou பொழுது *pojudu* «temps» avec le participe passé : அவள்வந்தபொழுது *avaḷ vanda pojudu* «quand elle vint».

La particule அற்று *at't'u*, qui fait proprement un dérivé par து *du* du nom verbal en அல் *al*, s'ajoute aux gérondifs et prend le sens «c'est comme si» : கவர்ந்தற்று *kavarndat'tu* «c'est comme si l'on cueillait» (*Kur'al*, x, 10); பெய்திரீஇ யற்று *peydiriîyat't'u* «c'est comme si on l'on retenait ayant versé» (இரீஇ *irii*, gérondif irrégulier pour இருத்தி *irutti* «ayant fait demeurer»; *Kur'al*, LXVI, 10).

J'ai parlé plus haut des formules முன் *mun'* «avant» joint au participe futur, பின் *pin'* «après» joint au participe passé, வரையில் *vareiyil* (dans l'espace) «tandis que» et வரைக்கும் *vareikkum* (pour le temps) «jusqu'à ce que» joint au participe présent, பொருட்டு *poruttu* (cause) «afin que» joint au participe futur, etc.; des différentes manières de rendre «sans», etc.

60. Les verbes ont aussi leurs noms *appellatifs*, pour employer l'expression reçue. On les forme en ajoutant aux radicaux temporels les terminaisons ஆன் *ân'*, அவன் *avan'*, ஓன் *ôn'* (contr. de *avan'*), masc.; ஆள் *âḷ*, அவள் *avaḷ*, fém.; அது *adu*, neutre; ஆர் *âr*, அவர் *avar*, plur. masc. et fém.; அவை *avei*, அன *an'a*, அ *a*, plur. neutre : செய்வான் *çéyvân'* «celui qui a coutume de faire», வந்தவள் *vandavaḷ* «celle qui est venue». Avec les formes brèves que le Dr Caldwell appelle très justement «noms participiaux», le signe உ *u* du futur se durcit en ப *b* : செய்பவன் *çeybavan'* «celui qui fait», ஏங்கு பவன் *êngubavan'* «celui qui se désole» (*Kur'aḷ*, CXXVII, 9). La finale ஓன் *ôn'* correspond à notre «eur» : *çéyvôn'* செய் வோன் «faiseur», இகழ்கிற்போன் *igajgit'pôn* «mépriseur» (*Prabhulingalilâ*, x, 40). On trouve des féminins en ஓள் *ôḷ* : என்போள் *en'bôḷ* «celle qui s'appelle» (*Silappadigâram*, xv, 118), உணர்ந்தோள் *uṇarndôḷ* «celle qui a compris» (*Maṇimêgalei*, xxx, 2), எழுவோள் *éjuvôḷ* «celle qui se lèvera» (*Ibid.*, IX, 8 : dans ce même ouvrage, on trouve le composé substantif செய்யோள் *çéyyôḷ* [V, 4], celle qui est rouge, la déesse Lakṣmî»); ces dérivés en ஓள் *ôḷ* sont assez rares.

Je ne sais trop comment classer l'expression très usitée உண்டு *uṇḍu* «il y a», formé de உள் «intérieur, existence» et de la terminaison neutre து *du*. C'est évidemment plutôt un appellatif verbisé qu'un verbe proprement dit.

Une forme spéciale, masc. et fém., en இ *i*, dérive soit du radical simple, soit du radical augmenté de க் *g* : துள்ளி *tuḷḷi* «sauteur», உண்கி *uṇgi* «mangeur», etc.

Les formes en ஆன் *ân'*, ஆள் *âḷ*, etc., ne sont que les troisièmes personnes ordinaires substantivées. On trouve de même ஏற்குநர் *êt'kunar* «ceux qui mendient» (*Nâiṣadha*, xi, 23), உறைகுநர் *ur'eigun'ar* «ceux qui demeurent» (*Kallâḍam*, xv, 20), என்மருமுளர் *en'marumuḷar* «il y a même (des gens) qui disent» (*Nan'n'ûl*, passim).

De la même manière peuvent être substantivées et par suite déclinées toutes les formes verbales : de செய்தேன் *çéydèn'* «j'ai fait» on forme செய்தேனுக்கு *çéydên'ukku* «à moi qui ai fait». Voici quelques exemples caractéristiques : எய்த்தேனு யிர்காத்தல் *éyttên' uyir kâttal* (*Nâiṣadha*, xxiii, 22) «garder la vie de moi qui suis tombé en défaillance», உன்னையேபுகல் புக்கேனுக்குறுகண் *un'n'eiyê pugalpukkên'ukk' ur'ukaṇ* (*Râmâyaṇa*, I, vi, 30) «approche-toi de moi qui ai pénétré jusqu'à toi», சார்ந்தாய்க்கு *çârndâykku* (*Nâlaḍiyâr*, xiii, 6) «à toi qui es venu», தூயையாய் *tûyeiyây* (*Prabhuliṅgalîlâ*, x, 46) «devenant toi qui es pur».

Il y a aussi des appellatifs négatifs de diverses formes : அறியாதார் *ar'iyâdâr* «ceux qui ne savent pas» (*Râmâyaṇa*, I, xii, 1), செய்கலாதார் *çéygalâdâr* «ceux qui ne font pas» (*Kur'aḷ*, iii, 6), நவிற்றாதார் *navit't'âdâr* «ceux qui ne célèbrent pas» (*Sindâmaṇi*, vi, 56), etc.

61. Les dérivés des noms par les suffixes personnels sont de même, comme nous l'avons déjà dit, soumis à la suffixation substantive : வினையேனொழிய *vin'ei-y-èn' ojiya* «en me laissant, moi misérable» (*Sindâmaṇi*, vi, 106), குருசிலோய் *kuruçilôy* «ô toi qui es roi» (*Nâiṣadha*, xxii, 13), பொறியிலேன்றனை *por'iyilên't'an'ei* «moi qui n'ai pas d'intelligence (acc.)» (*Id.*); et même அடியனென்றனையையுறேல் *aḍiyan'ên' tan'ei-y-ai-y-ur'el* «ne doute pas de moi qui suis ta servante» (*Nâiṣadha*, XXVII, 31); பாவியேன்முகம் *pâviyên'mugam* «le visage de moi pêcheur» (*Ibid.*, XXIV, 12), etc. Les deux exemples suivants montrent que les dérivatives pronominales conservent leur indépendance de sens sinon de forme : மருடருமனத்தினேனுக்கு *maruḍaruman'attin'ên'ukku* «à moi dont l'esprit est troublé» (*Râmâyaṇa*, VI, XXXII, 321); குங்குமக்குழங்கன்மாலைமல்லுப்பூத்தகன்றமார்பீர் *kuṅguma kujaṅgan' mâlei mallu pûtt' agan'-d'a mârb-îr* «ô vous dont la vaste poitrine, épanouie et robuste, est ornée de belles guirlandes de fleurs de safran» (*Sindâmaṇi*, III, 251).

62. Des faits exposés ci-dessus on peut conclure, si je ne me trompe, que le verbe tamoul, ou plutôt dravidien, n'avait primitivement que deux temps : un passé marqué par *d* ou *t* et un aoriste caractérisé par *g* ou *k*. On y joignait, soit avant soit après, les pronoms personnels; on distinguait en outre le pluriel, dans le premier cas, par l'addition de la copulative *um* (1). Plus tard on a formé de l'aoriste un présent par l'addition de *in'd'u* «aujourd'hui, à présent» et l'aoriste, prenant plus souvent un sens futur, a affaibli sa caractéristique en *p*, *b* et *v*. Puis, les formes se sont réduites et on a eu les finales : 1re p. s. *ân*, *an*, *al* et l'affaiblissement *ên'*; 2e p. s. *ai*, *ei*, *i* et le renforcement *ây* par analogie; 1re p. pl. *âm*, *am*, *êm*, *ôm*, etc.

Les participes, étant des adjectifs, se sont dérivés par le

(1) Cette particule jouerait donc à peu près le rôle de l'*eta* basque qui est incontestablement un signe de pluralité locatif, quand on dit par exemple *ezpeleta* «les buis» ou plus exactement «l'endroit planté de buis». Dans la conjugaison basque, les formes plurielles, outre les pronoms, ont un signe de pluralité : cf. *noa* «je vais», *goaz* «nous allons», où *n* et *g* sont les pronoms *ni* «moi» et *gu* «nous» et où *z* est un suffixe pluriel.

suffixe *a* அ : qu'on n'objecte pas l'absence de participes futurs en *va*, *ba*, *pa*; ces formes existent en canara, où au tamoul irrégulier இருக்கும் *irukkum* «qui sera» correspond le normal *iruva* ಇರುವ.

B. — Composés périphrastiques.

a. voix dérivées.

63. 1° கொள்ளு *kollu* «prendre», forme faible, conjugué avec le gérondif du passé donne au verbe le sens de la voix moyenne : எழுதிக்கொள்ளுகிறேன் *ejudikkollugir'ên'* «j'écris pour moi»;

2° Le gérondif passé de ce même verbe, கொண்டு *kondu* «ayant pris», suivi de வரு *varu* «venir» ou இரு *iru* «être», forme avec le gérondif passé un *continuatif* : படித்துக்கொண்டிருக்கிறான் *padittu kond' irukkir'ân'* «il étudie incessamment», பிச்சைகொடுத்துக்கொண்டுவருகிறான் *pitchei koduttu kondu varugir'ân'* «il donne fréquemment l'aumône»;

3° வரு *varu* «venir» seul forme au continuatif : எழுதிவருகிறான் *ejudivarugir'ân* «il écrit longuement (il vient écrivant)».

4° போடு *pôdu* «poser, jeter» donne un sens attributif, ou si l'on veut d'extériorisation : எழுதிப்போட்டான் *ejudippôttân'* «il a écrit (pour un autre), il a écrit (et laissé ce qu'il a écrit)»;

5° விடு *vidu* «laisser», ou போ *pô* «aller», forment des *terminatifs*, c'est-à-dire indiquent que l'action du verbe principal est tout à fait limitée, terminée : அனுப்பிவிட்டேன் *an'uppivittên'* «j'ai tout à fait envoyé;

6° உறு *ur'u* «s'approcher» forme un inchoatif avec le nom verbal en அல் *al* : அரியலுற்றார் *ariyal ut't'âr* «ils se mirent à moissonner». Le *Sindâmani* (1, 55) a même அரிகுற்றார் *arigut't'âr* de même sens mais formé du radical et du signe temporel க் *g*.

7° அடி *adi* « battre, frapper » forme un intensif avec le radical : போக்கடித்தேன் *pôkkadittên'* « j'ai chassé » de போக்கு *pôkku* « faire aller, expédier »;

8° Le passif s'exprime par la composition du verbe படு *padu* « souffrir » avec le gérondif présent ou, si l'on veut, l'infinitif : அடிக்கப்பட்டேன் *adikkapattên'* « j'ai été battu ».

படு *padu* se joint quelquefois au radical : எடுபட்டார்கள் *édupattârgal* « ils ont été enlevés ». On emploie dans le même but le verbe உண்கிறது *ungir'adu* « manger », qui se joint uniquement au radical : அறையுண்டது *ar'ei-y-undadu* « il a mangé battu » c'est-à-dire « il a été battu ».

பெறுகிறது *pér'ugir'adu* « obtenir » sert aussi dans le même sens avec le gérondif présent : முயங்கப்பெறின் *muyangappér'in'* « si l'on obtient serré, si l'on est serré » (*Kur'al*, cxxx, 10); l'infinitif et le verbe sont quelquefois séparés : பிழைக்கவும் பெறுமே *pijeikkavum pér'umê* « il sera même perdu » (*Sindâmani*, XIII, 156).

Un certain nombre de verbes sont formés en composant le verbe படுகிறது *padugir'adu* avec des substantifs de qualité : பயம் *payam* (skr. भय) « crainte » fait பயப்படு *payappadu* « craindre », வெளி *véli* « extérieur » வெளிப்படு *vélippadu* « se manifester »; leurs transitifs sont formés par படுத்து *paduttu* : பயப்படுத்து *payappaduttu* « effrayer », etc. A cette occasion, je rappellerai qu'un savant tamuliste de Ceylan, M. C. Brito, s'appuyant sur les aphorismes 78 et 85 de la grammaire இலக்கணக்கொத்து *ilakkanakkottu*, a soutenu, dans le très intéressant journal de Madras *Siddhanta Deepika* (IV, p. 89-90), que படு *padu* n'est pas réellement le signe du passif et qu'il signifie « tomber, arriver à », etc.

b. NUANCES DE TEMPS ET DE MODES.

64. Dans la plupart des langues, on a suppléé par des périphrases à la pauvreté primitive et l'on est parvenu ainsi

à exprimer les imparfaits, les plus-que-parfaits, etc., de nos idiomes européens modernes.

En tamoul, le verbe இரு *iru* «être, s'asseoir», joint au gérondif passé, exprime, avec ses trois temps, le passé défini, le plus-que-parfait, le futur antérieur : சொல்லியிருக்கிறேன் *çolli-y-irukkir'ên'* «je suis ayant dit, j'ai dit», செய்திருந்தேன் *çeyd-irundên'* «je fus ayant fait, j'avais fait», வந்திருப்பேன் *vand-iruppên'* «je serai étant venu, je serai venu».

L'imparfait s'exprime par இருந்தேன் *irundên'* «je fus» précédé du gérondif கொண்டு *koṇḍu* «ayant pris» : வாசித்துக் கொண்டிருந்தேன் *vâçittu-k-koṇḍ-irundên'* «je fus ayant pris ayant lu, je lisais».

Dans le langage populaire, la voix négative est souvent remplacée par le gérondif présent, suivi du négatif de மாட்டு *mâṭṭu* «vouloir, pouvoir» : செய்யமாட்டேன் «je ne veux pas faire, je ne fais pas, je ne ferai pas».

c. COMPOSÉS EXPLÉTIFS.

65. Un certain nombre de verbes s'ajoutent à d'autres, sans paraître ajouter rien à leur sens, si ce n'est peut-être une idée d'insistance, d'intensité de l'action, etc. Ce sont :

1° இடு *iḍu* «donner», joint aux gérondifs passés en உ *u* ou aux radicaux des verbes qui ont un gérondif en இ *i* : செய்திட்டான் «il a fait» pour செய்தான் *çeydân'*, விளங்கிட்டது *viḷaṅgiṭṭadu* «cela a brillé» pour விளங்கிற்று *viḷaṅgit't'u*;

2° போடு *pôḍu* «mettre» avec le gérondif passé : தள்ளிப் போட்டான் *taḷḷippôṭṭân'* «il a poussé, il a rejeté»;

3° விடு *viḍu* «laisser» avec le gérondif passé : போய்விட்டான் *pôyviṭṭân'* «il a quitté allé» pour போயினான் *pôyin'ân'* «il est allé»;

4° நில் *nil* «être debout» s'ajoute aux gérondifs présents et passés; — son prétérit நின்றேன் *nin'd'ên'* joint au gérondif en ஆ *â* constitue un présent que les grammairiens indigènes mettent dans leurs paradigmes sur le même rang que les formes en கிறு *kir'u* ou கின்று *kin'd'u* : செய்யாநின்றீர் *çéyyânin'd'ir* «vous vous teniez ayant fait» pour செய்கின்றீர் *çéygin'd'ir* «vous faites»;

5° தரு *taru* «donner» joint aux radicaux, mais seulement sous les deux formes தரும் *tarum* (part. fut.) et தர *tara* (gér. prés.);

6° அடி *aḍi* «battre» s'ajoute à certains radicaux et aux gérondifs passés;

7° உறு *ur'u* «approcher» s'ajoute au radical des verbes dont le gérondif est en இ *i*, mais seulement sous les formes உறா *ur'â* (gér. nég.) et உறின் *ur'in'* «s'il approche»;

8° La forme nomino-verbale உளேன் *uḷên'* (pour உள்ளேன் *uḷḷên*) «je suis dedans, j'existe» est également explétive avec les gérondifs : அடைந்துளேன் *aḍeinduḷên'* pour அடைந்தேன் *aḍeindên'* «j'ai obtenu», வந்துளார் *vanduḷâr* pour வந்தார் *vandâr* «ils sont venus» (*Râmâyaṇa*, VI, XXVIII, 49);

9° அருள் *aruḷ* «faire grâce» est aussi explétif, mais il exprime le plus souvent le sens honorifique «daigner» : வந்தருளினாய் *vandaruḷin'ây* «tu as daigné venir»;

10° ஆ *â* ou ஆகு *âgu* «devenir» se joint explétivement à des noms verbaux ou à des noms appellatifs : புகல்வதாயினான் *pugalvadâyin'ân'* «il devint ce qui dira, il dit» pour புகன்றான் *pugan'd'ân'* (*Tiruviḷeiyâḍalpurâṇa*, I, 31); எனலானான் *én'alân'ân'* «il devint le dire, il dit» pour என்றான் *én'd'ân'* (*Râmâyaṇa*, VI, XXVI, 168).

Ce verbe sert beaucoup dans la langue vulgaire. Son génitif présent ஆக *âga*; ses noms verbaux ஆவது *âvadu*, ஆகை *âgei*, ஆதல் *âdal*; ses dérivés ஆனால் *ân'âl*, ஆகில் *âgil*, ஆயின் *âyin'*, figurent dans un grand nombre d'expressions conjonctionnelles : அவன்வருவானாயின் *avan' varuvân' âyin'* «s'il vient» (ஆனால் *ân'âl* équivaut alors à notre «mais»); en ajoutant உம் *um* «et, même» à ces derniers, on leur donne le sens de «quoique, cependant» : nous en avons parlé plus haut.

Son gérondif passé ஆய் *ây* forme de tous les dérivés substantifs des adverbes : கொடுதாய் *kodidây* «étant ce qui est cruel, cruellement», பலமாய் *balamây* «étant force, fortement».

La troisième personne singulière neutre de son futur ஆம் *âm* (pour ஆகும் *âgum*) «il deviendra, il sera, il est habituellement, il est» s'emploie dans le langage courant pour notre «oui»; le tamoul vulgaire répète le mot, ஆமாம் *âm âm*, et prononce *âmâ*, quelquefois *âmã*, en nasalisant le second *â*.

CHAPITRE V.

NOTIONS SYNTACTIQUES ET FONCTIONNELLES.

A. — Règle générale d'accord.

66. Les formes verbales s'accordent naturellement en genre et en nombre avec leurs sujets; cependant les noms neutres impersonnels au pluriel peuvent être suivis d'un verbe ou d'une expression verbale au singulier : மரங்கள் விழ்ந்தது *marangaḷ vîjndadu* « les arbres est tombé » (pour « sont tombés » விழ்ந்தன *vîjndan'a*). C'est pour cela sans doute que dans la langue vulgaire les troisièmes personnes plurielles neutres des verbes ne sont plus employées et ont été remplacées par le singulier.

Nous avons vu plus haut que la troisième personne neutre en உம் *um* des futurs aoristiques peut avoir un sujet masculin ou féminin, singulier ou pluriel : குருவெழுந்தருளும் *kuruvé-jundaruḷum* « le guru daigne se lever », பத்துமனுஷர்களூருக்குப்போகும் *pattu manuṣargaḷ ûrukku pôgum* « dix hommes iront au village ».

Les noms déterminés par un numéral ou par un collectif, quand ils sont neutres, prennent le verbe au singulier : பத்துவருஷமாயிற்று *pattu varuṣam âyit't'u* « dix ans se sont écoulés, il y a dix ans ».

Comme dans beaucoup de langues, quand un même suffixe devrait être joint à plusieurs mots consécutifs, il s'ajoute seulement au dernier; dans le cas de plusieurs nominatifs singuliers sujets d'un même verbe, le dernier peut prendre la marque du pluriel : சேரசோழபாண்டியர்வந்தார் *çêra çôja pân-ḍiya-r vandâr* « les (rois du) Çôja, du Çêra et du Pandi sont venus». C'est ainsi que les brahmes disent ராமலக்ஷ்மணாள் *Râmalakṣmaṇâḷ* «Râma et Lakchmaṇa».

B. — Construction.

67. La construction de la phrase tamoule est basée sur cette idée que le sujet doit être prédominant et que l'action ou l'état exprimé par la forme verbale doit impressionner spécialement l'auditeur. C'est pourquoi la phrase commence toujours par le sujet et finit toujours par le verbe; le régime, le complément ou l'attribut se place entre le sujet et le verbe : «le fils a vu la maison» se traduira donc «fils maison a-vu» மகன் வீட்டைக் கண்டான் *magan' vîṭṭei kaṇḍân'*. Si chacun de ces mots est accompagné de qualificatifs, de déterminants, d'adverbes, ces mots, qu'on peut considérer comme accessoires, se placent avant le mot principal qu'ils modifient : «le fils du marchand a vu hier la grande maison» se rend par «du marchand le fils la grande maison hier a vu» செட்டியின் மகன் பெரிய வீட்டை நேற்றுக் கண்டான் *çéṭṭiyin' magan' périya vîṭṭei nêt't'u kaṇḍân'*. Comme le régime direct est plus étroitement lié au verbe, dans la pensée de celui qui parle, que l'adverbe, on pourrait mettre l'adverbe avant le complément et dire செட்டியின் மகன் நேற்றுப் பெரிய வீட்டைக் கண்டான் *çéṭṭiyin' magan' nêt't'u périya vîṭṭei kaṇḍân'*. Le complément indirect se place en conséquence avant le direct : «le fils du marchand a vu hier la grande maison dans le jardin» செட்டியின் மகன் நேற்றுத் தோட்டத்தில் பெரிய வீட்டைக் கண்டான் *çéṭṭiyin' magan' nêt't'u tôṭṭattil périya vîṭṭei kaṇḍân'*.

68. Il ne peut y avoir dans une phrase qu'un seul verbe personnel; quand plusieurs se suivent, le dernier seul reste personnel et les autres sont mis au gérondif : «le fils du riche marchand sortit de la ville hier, marcha longtemps sur la route de Karikal et vit enfin la grande maison dans le

IMPRIMERIE NATIONALE.

jardin» se traduira : «riche du-marchand le-fils hier de-la-ville étant-sorti de-Karikal dans-la-route ayant-marché enfin dans-le-jardin grande la-maison vit» ஆஸதியுள்ள செட்டியின் மகன் நேற்று ஊரிலிருந்து புறப்பட்டு காரைக்கால் வழியிலே வெகு நேரம் நடந்து கடைசியில் தோட்டத்தில் பெரிய வீட்டைக் கண்டான் *âsti yuḷḷa çéṭṭiyin' magan' nét't'u ûril irundu pur'appaṭṭu kâreikkâl vajiyilê végu nêram naḍandu kaḍeiçiyil tôṭṭattilê périya vîṭṭei kaṇḍân'*.

69. On pourrait multiplier les exemples, mais ceux-ci me paraissent suffisants pour faire comprendre le mécanisme de la construction tamoule. Dans ses très intéressantes *Observationes*, Walther résume ainsi qu'il suit cette construction : «*Subjectum antegreditur prædicatum; negatio affirmationem; remotio positionem; hypothesis thesin; adjectivum substantivum; numerale numeratum; comparatio comparatum; genitivus nominativum; infinitus finitum; adverbium verbum; et nomen præpositionem*» (p. 38, chap. IV, n° 3).

70. Quelques grammairiens exceptent de la règle de position l'adjectif indéfini எல்லாம் *ellâm* «tout» et ses dérivés; quand il est vraiment adjectif, il perd son ம *m* final et se met devant le nom : எல்லாச்சாதிகள் *ellâç'ç'âdigaḷ* «toutes les castes». Mais le P. Dupuis fait très justement remarquer que lorsqu'il se place après les noms et qu'il garde la particule உம் *um*, il n'est plus un adjectif, mais un vrai substantif qualifié par le nom précédent : மனிதரெல்லாரும் *man'idar ellârum* «tous les hommes», மரங்களெல்லாவற்றிலும் ஆலமரம் பெரிதே *maraṅgaḷ ellâvat't'ilum âlamaram péridê* «parmi tous les arbres, le multipliant est grand; le multipliant est le plus grand de tous les arbres», proprement «tous ceux qui sont hommes, parmi toutes les choses qui sont arbres».

71. Le participe abrégé ou plutôt le radical verbal employé adjectivement devant un mot qui en qualifie un autre peut se placer soit avant soit après le mot déterminant : நிறைபுகழ்ப்பண்டிதன் *nir'eipugajppaṇḍidan'* «le paṇḍit à la louange abondante» ou புகழ்நிறைபண்டிதன் *pugajnir'eipaṇḍidan'* «le paṇḍit comblé de louanges»; c'est de la même manière qu'on dit நடுவூர் *naḍuvûr* «la ville moyenne» pour ஊர்நடு *ûr naḍu* «le milieu de la ville».

72. Il est essentiel de bien comprendre la valeur de certaines particules et surtout de se rendre exactement compte du rôle important des gérondifs et des participes.

Les gérondifs sont des expressions verbales et les participes des expressions adjectives. Les premiers indiquent des actions subordonnées et scandent pour ainsi dire la proposition en ses diverses parties, les seconds déterminent le sujet, le complément ou le mot qui fait fonction d'adverbe ou de conjonction. Aussi certains gérondifs ont un emploi spécial et courant, par exemple ஆக *âga* et ஆ *â* «devenant, étant», ஆய் «étant devenu», என்று *en'd'u* «ayant dit».

Le premier et particulièrement le second forment des adverbes : கொடுமையாக *koḍumei-y-âga* «cruauté-étant, cruellement», பெரிதாய் *péridây* «ce qui est grand-étant, grandement», etc.

ஆக *âga* (et surtout ஆ) remplace la préposition «pour» dans le sens «au lieu de» : சுடர்மதிமுகமாக்கொண்டு *çuḍarmadi mugam â-k koṇḍu* «ayant pris pour visage la lune brillante» (*Tiruviḷeiyaḍalpurâṇa*, pr. 9); il est pris avec la signification de «au total, dans l'ensemble, à savoir»; joint au datif, il précise le sens de «pour, dans le but de, à cause de»; après une forme future, il lui donne une idée optative; etc. Tous ces emplois s'expliquent par son sens absolu «étant».

என்று *en'd'u* et son présent என *én'a* «disant» correspondent à notre «comme» : பொன்னென *pon'n'én'a* «comme l'or», litt. «à dire de l'or» (*Sindâmaṇi*, VI, 100). Avec les verbes, on joint என *én'a* au gérondif : பொன்னும் வெள்ளியும் புணர்ந்

தென *pon'n'um veḷḷiyum puṇarndén'a* « comme s'unissent l'or et l'argent » (*Sindâmaṇi*, XIII, 156). Ces composés de என *én'a* avec le gérondif ont aussi le sens de « comme, pendant que » : சாந்தமை மார்பி னெடுவேல் பாய்ந்தென வேந்தரும்பொருதுகளத் தொழிந்தனர் *çând' amei mârbin' néḍu vêl pâynd' én'a vêndarum porudu kaḷatt' ojindan'ar* « comme les traits s'élançaient sur les poitrines ornées de sandal, les rois mêmes tombaient en combattant sur le champ de bataille » (*Pur'anânûr'u*, LXIII, 8-9).

என *en'a*, joint à certains sons onomatopéiques, forme des adverbes : சிக்கென *çikkén'a* « étroitement », ஒல்லென *ollén'a*, இம்மென *immén'a*, etc. « vite » (on a à ce propos le composé சிக்கெனக்காரன் *çikkén'akkâran'* « avare »). On compose avec ce même verbe என *én'a* des verbes imitatifs : தும்மென *tummén'a* « dire *tum* (douter) », துண்ணென *tuṇṇén'a* « dire *tuṇ* (se hâter) », சுறீரென *çur'îrén'a* « dire *çur'îr* (se fâcher) », சலசலவென *çala-çalavén'a* « faire *flic flac* (dans l'eau »), etc.

என்று *en'd'u* et என *én'a* traduisent aussi le « que » conjonctif : « je vois qu'il y a un arbre » se rendra par மரமுண்டென்றுகாண்கிறேன் *maram uṇḍ' en'd'u kâṇgir'én'*. Il est utile de faire remarquer ici que la phrase conjonctive est toujours rendue par le discours direct : « le roi a dit qu'il viendra » se tournera : « le roi a parlé en disant : je viendrai » அரசன் வருவோமென்று சொன்னான் *araçan' varuvôm* (nous viendrons) *en'd'u çon'n'ân'*.

D'ailleurs, quand on trouvera des phrases de ce genre dans des textes, il suffira de les analyser exactement mot à mot pour se rendre compte de la manière dont elles sont formées et de leur signification exacte, etc.

73. Quant aux constructions participiales, nous en avons déjà parlé (p. 127), et il ne paraît pas utile d'y revenir. Je rappellerai seulement que l'anglais a des constructions analogues. Il dit par exemple : *a leg broken man*, *a fair woman and a hand swollen one*, etc.

On peut rapprocher de ces constructions une façon de parler particulière au tamoul et employée avec முதல் *mudal* «premier» ou avec le mot sanskrit ஆதி *âdi* «commencement» qui est pour ainsi dire son succédané. Quand on a à rendre les idées que nous exprimons en français par les mots «à partir de, et les autres», ou analogues, on fait de முதல் ou de ஆதி une sorte d'adverbe absolu déterminé par le mot principal : «à partir de ce jour-là, nous allâmes à la forêt» sera traduit அன்று முதல் காட்டுக்குப் போனோம் *an'd'u mudal kâṭṭukku pôn'ôm;* «le roi, le ministre et les autres grands personnages sont arrivés» par அரசன் மந்திரி முதலான பெரியவர் வந்தார்கள் *araçan' mandiri mudalân'a périyavar vandârgaḷ;* et «ce navire et les autres partiront demain» இந்தக் கப்பலாதி மற்றவை நாளைக்கு புறப்படும் *inda kappal âdi mat't'avei nâḷeikku pur'appaḍum.*

Dans ces constructions, le participe reste naturellement invariable et inaltéré; cependant, dans la langue vulgaire, le participe suivi de போல் *pôl*, போலே *pôlê* «comme, de même que», allonge son அ *a* final. Dans son *Paramârta*, par exemple, Beschi a écrit : தன்னிலே சொன்னாப்போலே *tan'n'ilê çon'n'âppôlê* «comme ayant parlé en soi», இருக்கிறாப்போலே *irukkir'âppôlê* «comme étant» (et même விடியாமுன்னே *viḍiyâmun'n'ê* «avant le point du jour», du participe futur); mais il y a évidemment ici une altération populaire et les primitifs étaient vraisemblablement சொன்னாற் போலே *çon'n'ât' pôlê*, இருக்கிறாற் போலே *irukkir'ât' pôlê* (et *viḍiyân mun'n'ê* விடியான் முன்னே), c'est-à-dire que le ஆ *â* y représente le suffixe instrumental.

Une autre expression conjonctive vulgaire, difficile à expliquer, est celle qui joint ச்சே *ççê* au gérondif présent pour dire «comme, puisque, cependant» : இருக்கச்சே *irukkaççê* «étant, comme il était», *çollaççê* சொல்லச்சே «en disant».

Il faut noter l'emploi particulier du nom verbal dans des phrases comme la suivante : இம்மாடு நான் கொண்டது *immâḍu nân' koṇḍadu* « ce bœuf est celui que j'ai pris » ou plutôt « c'est ce bœuf que j'ai pris ». Remarquons aussi la composition du nom verbal avec la négation conjuguée dans la phrase பெண்டிரைக் காப்பதிலம் *peṇḍireik kâppadilam* « nous n'avons pas comment garder les femmes, nous ne pouvons pas garder les femmes (*ilam* « nous ne sommes pas ») », que je trouve dans une des rares strophes du *Vaḷeiyâbadi* qui nous ait été conservées.

Les grammairiens citent quelques exemples de gérondifs employés adjectivement : உடுத்தாடை *uḍuttâḍei* pour உடுத்து ஆடை *uḍuttu âḍei* « le vêtement qu'on a mis » (*Açârakkôvei*, II); d'autres voient là une élision de l'*a* final du participe. Mais le gérondif s'explique très bien : « quand on est habillé, le vêtement ».

C. — Observations particulières.

74. Les verbes transitifs ont leur complément direct à l'accusatif. Quelquefois cet accusatif semble contraire à nos habitudes; M. Lazarus cite par exemple les deux phrases : பிள்ளை காலை நொண்டுகிறது *piḷḷei kâlei noṇḍugir'adu* « l'enfant boîte du pied » et எனக்கு நாக்கை வரட்டுகிறது *én'akku nâkkei varaṭṭugir'adu* « j'ai la langue sèche », et le P. Dupuis les suivantes : என்னைப் பத்தடி அடித்தான் *en'n'ei pattu aḍi aḍittân* « il m'a frappé dix coups, il m'a donné dix coups », உன்னைக் கோபித்தான் *un'n'eik kôbittân'* « il s'est fâché contre toi ». Nous avons vu plus haut que les verbes causatifs ont deux accusatifs; ce fait se rencontre aussi avec d'autres verbes, par exemple quand il s'agit d'une action exercée sur une partie d'un ensemble nommé : « il a coupé la queue au chat » பூனையை வாலை யறுத்தான் *pûn'eiyei vâlei ar'uttân'* (cf. *Râmâyaṇa*, I, VI, 8 : கடவுளையடிதொழுது « ayant adoré les pieds du Seigneur [accus.] »), ou quand l'action peut intéresser séparément les deux compléments : « il m'a enseigné les sciences, il m'a fait apprendre les sciences» என்னை சாஸ்திரங்களை கற்பித்தான் *en'n'ei çâstirangaḷei kat'pittân'*. Ce dernier cas est celui des verbes causatifs. Pour comprendre ces formes, il suffit de se rendre compte de la signification exacte des verbes tamouls. Ainsi, dans ces deux vers du *Sindâmaṇi* (1, 368) :

மழலையாழ்மருட்டுந்தீஞ்சொன்
 மதலையைமயிலஞ்சாய......ற்
குழைமுகஞானமென்னுங்
 குமரியைப்புணர்க்கலுற்று....ர்

majalei yâj maruṭṭun tîñ çon' — madaleiyei màyilañ çâyat' — kujei muga ñânam en'n'uṇ — kumariyei puṇarkkal ut't'âr «ils se mirent à unir le jeune homme aux douces paroles qui font honte au luth imparfait et la jeune fille qui s'appelle la science à la figure fatiguée, à la démarche de paon», புணர்க்கல் *puṇarkkal* «joindre» est un transitif remplissant la fonction d'un causatif; il peut gouverner séparément chacun des régimes «ils marièrent le prince, ils marièrent la princesse».

On lit dans le *Kallâḍam* (1, 21) கரு மிடற்றுக் கடவுளைச் செங் கனி வேண்டி *karu midat't'u kaḍavuḷei çèn kan'i vêṇḍi* «ayant demandé le fruit mûr superbe au dieu dont le cou est noir»; *kaḍavuḷei*, qu'il faut traduire «au dieu», est à l'accusatif. De même, les inscriptions des rois Çojas disent : செழியரைத் தேசு கொள் *çéjiyarei têçu koḷ* «prenant l'illustration aux Çéjiyas (rois du Pâṇḍi)»; *Çéjiyarei* est également à l'accusatif.

C'est aussi ce qui explique pourquoi certains verbes sont accompagnés du datif : வேண்டு *vêṇḍu* «avoir besoin», போது *pôdu* «suffire», கூடு «pouvoir», தெரி *téri* «savoir», etc. Ils sont en tamoul neutres et impersonnels : «j'ai besoin d'une maison» se dira எனக்கு ஒரு வீடு வேண்டும் *én'akku oru vîḍu vêṇḍum* c'est-à-dire «à-moi une maison est-nécessaire», உனக்கது தெரியுமா *un'akku adu tériyumâ* (prononciation populaire

தெரிமா *térimâ*) «sais-tu cela», c'est-à-dire «à-toi cela est-il connu?».

Le verbe அஞ்சு *añju* «craindre» est intransitif en tamoul et veut son complément direct au datif : இதுக்கு அஞ்சாதே *idukku añjâdê* «ne crains pas (à) ceci».

75. On aura remarqué le ஆ *â* qui termine cette phrase; c'est une des trois particules interrogatives du tamoul : les deux autres sont ஓ *ô* et ஏ *ê*. La dernière est la moins employée. Les grammairiens disent que ஏ *ê* indique la certitude, ஓ *ô* le doute, ஆ *â* la simple question : அவனா செய்தான் *avan'â çéydân'* «est-ce lui qui l'a fait?», அவனோ செய்தான் *avan'ô çéydân'* «est-ce vraiment lui qui l'a fait?», அவனே செய்தான் «c'est lui qui l'a fait, n'est-ce pas?». Ces suffixes interrogatifs se joignent au mot qui fait l'objet spécial de la question : அவன் செய்தானா *avan' çéydân'â* «l'a-t-il fait?», அவன் அதையா செய்தான் *avan' adeiyâ çéydân'* «est-ce cela qu'il a fait?».

En poésie, la particule interrogative est கொல் *kol* : புணர்வது நீடுவ தன்று கொல் *puṇarvadu nîḍuvad' an'd'u kol* «l'union ne serait-elle pas retardée?» (*Kuraḷ*, CXXXI, 7).

ஓ suivi de எனில் *én'il* ou என்றால் *en'd'âl* «si on dit» équivaut à notre «quant» : அரசனோவென்றால் *araçan'ô-v-en'd'âl* «si on dit : et le roi?, quant au roi». Quelquefois, ஓ est seul employé dans ce sens. M. Dupuis cite l'exemple அவன் போகிறான் நானோ இருப்பேன் *avan' pôgir'ân' nân'ô iruppên'* «il s'en va; quant à moi, je reste». Je ne saurais indiquer ici toutes les autres fonctions de la particule ஓ *ô*.

76. Celles de l'*ê* ஏ sont, sinon aussi nombreuses, du moins plus importantes peut-être. Nous savons d'abord qu'il précise le vocatif : ஐயனே *aiyan'ê* «Seigneur»; il est de même interjection exprimant la douleur : கெட்டேனே *kéṭṭên'ê* «je suis perdu, hélas!».

Il s'ajoute explétivement aux suffixes இல் *il*, ஆல் *âl* et ஒடு *ôḍu*. Les formes en இலே *ilê*, ஆலே *âlê*, ஒடே *ôḍê*, sont même habituelles au langage populaire : வீட்டிலே *vîṭṭilê* «dans la maison» (pron. *ûṭṭ'lê*), என்னோடே *én'n'ôḍê* «avec moi». L'ஏ était là nettement emphatique à l'origine, mais l'usage l'a rendu pour ainsi dire banal et purement explétif. Aussi, quand on veut ajouter au nom ainsi suffixé une idée d'emphase, d'affirmation, de précision, on ajoute un second ஏ : பட்டயத்தினாலேயே அவன் சாவான் *paṭṭayattin'âlêyê avan' çâvân'* «c'est par l'épée (et non autrement) que celui-là mourra». J'emprunte cet exemple à M. Lazarus.

L'ஏ *ê* emphatique ou d'affirmation s'ajoute au mot sur lequel on veut insister : நானே உனக்குச் சொன்னேன் *nân'ê un'akku çon'n'ên'* «*c'est moi* qui vous ai parlé», நான் உனக்கே சொன்னேன் *nân' un'akkê çon'n'ên'* «*c'est à vous* que j'ai parlé», நானுனக்குச் சொன்னேனே *nân' un'akku çon'n'ên'ê* «*mais* je vous l'ai dit, *mais* je vous ai parlé !»; இதே தா *idê tâ* «donne ceci (et rien que ceci)». L'anglais et l'allemand ont des tournures analogues.

L'ஏ *ê* sert aussi de copulative dans les énumérations : நிலனே நீரே தீயே வளியே ஆகாசமே ஐம் பூதியமாகும் *nilan'ê nîrê tîyê vaḷiyê âgâçamê aim pûdiyam âgum* «la terre, l'eau, le feu, le vent et l'éther sont les cinq éléments».

77. Mais la véritable copulative tamoule est உம் *um*, qui, comme le *ca* sanscrit et le *que* latin, se joint à tous les mots : நிலனும் நீரும் தீயும், etc.

உம் s'emploie aussi beaucoup dans le sens de «même, aussi» : மீனும் நாறின *mîn'um nâr'in'a* «les poissons mêmes sentent mauvais»; c'est sans doute dans ce sens qu'il se joint d'ordinaire aux collectifs et aux indéfinis : யாரும் *yârum* ou எவரும் *évarum* «qui que ce soit», எல்லாரும் *ellârum* «tous tant qu'ils sont», முழுதும் இழந்தேன் *mujudum ijandên'* «j'ai tout perdu». On l'ajoute aussi souvent, ainsi que nous l'avons vu plus haut, au suffixe ஓடு *ôḍu* «avec».

Il sert de plus à préciser exactement, à déterminer; dans son *Dictionnaire*, Beschi cite ces deux exemples : இந்த மூன்றும் பனை மரம் *inda mûn'd'um pan'ei maram* «ces trois choses sont des palmiers» et கண்ணிரண்டும் வலிக்குது *kaṇṇiraṇḍum valikkudu* «les deux yeux me font mal» (sans உம், on pourrait croire que j'ai un troisième œil).

«Même» s'exprime souvent d'ailleurs par le pronom réfléchi தான் *tân'* employé adverbialement : நான் றான் *nân' tân'* «moi-même». A la fin des phrases, il équivaut à l'affirmation «c'est» : இது மெய் தான் *idu méy tân'* «cela est vrai, certes». Avec le pluriel, on met தாம் *tâm* : அவர்கள் தாம் *avargaḷ tâm* «eux-mêmes».

78. Je ne puis songer à faire ici l'historique du dictionnaire tamoul ni à étudier les variations de sens, si intéressantes, des mots. Je citerai seulement நீர் *nîr* «eau», qui, dans la langue vulgaire parlée, ne s'emploie plus qu'avec le préfixe தண் *taṇ* «frais» : on prononce *taṇṇi* et ce mot veut dire simplement «eau»; de même «huile» se dit aujourd'hui எண்ணெய் *eṇṇéy*, qui signifie proprement «huile de sésame», de எள் *éḷ* «sésame» et நெய் *néy* «beurre liquide, graisse fondue». Je ferai remarquer aussi le double sens de மீன் *mîn'* «poisson» et «étoile», dérivant de la racine மின் *min'* «briller», et de நூல் *nûl* «fil» et «livre savant», apparenté à des racines signifiant «réduire en poussière, amincir, filer». Dans plusieurs passages d'auteurs anciens, j'ai trouvé நாள் *nâḷ* «jour» employé avec le sens manifeste de «nuit»; c'est certainement de cette acception que vient நாளை *nâlei* «demain» (employé généralement au datif et prononcé vulgairement *nâléki*) : «jour» opposé à «nuit» se dit பகல் *pagal*.

Je signalerai également le sens particulier qu'a pris à une époque relativement récente le mot பேர் *pêr* «nom»; il est couramment employé pour «personne», tout en gardant la première signification. Parmi les extensions de signification, ne serait-il pas intéressant de faire remarquer que le mot மறை *mar'ei*, proprement «chose cachée, secret», est employé comme synonyme, comme représentant du sanskrit वेद *vêda*, livre sacré dont la lecture est interdite au vulgaire? Je dois rappeler aussi que certains mots, jadis ordinaires, ne sont plus d'usage courant : ainsi «maison» ne se dit plus que வீடு *vîḍu* (pron. *vûḍu*) et non இல் *il*, «roi» est இராசா *irâçâ* (*râdjâ*) et non கோ *kô* (cf. கோயில் *kô-il* «palais, maison du roi» et par extension «temple, maison de Dieu»), «homme» est மனுஷன் *man'uṣan'* et non ஆள் *âḷ* (conservé en kurukh [où «femme» est *âḷî*, féminin de *âḷ*] et par les Todas des Nîlagiris), apparenté à ஆண் *âṇ* «mâle», etc.

J'ai indiqué plus haut (p. 59) les nuances de sens qu'on a attribuées à certains synonymes. A cet égard, il y aurait à mentionner une catégorie spéciale de mots appartenant au vocabulaire érotique : les uns sont «convenables» et peuvent être employés dans les livres, les autres sont «obscènes» ou «inconvenants» et doivent être impitoyablement proscrits. Cette distinction était nécessaire; la littérature tamoule comprend en effet un grand nombre d'ouvrages qui traitent de l'amour et qu'on veut pouvoir lire en bonne compagnie.

DEUXIÈME PARTIE.

TEXTES.

I

CONTES ET RÉCITS.

க

எந்த உயிரையும் கொல்லாத ஒரு சந்நியாசி ஒரு ஏரி கரை மேலே போனுன் — போகும் யோது ஒரு செம்படவன் அந்த ஏரியிலே மீன் பிடித்தான் — சந்நியாசி செம்படவனே பா ர்த்து ஐயோ நீ எப்போது கரை ஏறுவாய் என்றுன் — ஐயா என் பறி நிரம்பினுல் கரை ஏறுவேன் என்றுன்

உ

ஒரு குருக்கள் தம் சீஷனுக்கு ஞானங்கள் உ பதேசித்தார் — உபதேசிக்கும் போது சீஷன் தன் வளையிலே நுழைய போகும் எலியை பார் த்து அதன் மேலே நினைப்பாக இருந்தான் — குரு உபதேசித்து ஆன உடனே சீஷா எல்லாம் நுழைந்ததா என்றுன் — சீஷன் எல்லாம் நுழை ந்தது வால் மாத்திரம் தான் நுழைய இல்லை

என்றான் — ஆதலால் மூடர்களுக்கு சொல்லு கிற புத்தி இப்படி இருக்கும்

௩

ஒரு ஆசாரியன் சீஷன் வீட்டுக்கு வந்து சில வார்த்தைகள் பேசி கொண்டு இருக்கும் போது சீஷா உன் பிள்ளை நால்வர்களில் யோக்கியன் ஆர் என்றான் — சுவாமி இதோ கூரை வீட்டின் மேல் ஏறி கொண்டு கொள்ளிக்கட்டை சுற்றுகிறானே இவன் தான் இருக்கிறவர்களுக்கு உள்ளே பரம யோக்கியன் என்றான் — குரு மற்றை மூவர்கள் எப்படி பட்டவர்களோ என்று மூக்கு மேலே விரல் வைத்து பெருமூச்சு விட்டு அப்படியா என்று விசனப்பட்டான்

௪

ஒரு செலவுகாரன் ஒரு சிக்கெனக்காரனை கடன் கேட்டான் — மறுபடி நீ எப்படி கடன் தீர்ப்பாய் என்றான் — என் சம்பளத்தில் மாசம் மாசம் சேர்த்து கொடுப்பேன் என்றான் — இதற்கு முன்னே தானே நீ இப்படி சேர்த்து கொள்ளல் ஆகாதா என்றான் — தெரியாமல் இருந்து விட்டேன் என்றான் — ஆனால் நான் தெரிவிக்கிறேன் ஏன் என்றால் கடன் கொடுக்க மாட்டேன் போ என்றான் — பிறகு அவன் பணம் சேர்க்க தொடங்கினான்

௫

ஒருவன் பதினாயிரம் வராகன் வைத்து இருந்தான் — அவன் தனக்கு சாம் காலம் சமீபித்தது அறிந்து தன் இரண்டு பிள்ளைகளையும்

அழைத்தான் — ஒவ்வொருவனுக்கு ஐந்து பணம் கொடுத்து இதனாலே வீட்டை நிறைய பண்ணுகிறவனுக்கு என் பொருளை தருவேன் என்றான் — அவர்களிலே மூத்தவன் ஐந்து பணத்துக்கு மலிந்த பண்டம் ஆகிய கருப்பஞ்செத்தை வாங்கி வந்து வீடு நிறைய கொட்டி பரப்பி வைத்தான் — இளையவன் மெழுகு வர்த்தி வாங்கி வந்து ஏற்றி எங்கும் பிரகாசிக்க வைத்தான் — பிதா அவ் விரண்டையும் பார்த்து தீபம் ஏற்றினவனுக்கு ஆஸ்தியை ஒப்பித்தான் — ஆதலால் புத்தி உள்ளவன் பெரியவன்

௬

ஓர் எளிய பிராமணன் வெகு நாள் வடை தின்ன ஆசை கொண்டு இருந்தான் — ஆனால் ஒரு நாள் பிரயாசப்பட்டு கொஞ்சம் உழுந்தும் எண்ணெயும் பின்னும் வேண்டிய சம்பாரங்களும் சம்பாதித்து பெண்டாட்டி கையில் கொடுத்தான் — கொடுத்ததை நூறு வடையாக சுட்டு சீக்கிரமாக கொடு என்றான் — அவள் சுடச்சே தானே ஒவ்வொரு வடை ஆக தின்று விட்டு ஒரு வடை மாத்திரம் புருஷன் முன்னே கொண்டு வந்து வைத்தாள் — அவன் இன்னம் தொண்ணூற்றொன்பது வடை எங்கடி முண்டாய் என்றான் — நான் தான் தின்று விட்டேன் என்றாள் — ஆ அத்தனையும் எப்படி தின்றாயடி என்றான் — இப்படி தான் தின்றேன் காணும் என்று அந்த ஒரு வடையையும் எடுத்து பிட்டு வாயில் போட்டு கொண்டாள் — பார்ப்பானே மாறினான்

௭

ஒரு மூடன் ஒருபெ கட்டி பின்னே கூடி கொண்டு ஊர் பயணம் போனான் — போகும் போது மெத்த கருக்கல் ஆன படியினால் ஒரு மைதானத்திலே இவன் வழியில் படுத்து கொண்டான் — செட்டி சமீபத்திலே ஒரு செடி மறைவிலே படுத்து கொண்டான் — இப்படி இருக்கச்சே வழியில் போகிற திருடர் காலிலே மூடன் கால் தட்டு பட்டது — ஒரு திருடன் இது என்ன கட்டை போல் இருக்குதே என்றான் — மூடனுக்கு கோபம் வந்து போ போ உன் வீட்டு கட்டை இடுப்பிலே ஐந்து பணம் கூட முடிஞ்சு கொண்டு

சட்டமாய் படுத்து இருக்குமோ என்றான் — திருடர் அவனை பிடித்து அந்த பணத்தை பிடுங்கி கொண்டு போகிற போது இந்த பணம் செல்லுமோ செல்லாதோ என்று பேசி கொண்டார்கள் — மூடன் ஆ என் பணம் அப்படி பட்டதா வேண்டும் ஆனால் செல்லும் செல்லாததுக்கு இதோ செட்டியார் இருக்கிறார் காட்டுங்கள் என்று அந்த செட்டியை சுட்டி காட்டி சொன்னான் — அவர்கள் செட்டி இடத்தில் இருந்த நூறு வராகனையும் பறித்து கொண்டு போனார்கள் — ஆகையால் மூடர்கள் சேர்க்கையால் தப்பாமல் கெடுதி வரும்

MÊME MORCEAU; MOTS EUPHONIQUEMENT RÉUNIS.

ஒருமூடனொருசெட்டியின்னேகூடிக்கொண்டேர்ப்பயணம்போனான் — போகும்போதுமெத்தக்கருக்கலானபடியினாலொருமைதானத்திலேயிவன்வழியிற்படுத்துக்கொண்டான் — செட்டிசமீபத்திலேயொருசெடிமறைவிலேபடுத்துக்கொண்டான் — இப்படியிருக்கச்சேவழியிற்போகிறதிருடர்காலிலே மூடன்காற்றட்டுப்பட்டது — ஒரு திருடனிதென்னகட்டைபோலிருக்குதேயென்றான் — மூடனுக்குக் கோபம்வந்து போபோவுன்வீட்டுக்கட்டையிடுப்பிலே யைய்ந்துபணங்கூடமுடிஞ்சுகொண்டுசட்டமாய்ப்படுத்திருக்குமோவென்றான் — திருடரவனைப்பிடித்தந்தப்பணத்தைப்பிடுங்கிக்கொண்டுபோகிறபோதிந்தப்பணஞ்செல்லுமோசெல்லாதோவென்றுபேசிக்கொண்டார்கள் — மூடன் ஆ என்பணமப்படிப்பட்டதாவேண்டுமானால் செல்லுஞ்செல்லாததுக்கிதோசெட்டியாரிருக்கிறார்காட்டுங்களென்றந்தச்செட்டியைச்சுட்டிக்காட்டிச்சொன்னான் — அவர்கள் செட்டியிடத்திலிருந்தநூறுவராகனையும்பறித்துக்கொண்டு போனார்கள் — ஆகையான் மூடர்கள்சேர்க்கையாற்றப்பாமற்கெடுதிவரும்

அ

ஒரூரிலொருகோமுட்டிகொஞ்சம்பணக்காரனாகவிருந்தான் — ஒரு நாளிராத்திரி யவன்பரணிலொருதிருடனேறிப்பதுங்கிக்கொண்டிருந்தானந்தச்சாடையிந்தக்கோமட்டியறிந்து தெரிந்துகொள்ளாதவன்போலவிருந்தொருபாயம்பண்ணினான் — என்னவென்றால் தன்

பெண்டாட்டியையப்பார்த்தடிப்பிள்ளையுண்டாயிருக்கிறையே யிதுபிற ந்தால்யார்பேரிடலாமென்றான் — அதால் வெங்கடேசனென்றுபேரி ட்டிப்படியழைப்போமென்றடாவேங்கடேசாவடாவெங்கடேசாவென் றாக்கக்கூப்பிட்டான் — அதண்டைவிட்டுத்தலையாரிபேராகையா லேயவன்சீக்கிரமாயாயுதத்துடனேயோடிவந்தேனென்றான் — கோ ட்டிபரண்மேலேதிருடனிருக்கிறதைச்சைகைபண்ணினான் — தலை யாரியவனைப்பிடித்துக்கட்டிக்கொண்டுபோய்விட்டான்

௬

விடியற்காலத்திற்றூங்கியெழுந்திருக்கும்போதுமுன்னேசோடுகா க்காய்களைப்பார்த்தவனுக்கன்றைக்கு நல்லலாபமுண்டாகுமென்றொ ருவன்கேள்விப்பட்டான் — பிறகவன்றன்வேலைக்காரனையழைத்து அடாநீ விடியற்காலத்திற்சோடுகாக்காய்களைப் பார்த்துவந்தென்னை யெழுப்பென்றான் — வேலைக்காரனப்படியேசோடுகாகங்களிருக்கப் பார்த்துவந்தெசமானனையெழுப்பினான் — எசமானனெழுந்துபோ ய்ப்பார்க்கும்போதொருகாகமோடிப்போய் மற்றொருகாகமாத்திரமி ருந்தது — அப்போதெசமானனென்றுபோகிறதற்குமுன்னேதா னேயென்னையெழுப்பாமற்போனாயென்றுகோபித்துக்கொண்டு வே லைக்காரனையடித்துதைத்தான் — அப்போதுவேலைக்காரன் ஐயா விரண்டுகாகத்தையும்பார்த்தவெனக்குவந்தலாபத்தையிதோநீபா ர்க்கவில்லையாவென்றான் — அதுகேட்டெசமானன்வெட்கப்பட் டான்

௰

சிலபிறவிக்குருடர்களோரிடத்திற்சேர்ந்திருந்துகொண்டிருந்தார் கள் — அவர்கள் யானையைப்பார்க்கவேணுமென்றாசைகொண்டொ ருயானைப்பாகனைவேண்டிக்கொண்டார்கள் — அவன்யானையைநி றுத்தியிதைப்பார்த்துப்போங்களென்றான் — நல்லதென்றொருகுரு டன்காலைத்தடவிப்பார்த்தான் — ஒருகபோதிதும்பிக்கையைத்தட விப்பார்த்தான் — ஓரந்தகன்காதைத்தடவிப்பார்த்தான் — மற் றொருவன்வாலைத்தடவிப்பார்த்தான் — இப்படிப்பார்த்துவிட்டிவர் களப்புறம்போனபிறகொருத்தர்க்கொருத்தர்யானையின்றன்மைபே ச்த்தொடங்கினார்கள் — அப்போதுகாலைத்தடவினவன் யானையுரல்

போலிருக்கிறதென்றான் — தும்பிக்கையைப்பார்த்தவன் யானையுலக்கைபோலிருக்கிறதென்றான் — காதைத்தடவிக்கண்டவன் யானை முறம்போலிருக்கிறதென்றான் — வாலைத்தடவிக்கண்டவன் யானைதுடைப்பம்போலிருக்கிறதென்றான் — இப்படியொருவர்க்கொருவர் மாறுபடச்சொல்லியொழியாமற்சண்டையிட்டுத்திரிந்தார்கள் — மந்துக்கெட்டாதகடவுளின்றன்மையைப்பலசமையவாதிகளுந்தங்கடங்கண்மதநூலைக்கொண்டுநிச்சயிப்பதிப்படியேயிருக்கின்றது

௰௧

ஒருத்தியினுடையகோழியை அண்டைவீட்டுக்காரிதிருடிக்கொண்றுதின்றுவிட்டாள் — அவள்வீட்டுக்குள்ளேபோனகோழிமறுபடியும்வாராமற் போனதைப்பார்த்துக்கொண்டிருந்தசொந்தக்காரி யந்தத்திருடியினிடத்திற்குப்போய் என்கோழியுன்வீட்டுக்குள்ளேவந்ததேயதுவெதோவென்றுகேட்க அவள் நான் பார்க்கவில்லையென்று சாதித்தபடியால் மரியாதைராமனிடததிற்குப்போய்ப் பிரியாதுசெய்தாள் — அந்தத்திருடியையழைப்பித்துகேட்டபோது நானந்தக்கோழியைப்பார்க்கவேயில்லையென்றுசாதித்தாள் — நியாயாதிபதி சாட்சியில்லாமையினாலே அவ்விரண்டுபேருக்கும்வீட்டிற்குப்போகவுத்தரவுகொடுத்துவிட்டுக்கொஞ்சந்தூரத்திலே போகிறபோது கிட்டவிருக்கிறவர்களைப்பார்த்து ஒருஸதிரீயானவள் கோழியைத்திருடித்தின்றுவிட்டு அதன்மயிரைத்தலையிலேவைத்துக்கொண்டு இந்தச்சபையிலேநின்றுநானறியேனென்று சாதித்துவிட்டுப்போகிறாளே அவளுடைய தைரியத்தைப்பார்த்தீர்களோவென்று அவர்களுக்கு கேட்கும்படியாகச்சொன்னான் — அந்தத்திருடி யந்தசொற்றன்காதிலேவிழுந்தமாத்திரத்திலேகையினாலே மெள்ளத்தன்கொண்டையைத்தடவிப்பார்த்தாள் — அதைக்கண்டுநியாயாதிபதியந்தத்திருடியைப்பிடித்துக்கொண்டு வரச்சொல்லியவள்வாயைக்கொண்டே திருட்டைவெளிப்படுத்தி யதற்குத் தகுந்தவபராதம்வாங்கிக்கோழிக்காரிக்குகோழிபதிலுக்குக் காடுக்கும்படியுத்தரவுசெய்தான் பொய் நின்றுமெய்மை வெல்லுமா என்றதை அத்திருடி யன்றைக்குத்தான் நிசமென்றுநம்பினாள்.

௰௨

ஒருகிராமத்திலொருவனொராடுகொழுப்பாகவளர்த்தான் — அந்தவூர்த்தலையாரியதன்மேற்கண்வைத்திருந்தொருநாடிருடிக்கொண்டுபோய்ப்பெண்டாட்டியுந்தானுமாயதைரகசியமாகக்கொன்றுசமைத்தார்கள் — சமைத்தவுடனேபெண்டாட்டியைப்பார்த்தடியடி நாமிருவருமேயிந்தக்கறிகளைக்கூடுமானமட்டுந்தின்றுவிட்டுமற்றதைப்புதைத்துவிடுவோமென்றான் — அவளென்னபேச்சுபேசுகிறாய் பிள்ளையைவஞ்சிக்கலாபோமோவென்றாள் — தலையாரியானவிப்போதுபிள்ளைவாசலிற்படுத்திருக்கிறானேயவன்மேலேதண்ணீரைத்தெளித்துக்கொண்டேமழைமழையெழுந்திரென்றுசொல்லியெழுப்பியிட்டுக்கொண்டுவந்துகறிபோட்டுச்சாப்பிடச்சொல்லென்றான் — அவளப்படியேசெய்தாள் — மறுநாளந்தாட்டுக்காரனுக்கவனிடத்திற்சந்தேகந்தோன்றிவிளையாடுகிறதலையாரிப்பிள்ளையண்டைவந்துதம்பிராத்திரியுங்கள்வீட்டிலென்னகறியென்றான் — ஆட்டுக்கறியென்றானதைச்சாக்ஷியாகக்கொண்டு நியாயாதிபதியிடத்திற்பிராதுபண்ணினான் — அவன்றலையாரியையுமவன்பெண்சாதியையும்பிடித்துவரச்சொல்லி ராத்திரியாட்டுக்கறிசமைத்தீர்களாவென்றுகேட்டான் — இல்லையென்றார்கள் — உங்கள்பிள்ளைசொல்லுகிறானேயென்றான் — என்றைக்குச்சாப்பிட்டதைச்சொல்லுகிறானோதெரியாதென்றார்கள் — நீதிக்காரன்பையனைப்பார்த்தெப்போதுசாப்பிட்டாயென்றான் — ஐயாராத்திரிமழைதூறிற்றேயப்போதென்றான் — நியாயாதிபதி ராத்திரிமழையில்லையேயிந்தச்சிறுபிள்ளைமழைபெய்தபோதெப்போதுசாப்பிட்டானோவதைச்சொல்லுகிறானகையால் ராத்திரியாட்டுக்கறியாக்கினதுபொய்யென்றவர்களையனுப்பிவிட்டான் — ஆதலாற்றிருடர்கள்தந்திரத்தினாலேதப்பித்துக்கொள்ளுவார்கள்

௰௩

முன்னாலே ராச்சியமாண்டுகொண்டிருந்தராயனென்பவனுடைய தாயாரிறந்துபோகிறகாலத்தின்மாம்பழத்தின்மேலாசையாகவிருக்கிறேனென்றுசொன்னாள் — ராயனதையழைப்பித்துக்கொடுப்பதுக்குமுன்னேயிறந்துபோனாள் — பிறகுசிலநாட்பொறுத்துப்பார்ப்பா

ளையழைப்பித்தென்றுயார்மாம்பழத்தாசையுடனேயிறந்துபோனுள தற்கென்னசெய்யலாமென்றான் — அவர்கடங்கத்திலுலேநூறுநூ றுபலத்நிலேயாயிரம்பழஞ்செய்வித்தாயிரம்பிராமணருக்குச்கொடுத் தாலந்தவாதமாவுக்கந்தவாசைதீருமென்றார்கள் — ராயனப்படியே செய்வித்தவளிறந்தநாளையிற்றனம்பண்ணினுன் — அப்போது ரா யனண்டையாசியக்காரனுயிருந்ததென்னுலிராமகிஷ்ணனந்தப்பிரா மணர்களையெல்லாமென்றுயாரைக்குறித்துக்கொஞ்சம்பிரயோசனமி ப்போதுசெய்யக்காத்திருக்கின்றேன்றயைசெய்யவேண்டுமென்றுத ன்விட்டிற்கழைத்துப்போனுன் — அவர்களுள்ளேபோனபிறகுதெ ருக்கதவைச்சாத்திப்போட்டுவிட்டிலேவரிசையாகவுட்காரச்செய்து சூட்டுக்கோலேயெடுத்துக்கொண்டுவந்தையர்களேயெனருய்வலிப்பு நோயாலிறந்துபோகையிற்சூடினுற்பிழைப்பேனென்றுள் ஆனுற்சூடு வதுக்குமுன்னேபரலோகத்தையடைந்தாள் ஆகையாலவள்சந்தோஷ மடையவந்தச்சூட்டைநீங்கள்குளிர்ந்தமனத்தோடுவாங்கிக்கொள் ளுங்களென்று சிலபேரைச்சூடினுன் — அவர்கடிமிரிக்கொண்டோ டிவந்து ராயனிடத்தின்முறையிட்டார்கள் — ராயன்ராமகிஷ்ணனை யழைப்பித்தென்னசெய்தாயென்றதட்டிக்கேட்டான் — அவன்றே வரீர்தாயார்கேட்டதையிவர்களுக்குச்கொடுத்தாற்போலவென்றுயார் கேட்டதையுங்கொடுத்தவளுக்குச்சந்தோஷம்வரப்பண்ணுகிறே னென்றுன் — ராயனதற்குவெட்கிச்சும்மாவிருந்துவிட்டான்

௰௪

ஒருராசாவேட்டைக்குப்போனுன் — அப்போதுகாட்டிலொருவில் லிச்சிபிரசவித்துடனேயிச்சங்குருத்தைத்தின்றிரண்டுகைத்தண்ணீ ரைக்குடித்துவிட்டுப்பிள்ளையையுங்கழுவியெடுத்துக்கொண்டுபோய் விட்டாள் — அதைப்பார்த்திருந்தவிந்தராசாவிவள்யாதொருபண்டி தபரிகாரமில்லாமற்குளிகுளித்தவுடனேயெழுந்துபோய்விட்டாளே யிப்படியிருக்கநம்முடையபெண்டுகளென்னவுபசாரம்பண்ணினு லும்வெகுநாள்வரைக்குமறைவிட்டெழுந்திராமற்கிடக்கிறுர்களேயது அருமைபாராட்டுகிறதினுலேயாகையாலினிநாமுமிப்படியேசெய்விப் போமென்றெண்ணிக்கொண்டுவந்துவிட்டான் — வந்தவுடனேதன் பெண்சாதிக்குப்பிரசவிக்கிறகாலஞ்சமீபித்திருக்கிறதையறிந்தாமனே வைத்தியர்களுக்குமருந்துவிச்சிகளுக்கும்வேலேக்காரிகளுக்கும்ரா

ணிக்குப்பிள்ளைப்பேற்றைக்குறித்தொன்றுமுபசாரம்பண்ணவேண்டாமென்றுதிட்டம்பண்ணினான் — இதையறிந்தபட்டஸ்திரீராசாவுக்குப்பிரீதியாகவிருக்கிறசிங்காரத்தோட்டவேலைக்காரரையழைப்பித்தின்றுமுதலாகத்தோட்டத்திற்செடிகொடிமரங்களுக்குத்தண்ணீரிறைக்கவேண்டாம் எருப்போடல்களைக்கட்டல்முதலாகியவுபசாரங்கள்பண்ணவேண்டாமென்றுகட்டளையிட்டாள் — இரண்டுநாள்கழித்து ராசாதோட்டத்திலுலாவப்போனபோது தோட்டம்வாடிக்கிறதைக்கண்டுகோபித்துத்தோட்டக்காரரையிப்படியிருப்பானேனென்றுகேட்டான் — சாமியிதுராணியாருடையகட்டளையென்றார்கள் — அதுகேட்டுராசாவுடனேயந்தப்புரத்துக்குப்போய்ப்பெண்ணேநம்முடையபூங்காவனத்துக்கேன்றண்ணீரிறையாமலிருக்கவுத்தரவு செய்தாயென்றான் — விவேகபுஞ்சமேகேளுங்காட்டிலிருக்கிறசெடிமரங்களுக்குத்தண்ணீரிறைத்தன்முதலாகியவுபசாரம்யார்பண்ணுகிறார்கள் ஆகையாலிதுகளுமப்படியேபயிராகலாமென்றுத்தரவுசெய்தேனென்றாள் — அதுகேட்டுராசாவெட்கப்பட்டெழுந்துதன்விடுதிக்குவந்துபண்டிதர்முதலாகியபேருக்குப்பழையபடிராணிக்குபசரிக்கவுத்தரவுசெய்தான் — ராணியுந்தண்ணீரிறைக்கத்தோட்டக்காரர்க்குத்தரவுசெய்தாள் — ஆதலால் தாரதம்மியம்பார்த்துநடப்பிக்கவேண்டும்

௰௫

தெற்குத்தேசத்திலிருக்குமொருதமிழன் சீவனமில்லாமற்சங்கடப்பட்டுக்கொண்டிருக்கையிலவன்வடதேசத்திலேயாகிலும்போய்ப்பிழைப்போமென்றுலோசித்துப்புறப்பட்டுப்போகும்வழியிலேதெலுங்குதேசத்திலொருக்கிராமத்துக்கடுத்தசத்திரத்திலொருநாளிராத்திரிவந்துதங்கியிருந்தான் — வடதேசத்திலிருக்குமொருவடுகன் அன்னமுதலானவைகளுக்குவருத்தமுற்றவனாய்த்தமிழ்த்தேசத்திலேயாகிலும்போய் சேவகம்பண்ணிப்பிழைப்போமென்றுகையிலேயீட்டியொன்றெடுத்துக்கொண்டூர்தோறும்யாசகஞ்செய்துபோசனம்பண்ணிக்கொண்டவனுமன்றிராத்திரியந்தச்சத்திரம்வந்துசேர்ந்துபடுத்திருந்தான் — விடியற்காலமந்தவடுகனெழுந்துதெற்கேபோகவேண்டுமென்று தன்னீட்டியையெடுக்கையில் அதுதெற்கேயிருந்துவந்ததமிழன்றொள்ளைகாதிலேமாட்டிக்கொண்டபடியினாலே அவன்காதுகாதென்றீட்டியைக்கெட்டியாய்ப்பிடித்துக்கொண்டான் — வடுக

றுதிநாதியென்றீட்டியையிழுத்தான் — அப்படியிருவருமொருவன்பேச்சொருவனுக்குத்தெரியாமல்வாதாடக்கொண்டிருக்கையில் வடுகுந்தமிருந்தெரிந்தவொருவனவர்களிருவர்க்குந்தெரியச்சொல்லிவிலக்கிவிட்டான் — ஆகையாலொருதேசத்தில்வழங்குகிறவார்த்தைதெரியாமலந்ததேசத்திற்போய்ப்பிழைப்போமென்கிறதுதப்பென்றவ்விருவருந்தங்களுடையதேசத்திற்குப்போய்விட்டார்கள் — ஆகையாற்சகலதேசத்துவார்த்தையுங்கற்றுக்கொள்ளுகிறதேயாவர்க்கும்பிரயோசனம்

௰௬

ஒருபிராமணன்காட்டுவழியேதனியேவரும்போதங்கேயொருபோனிலடைபட்டிரண்டுநாளாயிரையில்லாமலிருக்கிறவொருபுலியவனைப்பார்த்து நல்லவார்த்தைகளினாலழைத்தையாவென்னையிதினின்றுதிறந்துவிட்டாலுமக்குமிகுந்தபுண்ணியமுண்டென்றுவேண்டிக்கொண்டது — பிராமணனீதுஷ்டமிருகமாகையாலுன்னைவெளியேவிட்டாற்கொல்லுவையேயென்றான் — புலியுபகாரம்பண்ணினவுன்னைக்கொல்லுவேனாகொல்லேனென்றுபலவிதமாகவவனுக்குநம்பிக்கைவரும்படிச்சொன்னவுடனேபிராமணனதன்சொல்லைநம்பிப்போனைத்திறந்துவிட்டான் — விட்டவுடனே புலிபிராமணனைப்பார்த்து நீயெனக்கிரையாகவேண்டுமுன்னைநான்கொல்லுவேனென்றது பிராமணனுபகாரம்பண்ணினவென்னைக்கொல்வதுநியாயமாவென்றான் — புலி மனிதர்முதலாகியபிராணிகளைக்கொல்வதெங்கட்குச்சாதித்தொழிலாதலாலுன்னைக்கொல்வதுநியாயந்தானென்றது — அப்படியிருக்கையிலந்தப்பிராமணனிந்தச்சங்கதியையொருத்தருடனேசொல்லியவர்சொல்லுகிறபடிநடப்போமென்றான் — பிறகங்கேவந்தவொருநரியுடனேபிராமணனும்புலியுமிதைச்சொல்லும்போது நரி எனக்கு நீங்கள்சொன்னதுதெரியாதுபுலியெப்படிபோனிலடைப்பட்டிருந்ததுநீயெவ்வாறுதிறந்தாயந்தப்படிநீங்களென்கண்காணநடந்துகாட்டினானியாயந்தெரிந்துங்கள்வழக்குத்தீர்ப்பேனென்றது — புலி நல்லதென்றந்தப்போனுக்குட்புகுந்தவுடனே போன்மூடிக்கொண்டது — நரி பிராமணனைப்பார்த்து மூடப்பிராமணா துஷ்டனுக்குபகாரம்பண்ணலாமா பிராமணனுக்குப்பின்புத்தியாகையானீயிந்தக்காரியம்பண்ணினாயோடிப்போவென்றது — பிராமணன்பிழைத்துப்போனான்

௰௭

தென்னால்ராமகிஷ்ணனென்பவனொருநாண்மிகவும்விசனமாயிருக்கிறதையிராயனோக்கி நீயேன்றுக்கிக்கிறாயுனக்கென்னகுறைபாடென்றான் — அப்போழ்துதென்னால்ராமகிஷ்ணன் ஐயாசோதிஷர்களென்னையிரண்டொருமாதத்திலிறந்துபோவாயென்கிறார்களானாலிறப்பைக்குறித்தியாதொன்றுநான்சிந்திக்கவில்லையெனக்குப்பிற்காலத்திலென்குடும்பத்தையென்னைப்போலாதரிப்பாரொருவருமில்லையேயென்றுகிலேசப்படுகிறேனென்றான் இராயனதைக்குறித்தெள்ளளவுநீயஞ்சாதேயுன்னிலும்பதின்மடங்கதிகமாயுன்சமுசாரத்தைக்காப்பேனெனக்கிதொருபெரிதாவென்றுநம்பிக்கையாகச்சொன்னான் — பின்புதென்னால்ராமகிஷ்ணனன்றுமுதலாகவரவரநோய்திகிரிக்கிறப்போற்பாசாங்குபண்ணிக்கொண்டிருந்தொருநாளிறந்துபோனதாயெல்லாருநம்பும்படியேதோவுபாயம்பண்ணித்தன்பெட்டியிலிருந்தபணங்களையுமாபரணங்களையும்பாத்திரங்களையும்வேறோரிடத்தில்வைத்ததிற்றான்புகுந்துகொண்டிருந்தான் — இவனிறந்தனனென்றசெய்தியிராயன்கேட்டமாத்திரத்திற்றென்னால்ராமகிஷ்ணனிடத்திற்றிரவியமதிகமாயிருக்கிறதென்றுகேள்விப்பட்டபடியினாலப்போதேசிலசேவகர்களையனுப்பியவன்வீட்டுப்பணப்பெட்டியைச்சீக்கிரத்திலெடுத்துவாச்சொல்லிக்கட்டளையிட்டவர்களவ்வாறேயதைத்தன்னறையிற்கொண்டுவந்தமாத்திரத்திலாசையோடப்பெட்டியைத்திறந்துபார்க்கையிற்றென்னால்ராமகிஷ்ணனைப்பார்த்தோகோநீசெத்துப்போனாயென்றார்களேயென்றான் — அவனும்மைநம்பிச்சாகலாமாநீர்தானாவென்குடும்பத்தைக்காப்பாற்றுகின்றவரென்றான் — இராயன்வெட்கிப்பேசாமலிருந்துவிட்டான்

௰௮

வழிபோக்கனாகியவொருவர்த்தகன் ராத்திரியிலொருசத்திரத்திற்படுத்துக்கொண்டுறங்கினான் — அப்போதவன்சோமனிலேமுடிந்திருந்தவொருரத்தினத்தையங்கேபடுத்திருந்தவர்களிலொருவன்றிருடிக்கொண்டான் — பிறகு வர்த்தகன்விழித்தபோதுரத்தினத்தைக்காணாமல் யோசித்ததென்னவென்றால் இங்கேபடுத்திருக்கிறவர்களுடையமார்புகளைத்தொடுப்பார்ப்போம் எடுத்தவனுடையமார்புப

யத்திருற்பதைபதைத்துக்கொண்டிருக்கும் அதனாலவனைத் திருடி னவனென்றறியலாமென்று நினைத்தான் — பிறகப்படியேதொட்டு ப்பார்க்கையில் அவர்களிலொருவன்மார்புமாத் திரம்பதைக்கக் கண் டடையாளத்துக்காகவவன் குடுமியையறுத் துவிட்டுவந் துபடுத் துக் கொண்டான் — அப்போது தூங்கிறாற்போலிருந்ததிருடனெழுந்து தன்கத்திரிக்கோலாற்படுத்திருந்தவர்களுடையகுடுமிகளையெல்லாங் கத்தரித்துப்போட்டந்தத்திட்டத் திற்கேறக்குறையக்கொய்திருந்த தன்குடுமியையுங்கத்தரித் துக்கொண்டுபடுத் துக்கொண்டான் — இதையறியாதவர்த்தகன்பொழுதுவிடிகிறதுக்குமுன்னேயெழுந்திரு ந்து சத்திரத்துவிசாரணைக்காரனுடனேதிருடனையறிந்தடையாளத்து க்காகக்குடுமியையறுத் திருக்கிறேன் நீரவனைக்கண்டுபிடித்தென் பொருளைவாங்கிக்கொடுமென்றுசொன்னான் — விசாரணைக்காரனப் படியேபடுத்திருந்தவர்களையெழுப்பியவர்களுடை யதலைகளைப் பார் த்தான் — எல்லார்குடுமியுமறுபட்டிருந்ததனாற்றிருடினவனையறியக் கூடாமலவனவர்களெல்லாரையுமழைத்துக்கொண்டுபோய் நியாயா திபதியுடனேநடந்ததெல்லாஞ்சொன்னான் — நியாயாதிபதி அவர் கள்குடுமிகளொரேவிதமாகக்கத்தரித்திருக்கிறதனாற் றிருடினவன்றை யற்காரன் அல்லது அம்பட்டனாயிருப்பானென்று நினைத் துப்பிறகு அவர்கள்சாதியைக்குறித்துத்தண்டித்தூத்தினத்தைவாங்கிக்கொடு த்துவர்த்தகனையனுப்பிவிட்டான்

ய கூ

ஒருகுடியானவன் ஒருசெட்டியினிடத்தில் சீட்டெழுதிக்கொடுத்து நூறுவராகன்கடன்வாங்கியிருந்தான் சிலநாள்போனபிற்பாடு செட் டிகடனைக்கேட்டான் குடியானவன் நாளையுதயத்துக்கு ஊருக்கப்புற ங்கொல்லைமேட்டிலிருப்பேன் அவ்விடத்தில் சீட்டைக்கொண்டுவந் தால் முதலும்வட்டியுங்கொடுத்துவிடுகிறேனென்றுசொன்னான் அந் தப்படியே சீட்டைக்கொண்டுபோனான் அதைவாங்கிப்பார்க்கிறது போலக்கிழித்துப்பக்கத்திலேமூட்டம்போட்டிருக்கிறநெருப்பிலே போட்டுவிட்டு உனக்குக்கொடுக்கவேண்டியதில்லையென்று போகச் சொன்னான் செட்டி துன்பத்துடன் நீதிபதியாகியமரியாதைராமனி டத்திலேசொல்லிக்கொண்டான் அவன் குடியானவனையழைப்பித்து ஏன் சீட்டைக்கிழித்துப்போட்டாயென்றுகேட்டான் அதற்கவன் நா

னிவனிடத்தில்கடன்வாங்கினதுமில்லை சீட்டைக்கிழித்ததுமில்லை என்றுசொன்னான் செட்டியைத்தனியேயழைத்துச்சீட்டெவ்வளவுநீளமென்றுநியாயாதிபதிகேட்டார் சாண்நீளமென்றுசொன்னான் உன்னைக்கேட்கும்போது முழநீளஞ்சொல்லென்றுசொல்லிவைத்து நியாயஸ்தலத்திலழைப்பித்துச்செட்டியைப்பார்த்து நீபொய்சொல்லாதே அந்தச்சீட்டெவ்வளவுநீளமென்றுகேட்டான் ஐயாநான்மெய்யாகச் சொல்லுகிறேனது முழநீளச்சீட்டு அதையுங்கிழித்துப்போட்டுப்பணமும்வாங்கினதில்லையென்றுபொய்சொல்லுகிறானென்று குடியானவனுக்குக்கோபம்பிறந்து அவசரத்திலே ஐயா உங்களிடத்திலேதானேசாண்சீட்டைமுழச்சீட்டென்றுபொய்சொல்லுகிறானேமற்றவிடத்திலேயெத்தனைபொய்சொல்லமாட்டானென்றான் அதைக்கேட்டு நியாயாதிபதியவனிடத்தில்சீட்டெழுதிக்கொடுத்துக்கடன்வாங்காதிருந்தாயாகில்சாண்சீட்டென்று எப்படியறிந்தாயென்றுசொல்லிப்பொய்சொன்னதற்காக அவனைத்தண்டித்துச்செட்டிக்குவட்டியும்முதலுங்கொடுத்துவிடும்படிகட்டளையிட்டான் அந்திரக்காரனுக்குப்புத்திமட்டென்பதற்குக்குடியானவன்றிஷ்டாந்தமானான்

உ௰

ஒருவன் இராசாவுக்கு ஆருடஞ்சொல்லி அனேகவெகுமானங்களைப்பெற்றுக்கொண்டுவந்தான் அதைப்பார்த்து மனம்பொறுமல் ஒருபார்ப்பினி தன்முட்டாளாகியபுருஷனைப்பார்த்து எங்கேயாகிலும் போய்சாஸ்திரங்கற்றுக்கொண்டுவாவென்றுகட்டுச்சாதங்கட்டிக்கொடுத்துப்போகச்சொன்னாள் அந்தமூடனதைவாங்கிக்கொண்டுபோய் ஒருகுளத்தண்டையிலேவுட்கார்ந்துசாப்பிட்டுப்போட்டான் அங்கிருக்கிறமரத்துநிழலிலேபடுத்துக்கொண்டிருக்கையில் வளைதோண்டிக்கொண்டிருக்கிறவொருவெள்ளெரியைக்கண்டு வெள்ளெரிதோண்டுகிறதென்றும் நெட்டைப்பனைமரநிற்கக்கண்டு நெட்டைப்பனைமரநிற்கிறதென்றும் புற்றின்மேலேமுழித்துக்கொண்டிருக்கிறவோராந்தையைக்கண்டு ஆந்தைபோந்துமுழிக்கிறதென்றும் ஓடுகிறவொருநரியைக்கண்டு குள்ளநரியோடியாகிறதென்றும் மாடம்பண்ணிக்கொண்டு வீட்டுக்குத்திரும்பிவந்தான் அப்போது அவன்மனைவி புறப்பட்டு வீட்டிலில்லாமையினால் சாப்பாட்டுக்குச்சுடுகிறவெல்லாத்தையும்பார்த்துத்தானும்புறப்பட்டான் வீதியிலேயவன்பெண்சாதியவ

னுக்கெதிர்வந்து அடாநீயென்னகற்றாயென்றுவினவினாள் பெரியசாஸ்திரங்கற்றுக்கொண்டுவந்தேனென்று வீட்டிலேசுடுகிறதெல்லாத்தையுஞ்சொன்னான் அவள்நிசயப்பட்டு ஊருக்கெல்லாந்தன்புருஷன்பெற்றசாஸ்திரத்தைத்தெரிவித்தாள் ஒருவண்ணாட்டி தன்கழுதையைக்காணாமற்போனதைக்குறித்து அவனைக்கேட்டாள் அவன் ஒருசுவரின்பின்னேஒருகழுதையைக்கண்டிருத்தலின் அவளுக்குஇரண்டுபைபணமும்விராட்டிகளுங்கொண்டுவாச்சொல்லி அதுகளைப்பெற்றுவிராட்டியைக்கொளுத்திக் கழுதைகிடக்கிறதுகிடக்கிறதுகுற்றிசுவற்றிலேகட்டிக்கிடக்கிறதென்றுசொன்னான் வண்ணாட்டியங்கேபோய்க்கழுதையைக்கண்டுசந்தோஷப்பட்டு அந்தச்சமாச்சாரத்தை இராசாவணாக்குந்தெரியப்படுத்தினாள் அரசன்வீட்டிலிருந்தவொருபொற்கிண்ணியைமூக்காயென்கிறவொருவெள்ளாட்டியுங்கண்ணாயென்கிறவொருவெள்ளாட்டியுந்திருடிக்கணற்றிலேபோட்டுவிட்டார்கள் அதைக்காணாதவிராசா அந்தப்பார்ப்பானையழைத்து என்பொற்கிண்ணியெங்கேயிருக்குமோவென்றுகேட்டான் அவனையாநாளைக்குச்சொல்லுவோமென்றுதன்வீட்டுக்குத்திரும்பிவருகையில் இராசாவுக்கென்மேலேகோபம்வந்து என்மூக்குமென்கண்களையுங்கெடுத்துக்கொள்வானென்றுநினைத்துவழியிலேபோகும்போது கண்ணுக்குமூக்குங்கேடுவந்துபோச்சுதென்றுகூப்பிட்டுச்சொல்வான் அதைக்கேட்டவிரண்டுபெண்கள் எங்களுக்குக்கேடுவருமென்றுசொல்லுகிறானேயென்று அவன்கிட்டப்போய்ப்பணங்கொடுத்து நாங்கள்கிண்ணியைத்திருடினதுங்கிணற்றிலேபோட்டுவிட்டதுமிராசாவுக்குச்சொல்லாதேயென்றுமன்றாடினார்கள் மறுநாள் பார்ப்பானிராசாவிடத்துக்குப்போய்விராட்டியைக்கொளுத்திக் கிண்ணிகிடக்கிறதுகிடக்கிறது கிணற்றுக்குள்ளேகிண்ணிகிடக்கிறதென்று சொன்னான் இராசாவவனுக்குச்சம்பளம்பண்ணியொருவீட்டையுந்தோட்டத்தையுங்கொடுத்தான் இப்படியிருக்கச்சே ஒருநாள் வேறொருதேசத்திலிருந்துவருகிறவொருசோதிடன் ஆற்றங்கரையிலகப்பட்டவொருசின்னத்தும்மிட்டிக்காயைக்கையிலேந்தி அந்தப்பார்ப்பானைப்பார்த்து நீயென்கையிலிருக்கிறதென்னசொல்லினாலுனக்கென்பொருளையெல்லாங்கொடுப்பேனென்றான் அவன்றெரியாமலிப்போதெனக்குவெட்கமாகுமென்றுநினைத்து அங்கேதப்பிச்சே[1]னிங்கேவந்தேனம்படப்பட்டேன்

(1) *Corr.* தப்பித்தேன்.

றும்பிட்டிப்பழமென்றுசொன்னான் மற்றொருவன்வெல்லப்பட்டுத்த
ன்பணத்தையெல்லாங்கொடுத்துப்போனான் ஆனால் அன்றிராத்திரி
அவன்பெண்சாதியோடுபடுக்கைவீட்டிலிருக்கையில் திருடர்கள்வந்
து அந்தவீட்டுத்தோட்டத்தில் பணந்தேடவேண்டிமறைந்திருந்து
மண்ணைத்தோண்டத்துவக்கினார்கள் அப்போதுதானே அந்தப்பார்
ப்பாட்டி தன்புருஷனைப்பார்த்து நீகற்றுக்கொண்டசாஸ்திரஞ்சொல்
லவேண்டுமென்றுகேட்டாள் அவன் வெள்ளெரிதோண்டுகிறது என்று
ன் அதுகேட்டதிருடர்கள் எங்களைக்கண்டானோவென்றெழுந்தார்கள்
பிறகுநெட்டைப்பனைமரம்நிற்கிறது என்றான் திருடர்களெங்களைக்கு
றித்துச்சொல்லுவானென்று நினைத்துப்பயந்துதத்தங்களைவிழித்தி
ருந்தார்கள் அப்போது ஆந்தை போந்துமுழிக்கிறதென்றான் திரு
டர்களெங்களைப்பிடிக்கச்செய்வானென்று தாங்கொண்டபொருள்க
ளையும்விட்டுப்புறப்பட்டோடினார்கள் அவனப்போது குள்ளநரியோ
டியாகிறது என்றான் மறுநாள்காலமே தோட்டத்தில் திருடர்கள்செய்
தகுழியையுமவர்கள்விட்டபணங்களையுங்கண்டுகொண்டு சந்தோஷ
ப்பட்டான்

II

TEXTE HISTORIQUE.

LA PRISE DE MADRAS EN 1746.

அக்ஷய ௵ புரட்டாசி ௴ ௰ — வியாழக்கிழமை | ௲௭௱௪௰௬ ஆண்டு செத்தம்புரு ௴ ௨௰௨

இற்றைநாள் மத்தியானம் பன்னிரண்டு அடித்து மூன்று மணிக்
குச்சென்னப்பட்டணத்திலேயிருந்து டப்பாலிலே துரையவர்களு
க்குக்கடுதாசி வந்தது — அப்போது துரையவர்கள் சுவாரிபோகத்தக்
கதாக வெளியே புறப்பட்டுக்கடலோரத்தண்டைபோகச்சே சேவ
கன் கொண்டுவந்து கடுதாசி கொடுத்தான் — அந்தக்கடுதாசியைப்
பிரிச்சு(1)ப்பார்த்தவுடனே வெகுசந்தோஷத்தையடைந்து துவானி
லேபோய்ப்பார்த்தவிடத்திலே ராமச்சந்திர அய்யன் மாத்திரமிருக்க

ச்சே அவளை யழைச்சு(2) இப்படி சென்னப்பட்டணத்திலே நேற்
றையதினம் கோட்டை பிடிச்சு(1) வெள்ளைக்கொடிபோட்டார்களென்
று சொல்லிப்பீரங்கிச்சுடச்சொல்லி உத்தாரங்கொடுத்தார்கள் — அந்
தவேளையிலே வெள்ளைக்காரர் உத்தியோகஸ்தர் பீரங்கிமே ஸதிரி
கள் சகலமானபேரும் அவரவர்சாப்பாட்டுக்கு போயிருககிறவேளை
யானபடியினாலே செந்தினேர்தவிரமற்றப்பேர் ஒருத்தரும் இல்லையா
னபடியினாலே அவ்விடத்திலே யிருந்த வெள்ளைக்காரர்தான் இருப்ப
த்தொருபீரங்கிச்சுட்டார்கள் அன்னேரமே கொமிசேல்க்காரர்மற்றப்
பெரியமனுஷர் சகலமானபேருக்கும் அவரவர் விட்டிலே போய்ச்
சொல்லிப்போட்டு வரச்சொல்லிச்சேவகனையனுப்பிவிட்டு (27) நம்
மண்டைக்கும் ஒரு சேவகனுடனே சொல்லியனுப்பிவிச்சார்கள் (28)
இருக்குள்ளே துரைத்தானக்காரர் சகலமானபேரும் வந்தார்கள் நா
னும் ....[1] கொண்டுபோய் இந்திரவச்சுப்பெட்டி பண்ணிக்
கொண்டு முபாரக்குபாதிசொல்லிக்கொண்டவிடத்திலே மகாசந்தோ
ஷத்துடனே சென்னபட்டணம் நேற்றையதினம் கூ புதவாரநாள் மத்
தியானம் பன்னிரண்டுமணிக்கு கோட்டையிலே வெள்ளை நிசானும்
போட்டு கும்பனி உத்தியோகஸ்தர்மற்றபேரும் பெரியதுரை சின்ன
துரை முதலாகிய பேரையும் காவல் பண்ணிவிச்சு(29) நம்முடவர்
கள்(3) சமஸ்தமானபேரும் சென்னபட்டணம் கோட்டை தாக்கிலா
னார்கள் என்கிறதாய்ச்சொல்லிப் பின்னையும் சிறிது உத்தரவுகள் சொ
ல்லவரச்சே அவர்களுட் சந்தோஷப்பூரிப்புனாலே(4) நின்னு (5)
போகக்கூடாமல் சகலத்துரைத்தானக்காரருடனேகூடக் கோட்டைக்
குள்ளே போய் கோவிலிலேபூசை கேழ்க்க(6) உளுக்காந்தார்கள்(7) —
அன்னேரம்(8) ஒரு வரிசை பீரங்கியும் சுட்டு கோட்டையிலே இருக்
கிறமணி கப்புசேங்கோவில்மணி சம்பாகோவிலிலேயிருக்கிறமணி
யள்(9) நம்முட (10) விட்டுக்கு எதிரேயிருக்கிற ...[2] கோவிலில்
மணியள்(9) எல்லாம் முழங்கத்தக்கதாக பூசைகேட்டு ஆனவுடனே
துரையவர்கள் இருந்துகொண்டு தோப்பியைக் சுழற்றிக் கையிலே
பிடிச்சு(1)க்கொண்டு விவலறுவா என்று கூப்பிட்டார்கள் — அதின்
பேரிலேகோவிலிலே இருக்கப்பட்டவெள்ளைக்காரர் வெளியிலே கோ
ட்டைக்குள்ளே இருக்கப்பட்டவெள்ளைக்காரர் சமஸ்தமானபேரும் ஏக

[1] Blanc de sept lettres.
[2] Blanc de trois lettres (Missionnaires).

க்காலத்திலே கூப்பிட்டார்கள் — அந்தச்சந்தோஷ சப்த்தத்தினு ட்(11) கொஷ்டம் கோட்டையை பெருந்துக்கொண்டு போருப்போ லே (30) இருந்தது — அதின்பிற்பாடு பூசைகேட்டு ஆனவுடனே ஒருவரிசைபீரங்கி யிருபத்தொருவெட்டுச் சுட்டார்கள் — அதின்பே ரிலே கப்பலிலே யிருபத்தொரு பீரங்கி போட்டார்கள் — அந்தமட் டிலே புறப்பட்டு துரையவர்கள் வளவுக்கு வந்து முசே லபோர்து னேயவர்கள் பேரைச்சொல்லி அவரவர் சாராயம் குடிச்சு(12) சந்தோ ஷிங்கொண்டாடினார்கள்

அந்தவேளையிலே பின்னையும் பட்டணத்திலே உண்டாகிய கும் பனி உத்தியோகஸ்தர் வெள்ளைக்காரர் தமிழர் செட்டியள்(13) வர்த தகர்முதலாகியசமஸ்தமானபேரும் வந்து முபாரக்குச்சொல்லிச்சொல் லிப்பேட்டிபண்ணிக்கொள்ளுகிறார்கள் — அந்த சந்தடியிலே ராமச் சந்திர அய்யனை அழைத்துப் பத்துப்பராச்சக்கரைக்கு உத்தாரங் குடு(14)த்து பட்டணத்திலே சகலமானபேர்வீட்டுக்கு சக்கரைவழ ங்கத்தக்கதாக உத்தாரங்குடு(14)த்தார்கள் — அதின்பேரிலே என் னைப்பார்த்து பட்டணமெல்லாம் அலங்கிர்தம் பண்ணிவிச்சு(15)ப் பட்டணத்திலே சகலமானபேர் வீட்டிலேயும் விளக்கு வைக்கச்சொ ல்லி உத்தாரங்குடு(14)த்தார்கள் — அந்தப்படியே நயினாரை ய ழைச்சு(16) உத்தாரங்குடு(14)த்து பட்டணமெல்லாம் விளக்கு வைக்கச்சொன்னோம் — அதின் பேரிலே என்னைப்பார்த்து உனக் கென்னவேணும் அதுகளெல்லாம்கேளு(17) நல்லமனதுடனே உத் தாரங்குடு(14)க்கிறோம் என்றுசொன்னார்கள் அதின்பேரிலே காவ லிலேயிருக்கிறசிறைகாரர் கடன்காரர் மற்றபேரையெல்லாரையும்விட் டுவிடவேணுமென்றுசொன்னேன் — அந்தக்ஷணம் பிட்டுத்தூரத்தி விடச்சொன்னார்கள் — அதின்பேரிலே புகையிலைவெற்றிலை யெப் போது காசுக்கு ஒன்பதுவெற்றிலையும் பணத்துக்குப்பன்னிரண்டு பலம் புகையிலை விற்றதை வாசுதேவபண்டிதனென்கிறசண்டாளன் குருத்துரோகி குறைச்சு காசுக்கு எழுவெற்றிலை பண்ணிப்பிறகு அஞ் சுவெற்றிலையும் பத்துப்பலம் புகையிலையும் பண்ணிப்போட்டானெ ன்று வெகுசனங்களவனைத்திட்டுகிறதும் வைகிறதுமாகப் பட்டணத் திலே உண்டாகிய சிறுபிள்ளை சந்தியமாய் எப்போதும் வீதிக்குவீதி மூலைக்குமூலை எழையெளியவர்கள் முதலாகியசனங்களெல்லாரும் இந்தத்தர்மப்பட்டணத்திலே இதுமாத்திரம் ஒரு அன்னியாயம்(18) நடக்குதென்று கூவிக்கொண்டுதிரியுற சப்த்தம்(12) என்னுட(19)

காதிலே விழுந்திருந்தபடியினாலே இந்தப்பட்டணத்துக்கு இந்த
அபகியாதி வரலாகாதென்கிறதாய் துரையவர்களைப்பார்த்து வெ
ற்றிலை புகையிலை எப்போதும் போலேவிற்கத்தக்கதாக உத்தாரங்
குடு(14)க்கவேணுமென்கிறதாய் கேட்டோம் அன்னேரம்(8) வாசு
தேவபண்டிதரையழைப்பிச்சு(20) இன்று(21)முதலாய்ப்பழைய
படிக்கு எப்போதும்போலே காசுக்கு ஒன்பதுவெற்றிலையும் பணத்
துக்குப்பன்னிரண்டரைப்பலம் புகையிலையும் விற்கசொல்லி உத்
தாரங்கட்டளையிட்டார்கள் — அதின்பேரிலே சுப்புராய அயருக்கு உத்
தியோகங்குடு(14)க்கவேணுமையா அவர்வெகுநாளாய்க்கஷ்டப்ப
டுகிறாரென்றுசொன்னேன் அவருக்கு எப்போதும்போலேகோட்டை
க்கிடங்கு உத்தியோகங் குடு(14)த்தார்கள் — அதின்பேரிலே கா
ரைக்கால் திருவேங்கடப்பிள்ளைக்கு உத்தியோகங் குடு(14)க்கவே
ணுமையா என்றுசொன்னேன் அந்தப்படியே அவருக்கும் உத்தி
யோகங்குடுத்து காரைக்காலுக்கு அனுப்பிவிக்கச்சொல்லி உத்தா
ரங்கட்டளையிட்டார்கள்

இதின்பிறகு கும்பினீர்வர்த்தகரும் மகாநாட்டாரும் கும்பலாய்க்
கூடிக்கொண்டு வந்துபேட்டிபண்ணிக்கொண்டு சென்னப்பட்டணம்
பிடிச்ச(22)த்துக்கு முபாரக்குச்சொல்லி அதின்பேரிலே வேதபுரியீ
சுரன(23)கோவில் மதின்(24)கட்டுகிறத்துக்கு உத்தாரங்கேட்டார்
கள் அதுக்கு துரையவர்களிருந்துகொண்டு யோசனை பண்ணிக்கொ
ண்டு பிறகு சொல்லுகிறோமென்று சொன்னார்கள் அப்படியல்ல எப்
படியாகிலும் உத்தாரங்கட்டளையிடவேணும் சகலசனங்களும் ஆன
ந்தகரமாய்ச்சந்தோஷத்தை யடையும்பொருட்டாய் வெகுகாரியங்
களுக்கு உத்தாரங்குடு(14)த்து அவரவர்மனதுக்கு அவரவர் வீட்டு
ச்சந்தோஷம்போலே பூரிக்கும்படியாய் உத்தாரங்கட்டளையிட்டது
பட்டணத்திலே யுண்டாகிய சனங்களெல்லாரும் தேவரீரைப்புகழ்ந்
துகொண்டுவாழ்த்துகிறார்கள் — இப்படிப்பட்டவேளையிலே அந்தம
தின் (24) கட்டுகிறத்துக்கு மாத்திரம் உத்தாரங்கட்டளையிட்டால்
வெகுதாரம் கீர்த்தியாயிருக்குமென்று பின்னையும் தோத்திரமான
உபசாரவார்த்தையளாய் (25)ச்சொல்லிக்கேட்டவிடத்திலே நல்லது
அப்படியே உத்தாரங்குடு(14)க்கிறோமென்கிறதாய்ச்சொல்லிக்கொ
ண்டே நடந்து கணக்கெழுதுகிற அறையிலே போய் விட்டார்கள் —
அந்த மட்டிலே மகாநாட்டாரும் வர்த்தகரும் புறப்பட்டு வெளியே
வந்து விட்டார்கள் — அதின் பேரிலே துரையளெல்லாரும்(26) கூ

டிக்கொண்டு விருந்து சாப்பிட்டு வெகு சந்தோஷத்துடனேயிருந்தார்கன்

VULGARISMES À CORRIGER.

1. பிடித்து. — 2. அழைத்து. — 3. நம்முடையவர்கள். — 4. பூரிப்பினாலே. — 5. நின்று. — 6. கேட்க. — 7. உட்கார்ந்தார்கள். — 8. அந்நேரம். — 9. மணிகள். — 10. நம்முடைய. — 11. சத்தத்தினுள். — 12. குடித்து. — 13. செட்டிகள். — 14. கொடு. — 15. பண்ணுவித்து. — 16. அழைத்து. — 17. கேள். — 18. அந்நியாயம். — 19. என்னுடைய. — 20. அழைப்பித்து. — 21. இன்று. — 22. பிடிக்க. — 23. வேதபுரீசுரன். — 24. மதில் ou மதின். — 25. வார்த்தைகளாய். — 26. துரைகளெல்லாரும். — 27. அனுப்புவித்து. — 28. அனுப்புவித்தார்கள். — 29. பண்ணுவித்து. — 30. போகிறப்போலே.

III

DOCUMENTS PUBLICS.

க. AVIS AUX IMPRIMEURS ET LIBRAIRES.

கொலோனியில் பிரசுரப்படும் எந்த அச்சிட்டபத்திரிகைகள் பிரபந்தங்கள் சட்டப்படி பொதுக்கட்ட வேண்டியதைப்பற்றி கஅ௪க ம் ஞூ சுலாய் மீ உ௰சுஉ பிறந்த முறைமையின் நிபந்தனைகளை அனுசரிக்காமலிருப்பதாக கவர்ன்மெண்டார் பார்க்குமிடத்தில் விசனிக்கத்தக்கதாகவிருக்கின்றது.

ஆகையால் இந்தப்பிரஞ்சுத்தலங்களிலுள்ள அச்சாபீசுகளும் புத்தக ஆபீசுகளும் வெளிப்படுத்தும் ஒவ்வொரு அச்சுப்பிரபந்தங்கள் பத்திரிகைகள் யாவும் ஊரில் வழங்குவதற்குமுந்தி குவெர்னேர் செக்கிரத்தேர்ழெனெறல் கபினேயிக்கும் புரோக்குய்ரேர்தெலாரெப்புய்பிளிக் பர்க்கேயிக்கும் மேரிக்கும் குறித்திருக்கும் கணக்குதுகையுடன் பொதுக்கட்ட வேண்டிய விஷயத்தில் மெத்த கவ

னமிருக்க வேண்டியதென்று இது முதலியமாய் தெரிவிக்கப்படு கின்றது.

புதுவை ககாஉ-ம் ௵ பெவரியே ௴ கஅ ௳.

உ. ஏலம். VENTE JUDICIAIRE.

பிராஞ்சுக்குடியரசின் நாமத்தால்
லாயர் மேத்தர்-சாமியுடையார் மூலமாய்ப்
போடும் அசையாப்பொருட் சப்தி ஏலம்

காரைக்கால் முதல்விசாரணை ஏல ஞாயசபையில் (௲அ௱அ௰)ம் ஆண்டு-ஜன்வரி ௴ உஎ ௳- செவ்வாய்ககிழமை காலையிலெட்டுமணிக்குப்போடும் ஏலத்தில் உயர்த்திக்கேட்பவர்களுக்கு விடப்படும்.

காரைக்கால் மாதாக்கோவில்வடவண்டைவீதியில் மேற்படி வீதிக்கு வடக்கு தாண்டவராயமுதலியார் வீட்டுந்தோட்டத்திற்கு தெற்கு கலியாணிநாயக்கர் வீட்டுக்கு மேற்கு பொன்னுசாமி நாயக்கன் வீட்டுந்தோட்டத்திற்குக்கிழக்கு இதற்குட் பட்ட ஓர்விடும் அதின்சமுதாயங்களும் — மதிப்பு ரூபா - ௫௰.

மேற்படி அசையாப்பொருளானது காரைக்கால் குடி சேகுமீராலெவ்வை மரைக்கார் குமாரன் முகம்மது அபுதுல்காதர் மரைக்கார் கேழ்வியின் பேரில் உசியே-மகிறிதுரை எழுதிய புரோசேவெற்பாலைக்கொண்டு இங்கிலீஷிலாகா சிதம்பரத்தைச்சேர்ந்தகொத்தன்குடியிலிருக்கும் வெள்ளாழச்சாதி மிராசுமுருகப்பிள்ளை விதவையும் சுவாஜுளியுமாகிய பார்வதி ஆச்சி பேரில் சப்திசெய்யப்பட்டது.

இதைக்குறித்து அதிகமாயறிய மனதுள்ளவர்கள் இந்த ஏலத்தைத்தொடர்ந்துநடத்தும் லாயர்-சாமி உடையாரைக் கொண்டு அறிந்துகொள்ளலாம்.

காரைக்கால்	லாயர்-மேத்தர்
௲அஅ௰-ம் ஆண்டு	சாமிஉடையாருக்காக
ஜன்விர ௴-௰௪ ௳	அ-ஞானப்பிரகாசன்

III. DONATION ROYALE DU IXe SIÈCLE[1].

கோவிஜயநிரு(1)பதோங்கவர்ம்ம
ற்குயாண்டு எட்டாவது வேசாலியனாய
ன் விண்ணப்பத்தால்...... பேரனாய
ன் ஊணத்தியூக

அருவநாட்டுக்கீழ்வழிவாகூர்நாட்
டுநாட்டார்காண்க தங்நாட்டுசேட்டுப்பா
க்கமும்விளாங்காட்டுங்கடுவனூரும்
இனறுப்புணச்சேரியுமாக இம்மூன்றா
ரும்பழையவறும்பிரமதேய(2)மும்
நீக்கிமூன்பேற்றுனைமாற்றி யாண்டு
எட்டாவதுவாகூர் வேதியராஜா(3)னத்தா
ர்க்குவேதியாபோக(4)மாகப்பணித்
தேம்.

தாங்கலூம்பட்டானைநடங்துகல்லூம்
கல்லிரியும் நாடி உனறயோவசேய்
துவேடுக்கவேன்று நாட்டார்க்குத்திருமு
கம்வேடநாட்டார்திருமுகங்கண்டுதோமு
துதவக்குனவதுப்பட்டானைநடங்துகல்
லூங்கல்லிரியுநாடி உனறயோவசேய்
துநாட்டார்வேடுத்தஉனறயோவப்படி
நிலதுக்கேல்வ

(1) Ce document a été trouvé à Bahour, en juin 1879, à un mètre environ dans la terre, au milieu d'un massif de briques, à six mètres au sud de la pagode, par M. J. Delafon, ancien magistrat. Il était écrit sur cinq plaques de cuivre et formait huit pages et demie, dont trois en tamoul que je reproduis ci-dessus. Les originaux ont été égarés et je n'ai eu sous les yeux qu'une copie assez défectueuse, et parfois difficile à lire.

IMPRIMERIE NATIONALE.

வெளாங்காடங்கடுவனூர்க்குச்சேட்டுப்பாக்கதுக்குமாக இரண்டு ஊர்க்குங் கீழ்பாற்கெல்லை காட்டு எல்லை இன்னும் தென்மலைப்பாக்கது எல்லையின் மேற்குந் தென்பாற்கெல்லை தென்மலைப்பாக்கத்தெல்லை இன்னும் நெல்வாய்ப்பாக்கத்தெல்லை இன்னும் ஊத்தூரெல்லைக்கு வடக்கும் மேல்பாற்கெல்லை மாம்பாக்கத்தெல்லை இன்னும் இவ்வெளாங்காடங்கடுவனூர்ப்பாற்பிரமதேய (5) மாயின் அறுபதுசேறுவக்குக் கிழக்கும் வடபாற்கெல்லை வாகூரெல்லையின்றேற்கும்

இறைப்பூணச்சேரிக்கெல்லை கீழ்பாற்கெல்லை நத்தம் உள்ளிட்டகாட்டுக்கு மேற்குந்தென்பாற்கெல்லை நெருத்சிகுறும்பின் எல்லையின் வடக்குமேல்பாற்கெல்லை வாகூரெல்லையின் கிழக்கும் வடபாற்கெல்லை கிறிமாண்பாதி எல்லை இன்றேற்குமாக

இங்கிசைசத்தபெருநான் கெல்லைகளிலுமகப்பட்ட நிலன் நீர்நிலனும் புன்செய்யும் ஊருமஊரிருக்கையும் மனையும் மனைப்படப்பும் மன்றுங்கன்றுமேயிட முங்குளமுங் கோட்டகமுங் கிடங்குங் கேணியும் காடுங் களரும் இடையும் உடைப்பும் உள்ளிட்டு நீர்பூசி நேடும் பராம் பேறிக்குதுடும் போடிவூண மதவுழ்ந கேல்லாம் உண்ணிலகேறிழின்

றி வாகூர் வித்யாஸ்தான(6)த்தார்க்கு வித்யாபோகமாய்...... வாகூர் பேற்றபரியாரமும் வ்யவஸ்தை(7)யும் பேற்று சர்வ்வ(8)பரியாரமாய் ப்ர மதேய(9)மாய்ப்பரதத்தி(10)சென்றது

En caractères granthas : 1. नृ. — 2. ब्रह्मदेयम्. — 3. विद्यास्थान. — 4. विद्याभोग. — 5. ब्रह्मदेयम्. — 6. विद्यास्थान. — 7. व्यवस्थै. — 8. सर्व्व. — 9. ब्रह्मदेयम्. — 10. परदत्ति.

ரு. FORMULE INITIALE DES INSCRIPTIONS DE RÂJARÂJAÇÔJA (985-1020).

திருமகள்போலப்பெருநிலச்செல்வியுந் — தனக்கேயுரிமைபூண்டமைமனக்கொளக் — காந்தளூர்ச்சாலைகலமறுத்தருளி — வேங்கைநாடுங்கங்கபாடியும் — நுளம்பபாடியுந்தடிகைபாடியுங் — குடமலைநாடுங்கொல்லமுங்கலிங்கமும் — மேண்டிசைபுகழ்தரவீழமண்டலமும் — மிரட்டபாடியேழரையிலக்கமுந் — திண்டிறல்வென்றித்தண்டாற்கொண்டதன் — னெழில்வளரூழியுளெல்லாயாண்டுந் — தொழுதகைவிளங்குமாண்டே — செழியரைத்தேசுகொள்

ஸ்ரீராஜராஜகேசரிவர்மரான ஸ்ரீராஜராஜதேவர் (1).....

(1) Le signe ஸ்ரீ, emprunté à l'alphabet grantha, se lit *çrî;* c'est le श्री dévanagari. Le mot *çrî* est pris dans le sens de «illustre, vénérable, divin».

VARIANTE D'UNE INSCRIPTION DE BAHOUR.

. . . .
நுளம்பபாடியுங்தடிகைவழிவாச
ல் — புறமண்ணீநாவோடுங்கமுரசுகள்
முழங்க — வைசயமும்புகழுமேன்மே
லோங்க — சேழியர்வேத்சுரம்புகசே
ரணடல்வேங்திட — கோங்கர்தேஞுங்
கர்கோங்கணர்சாய — மற்றதிறைசமன்
ணருங்தத்தமரணேண — திருமலர்ச்சே
வடியுரிறைமயின்றிய — முல்ஊலவா
ணறகமுகோகிழாணடி — யுறைமயோ
டுசங்கரணிறைமயோரேத்த . . . . . .

IV

SPÉCIMENS POÉTIQUES.

௧. திருவள்ளுவர்குறள்.

(DISTIQUES MORAUX.)

௧. சிறைகாக்குங்காப்பெவன்செய்யுமகளிர்
நிறைகாக்குங்காப்பேத . . . . லை

௨. அமிழ்தினுமாற்றவினிதேதம்மக்கள்
சிறுகையளாவியகூ . . . . ழ்

௩. குழலினிதியாழினிதென்பர்தம்மக்கண்
மழலைச்சொற்கேளாதவ . . . . ர்

௪. மோப்பக்குழையுமனிச்சமுகந்திரிந்து
நோக்கக்குழையும்விருந்.......து

௫. அகழ்வாரைத்தாங்குநிலம்போலத்தம்மை
யிகழ்வார்ப்பொறுத்தற..........லை

௬. அன்பின்வழியதுயிர்நிலையஃதில்லார்க்
கென்புதோல்போர்த்தவுடம்.....பு

௭. கண்ணுடையரென்பவர்கற்றோர்முகத்திரண்டு
புண்ணுடையர்கல்லாதவ............ர்

௮. தினைத்துணையாங்குற்றம்வரினும்பனைத்துணையாக்
கொள்வர்பழிநாணுவா................ர்

௯. முயற்சிதிருவினையாக்குமுயற்றின்மை
யின்மைபுகுத்திவிடு..........ம்

௰. இனியவுளவாகவின்னாதகூற.ற்
கனியிருப்பக்காய்கவர்ந்தற்று

---

௨. செய்யுள்கள்.

(STROPHES DE DIVERS AUTEURS.)

க. எப்பொருளெச்சொலினெவ்வாறுயர்ந்தோ...ர்
செப்பினாப்படிசெப்புதன்மர.........பே

௨. சென்றேயெறிபவொருகாற்சிறுவ..........ரை
நின்றேயெறிபபறையினை........நன்றேகாண்
முக்காலைக்கொட்டினுண்மூடித்தீக்கொண்டெழுவர்
செத்தாரைச்சாவார்சுமந்................து

௩. வெய்யகுற்றேன்றிவெஞ்சினவேறுட்கொளினு...ம்
பெய்யுமழைமுகிலைப்பேணுவரால்.......வையத்
திருள்பொழியுங்குற்றம்பலவெனினும்யார்க்கு...ம்
பொருள்பொழிவார்மேற்றேபுக.............ழ்

சு. வெற்பிற்றேசெம்பொன்விரிகடற்றேவெண்முத்த . . . ம்
பொற்பிற்றும்பூமுகைத்தேதேனினிமை . . . கற்பிற்றே
பெண்ணழகுநல்லறத்தேபோரப்பொருளின்ப . . . ங்
கண்ணழகுசெய்தயைத்தேகா . . . . ண்

ரு. சொல்லருஞ்சூற்பசும்பாம்பின்றேற்றம்போன்
மெல்லவேகருவிருந்தீன்றுமேலவா . . . . . . ர்
செல்வமேபோற்றலைநிறுவித்தேர்ந்தநூ . . . ற்
கல்விசேர்மாந்தரினிறைஞ்சிக்காய்ந்த . . . . வே

சா. கொங்குதேர்வாழ்க்கையஞ்சிறைத்தும் . . . பி
காமஞ்செப்பாதுகண்டனமொழி . . . . . மோ
பயிலியதுகெழீஇயநட்பி . . . . ன்
மயிலியற்செறியெயிற்றரிவைகூந்த . . . . . . லி
னறியவுமுளவோநீயறியும்பூ . . . . வே

எ. மணிபுரையருமபிவானமீன
வடிவொடுமலரநதவெணமு . . . . த
தணிபுரைமணநகொடேனபெய
யழகலனறுமவாடி . . . . த
துணிபுரைகீழவீழநதாய
தூளினைககணடுஞசனம . . . . . . ப
பிணிபுரைபிணிததநாமோ
பேரகஙிலாவாழதுமெனபா . . . . ம

அ. செலவபபோரககதககணணன
செயிரததெறிநதசினவா . . . . . ழி
முலலைததாரமறமனனர
முடிததலையைமுறுககிப . . . . போ
யெலலைதீரவியனகொணமூ
விடைநுழையுமதியமபோ . . . . ன்
மலலலோஙகெழிலயானை
மருமமபாயநதொளித . . . . : . தே

கூ. கமபமதமாகளியானை
காவறசனகனபெறறெடுத் . . . . . த

கொமபுமினறெணபாலவந்து
குறுகிஞொனறுளஙகுளிரநதே . ன
வமபுசெறிநதமலாககோயின
மறையோனபடைததமாநிலததி . ற
றமபியுளளானபடைககஞசா
னென்ணுமாறறநதநத்னையா . . . ல

ஆய்ச்சியர்பாட்டு

பாமபுகயிறுககடலகடைநதமாமா . . . . ய
னீஙகுநமமாணுளவருமேலவனவா . . . . . . யி
ணுமபலநதீஙகுழலகேளாமோதோ . . . . . . ழீ

கனறுகுணிலாககனியுதிரததமாமா . . . . . . ய
னினறுநமமாணுளவருமேலவனவாயி . . . . ற
கொனறையநதீஙகுழலகேளாமோதோ . . . ழீ

கொலலையஞசாரககுருநதொசிததமாமா . . . ய
னெலலைநமமாணுளவருமேலவனவாயி . . . ன
முலலையநதீஙகுழலகேளாமோதோ . . . . . . ழீ

TROISIÈME PARTIE.

VOCABULAIRE.

அ

அகம் ***agam***, intérieur, profondeur, habitation.

அகப்படு- ***agappaḍu*** (comp. de அகம் et படு), se trouver, se rencontrer, tomber.

அகழ்- ***agaj***, creuser.

அக்ஷய வருஷம் (s.) ***akṣaya varuṣam*** (अक्षय वर्ष), 60° et dernière année du cycle de Bṛhaspati (1746, 1806, 1866).

அசையாப்பொருட்சப்தி (m.) ***açeiyâpporuṭçapti***, saisie immobilière (litt. «saisie de choses qui ne remuent pas»).

அச்சிடு ***aććiḍu***, imprimer (litt. «donner en types»).

அச்சு ***aćću***, forme, type, caractère d'imprimerie.

அஞ்சு- ***añju***, craindre, redouter.

அஞ்சு ***añju*** pour ஐந்து, cinq.

அடல் ***aḍal***, force, puissance.

அடா ***aḍâ*** m., அடி ***aḍi*** f., eh!, dis donc, holà (interjection familière).

அடி- ***aḍi***, battre.

அடி ***aḍi***, pied.

அடு- ***aḍu***, approcher, atteindre, convenir.

அடை-***aḍei***, obtenir, atteindre.

அடையாளம் ***aḍeiyâḷam***, signe, marque, indice.

அணி- ***aṇi***, orner, ornement.

அண்டை ***aṇḍei***, proximité, voisinage.

அதட்டு- ***adaṭṭu***, gronder, réprimander.

அதிகம் (s.) ***adigam*** [अधिक], abondance, excès.

அதிசயம் (s.) ***adiçayam*** [अतिशय], étonnement, admiration.

அந்த ***anda***, ce, cet, cette... là.

அந்தகன் (s.) ***andagan'*** [अन्धक], aveugle.

அந்நியாயம் (s.) ***anniyâyam*** [अन्याय], injustice.

அபக்கியாதி (s.) ***abakkiyâdi*** [अपख्याति], mauvaise réputation.

அபராதம் (s.) ***abarâdam*** [अपराध], amende, punition.

அமிழ்து *amijdu* [अमृत], ambroisie.

அம் ***am***, beauté, nuage, eau.

அம்படப்படு- ***ambaḍappaḍu*** pour அகப்படு *agappaḍu*, se trouver, se rencontrer.

அம்பட்டன் *ambaṭṭan'*, barbier.

அரண் ***araṇ***, défense, rempart, citadelle.

அரமனை ***araman'ei***, palais, tribunal.

அரிவை ***arivei***, femme accomplie (20 à 25 ans).

அரு ***aru***, rare, difficile.

அரும்பு- ***arumbu***, fleurir, bouton de fleur.

அருவம் ***aruvam***, pays à l'ouest de Bahour.

அருள்- ***aruḷ***, daigner, bien vouloir, faire une grâce.

அரை ***arei***, demi, moitié.

அரையன் (s.) *areiyan'* [राजा], roi, prince, seigneur, titre honorifique.

அலங்கிர்தம் (s.) *alan̈girdam* [अलङ्कृत], beauté, décoration.

அலர் ***alar***, fleurir, fleur.

அல்ல ***alla***, n'être pas (qualité).

அவசரம் (s.) *avaçaram* [अवसर], nécessité, urgence, célérité, besoin.

அழகு ***ajagu***, beauté.

அழை- ***ajei***, appeler, inviter.

அழைப்பி- ***ajeippi***, faire appeler, faire venir.

அளவு ***aḷavu***, mesure, quantité, limite.

அளாவு- ***aḷâvu***, mêler, agiter, tripoter.

அறம் ***ar'am***, vertu, bienfaisance, charité.

அறி- ***ar'i***, savoir, connaître.

அறு ***ar'u***, six.

அறு- ***ar'u***, cesser, finir — achever, détruire, couper.

அறுபதுசெறுவு ***ar'ubaduçér'uvu***, village près de Bahour.

அறை- ***ar'ei***, battre, taper, parler, prescrire, décrire.

அறை ***ar'ei***, salle, chambre.

அனிச்சம் ***an'iććam***, fleur imaginaire d'une sensibilité et d'une délicatesse extrêmes.

அனுசரி (s.) ***an'uçari*** [अनुसर], suivre, observer, respecter.

அனுப்பு- ***an'uppu***, envoyer.

அனுப்புவி- ***an'uppuvi***, faire envoyer.

அனேகம் (s.) ***an'êgam*** [अनेक], grande quantité.

அன்பு ***an'bu***, affection, amitié.

அன்று **an'd'u**, அன்றை **an'd'ei**, ce jour-là.

அன்னம் (s.) *an'n'am* [अन्न], nourriture.

ஆ

ஆ **â**, ah!

ஆ- **â**, devenir.

ஆகை **âgei**, action d'être, de devenir.

ஆக்கு- **âkku**, faire, apprêter.

ஆசாரியன் (s.) **âçâriyan'** [आचार्य], maître, professeur.

ஆசியம் (s.) **âçiyam** [हास्य], dérision, bouffonnerie.

ஆசை (s.) **âçei** [आशा], désir.

ஆஸ்தி (s.) **âsti** [अस्ति?], fortune, richesses.

ஆடு **âḍu**, brebis, chèvre.

ஆணத்தி (s.) **âṇatti** [अज्ञप्ति], exécuteur, commissaire.

ஆண்டு **âṇḍu**, année.

ஆதரி- **âdari**, défendre, protéger.

ஆதி (s.) **âdi** [आदि], commencement, principe, chef.

ஆத்திரம் (s.) **âttiram** [अस्त्र], trait, flèche, javelot.

ஆத்மா (s.) **âtmâ** [आत्मन], âme.

ஆந்தை **ândei**, hibou, chouette.

ஆபரணம் (s.) **âbaraṇam** [आभरण], ornement, bijou.

ஆபீசு (a.) **âbîçu** [office], bureau.

ஆமை **âmei**, tortue.

ஆம்பல் **âmbal**, nénuphar, *nymphæa alba*.

ஆயிரம் (s.) **âyiram** [सहस्र], mille.

ஆயுதம் (s.) **âyudam** [आयुध], arme, instrument, outil.

ஆய்ச்சி **âyĉĉi**, bergère.

ஆரூடம் (s.) **ârûḍam** [आरूढ], astrologie.

ஆலோசி- **âlôçi**, délibérer, réfléchir.

ஆல், *explétif*.

ஆழி **âji**, mer, bord, disque, anneau.

ஆள்- **âḷ**, gouverner, régir.

ஆறு **âr'u**, rivière, — voie, moyen, manière, — six.

ஆற்று- **ât't'u**, calmer, rafraîchir, rapporter, exaucer, être fort.

ஆனந்தகாரம் (s.) **ân'andagâram** [आनन्दकार], joie suprême, substance de la joie.

இ

இகழ்- **igaj**, mépriser, dédaigner.

இங்கு **ingu**, ici.

இங்கிலீஷிலாகா (m.) [ضلع] *ingiliṣ-zillah*, territoire anglais.

இசை- *içei*, s'accorder avec, convenir à, — joindre, donner, dire, exposer.

இடம் *iḍam*, lieu, endroit.

இடுப்பு *iḍuppu*, reins, hanche, ceinture, taille.

இடு- *iḍu*, donner, mettre.

இடை *iḍei*, milieu, ceinture.

இதோ *idô*, voici (இது ceci).

இந்த *inda*, ce, cet, celle... ci.

இந்திரவச்சுப்பெட்டி *indiravaććuppeṭṭi* (pour இந்திரவச்சிரப்பெட்டி *indiravaććira* [इन्द्रवज्र] *peṭṭi*, boîte de diamant (?)

இந்துப்பிரஞ்சுத்தலம் (m.) *induppirañjuttalam*, établissement français dans l'Inde.

இமையோர் *imeiyôr*, les dieux (*proprement*, ceux qui ne clignent pas des yeux).

இயல் *iyal*, nature, propriété.

இர- *ira*, mendier, solliciter.

இரட்ட *iraṭṭa*, *nom propre*.

இரண்டு *iraṇḍu*, deux.

இராத்திரி (s.) *irâttiri* [रात्रि], nuit, soir.

இராயன் (s.) *irâyan'* [राजा], roi, prince, *n. p.*

இரு- *iru*, être, demeurer, se poser, s'asseoir.

இருக்கை *irukkei*, action d'être, existence, état, station, séjour, demeure.

இருப்பது *iruppadu*, vingt.

இருவர் *iruvar*, deux personnes.

இருள் *iruḷ*, ténèbres, obscurité.

இரை *irei*, proie.

இலக்கம் (s.) *ilakkam* [लक्ष], lakh, cent mille.

இலை *ilei*, feuille.

இல்- *il*, n'être pas.

இல்லை *illei*, n'être pas, non.

இழு- *iḻu*, tirer, pousser, se tromper.

இளையவன் *iḷeiyavan'*, jeune homme.

இற- *ir'a*, mourir, passer.

இறப்பு *ir'appu*, mort, sortie, passage.

இறை- *ir'ei*, arroser, verser, — se répandre, se disperser.

இறைஞ்சு- *ir'einju*, se courber, s'incliner, baisser la tête.

இறைப்பூணச்சேரி *ir'eippûṇaććéri*, village aux environs de Bahour.

இற்றை *it't'ei*, ce jour-ci, aujourd'hui.

இனி- *in'i*, douceur.

இனி *in'i*, désormais.

இன்பம் **in'bam**, plaisir, bonheur, joie.

இன்மை **in'mei**, non-existence, absence, pauvreté.

இன்றி **in'd'i**, n'étant pas, sans.

இன்று **in'd'u**, இன்றை **in'd'ei**, ce jour-ci, aujourd'hui.

இன்னம் *in'n'am*, encore, de plus.

இன்னும் *in'n'um*, pour இன்னமும் **in'n'amum**, et encore.

ஈ

ஈங்கு **îngu**, ici.

ஈச்சு **îčču**, dattier sauvage.

ஈட்டி **îṭṭi**, lance, pique.

ஈழம் **îjam**, Ceylan.

ஈன்- *în'*, mettre bas, produire, pousser.

உ

உசியே (f.) *uçiyé*, huissier.

உடம்பு *uḍambu*, corps.

உடன் *uḍan'*, union.

உடனே *uḍan'ê*, aussitôt, dès que, tout de suite.

உடும்பு *uḍumbu*, iguane, gros lézard.

உடைப்பு *uḍeippu*, fuite d'eau amenée par la rupture d'une digue.

உட்கார்- *uṭkâr*, s'asseoir.

உண்டு *uṇḍu*, il y a.

உதயம் (s.) *udayam* [उदय], apparition du soleil, lever d'un astre, matin.

உதிர்- *udir*, s'en aller en poussière, s'émietter; — faire tomber, verser.

உதை- *udei*, donner des coups de pied.

உத்தரவு (s.) *uttaravu* [उत्तर], ordre, permission, réponse.

உத்தாரம் (s.) *uttâram* [उत्तर], ordre, réponse.

உத்தியோகம் (s.) *uttiyôgam* [उद्योग], emploi, charge, occupation.

உத்தியோகஸ்தன் (s.) *uttiyôgastan'* [उद्योगस्थ], employé, fonctionnaire.

உபகரி- (s.) *ubagari* [उपकार], rendre service, honorer, soigner.

உபகாரம் (s.) *ubagâram* [उपकार], service, bienfait.

உபசாரம் (s.) *ubaçâram* [उपचार], emploi, service, fonction.

உபதேசி- (s.) *ubadêçi* [उपदेश], instruire, enseigner.

உபாயம் (s.) *ubâyam* [उपाय], ruse, artifice.

உமை (s.) *umei* [उमा], Umâ, femme de Çiva.

உம் *um*, et, aussi, même.

உயர்- *uyar*, s'élever.

உயர்த்து- *uyarttu*, élever, hausser, augmenter, enchérir.

உயிர் *uyir*, souffle, vie, être en vie.

உர- *ura*, être fort.

உரல் *ural*, mortier.

உரிமை *urimei*, propriété.

உலக்கை *ulakkei*, pilon.

உலாவு- *ulâvu*, se promener.

உழுந்து *ujundu*, grain farineux, *phaseolus radiatus*.

உளுக்கார், voir உட்கார்.

உள் *uḷ*, intérieur.

உள்ளம் *uḷḷam*, intérieur, cœur, esprit.

உறு- *ur'u*, s'approcher, venir, joindre.

ஊ

ஊத்தூர் *ûttûr*, village aux environs de Bahour.

ஊர் *ûr*, village, bourg, ville.

ஊழி *ûji*, âge, durée de la vie.

எ

எங்கு *engu*, où ?, partout.

எசமானன் (s.) *eçamân'an'* [यजमान], maître, seigneur.

எடு- *éḍu*, lever, soulever, prendre.

எடுக்கை *éḍukkei*, traction, action de tirer.

எட்டு *éṭṭu*, huit.

எட்டு- *éṭṭu*, convenir à, être à la portée de, — atteindre.

எண்- *éṇ*, penser, méditer.

எண் *éṇ*, huit.

எண்ணெய் *éṇṇey*, huile (*propr*. graisse de sésame).

எதிர் *édir*, en face, à l'opposé, à la rencontre.

எந்த *énda*, quel ?, quelconque.

எயிறு *éyir'u*, dent, défense d'éléphant.

எர் *ér*, fumier.

எலி *éli*, rat.

எல்லாம் *ellâm*, tout.

எல்லார் *ellâr*, tous, *m. f.*

எல்லை *ellei*, limite, borne, fin.

எல்லை *ellei*, soleil, jour, journée.

எவன் *évan'*, lequel ?, quelconque, quoi ?

எழில் *éjil*, beauté, jeunesse.

எழு- *éju*, se lever, s'élever, monter.

எழு *éju*, sept.

எழுது- *éjudu*, écrire, dessiner, peindre.

எழுப்பு- *ejuppu*, faire lever, éveiller.

எளிய *éḷiya*, pauvre.

எளியவன் *éḷiyavan'*, pauvre, inférieur.
எள் *éḷ*, sésame.
என் *én'*, quoi, pourquoi?
என்- *én'*, dire.
என்பு *én'bu*, os.
என்றை *én'd'ei*, quel jour?, un jour quelconque.
எறி- *ér'i*, frapper, battre, taper, jeter, lancer.

ஏ

ஏகம் (s.) *êgam* [एक], unité.
ஏது *êdu*, quoi?, quelconque.
ஏந்து- *êndu*, prendre, saisir.
ஏத்து- *êttu*, adorer, vénérer.
ஏரி *êri*, étang, lac.
ஏலம் *êlam*, vente publique, encan.
ஏழை *êjei*, pauvre, ignorant.
ஏறு- *êr'u*, monter.
ஏறு *êr'u*, foudre, tonnerre.
ஏற்று- *êt't'u*, dresser, faire monter.
ஏன் *ên'*, pourquoi.

ஐ

ஐந்து *aindu*, cinq..
ஐயன் *aiyan'*, Seigneur, supérieur, père.
ஐயோ *aiyô*, hélas! aïe!

ஒ

ஒசி- *oçi*, se remuer, s'agiter; — agiter, remuer.
ஒடுங்கு- *oḍuṅgu*, s'affaiblir, diminuer.
ஒப்பி- *oppi*, partager, attribuer.
ஒரு *oru*, un.
ஒருத்தி *orutti*, une femme, une fille.
ஒருவன் *oruvan'*, un homme, un individu.
ஒழி- *oji*, finir, cesser, manquer.
ஒழிவு *ojivu*, fin, manque, cessation, exception.
ஒளி- *oḷi*, cacher, se cacher.
ஒன்பது *on'badu*, neuf.
ஒன்று *on'd'u*, un.

ஓ

ஓகோ *ôgô*, oh! oh!
ஓங்கு- *ôṅgu*, augmenter, enfler, grossir.
ஓடு- *ôḍu*, courir, fuir.
ஓர் *ôr*, un.
ஓரம் *ôram*, bord, rivage, extrémité, limite.
ஓலை *ôlei*, feuille de palmier, de cocotier, d'aréquier, etc.; — plaque de cuivre

gravée; — écrit, lettre; — bruit, son.

க

கங்கம் (s.) *kaṅgam* [गङ्ग], nom propre d'un pays.

கஷ்டம் (s.) *kaṣṭam* [कष्ट], peine, effort, affliction.

கடல் *kaḍal*, mer, océan.

கடவுள் *kaḍavuḷ*, être suprême.

கடன் *kaḍan'*, emprunt, dette, devoir, impôt.

கடுதாசி (p.) *kaḍutâçi* [cartas], papier, lettre.

கட்டளை *kaṭṭaḷei*, commandement, ordre.

கட்டு- *kaṭṭu*, attacher, lier.

கட்டை *kaṭṭei*, tronc, bûche, poutre.

கணக்கு *kaṇakku*, compte.

கண் *kaṇ*, œil, endroit, place.

கண்ணாய் *kaṇṇây*, n. pr. de femme.

கதம் (s.) *kadam* [गत], violence, force, colère.

கதவு *kadavu*, porte.

கத்தரி- *kattari*, couper, tondre, rogner.

கத்திரிக்கோல் *kattirikkôl*, paire de ciseaux.

கபினேய் (f.) *kabinêy*, cabinet.

கபோதி *kabôdi*, aveugle.

கப்பல் *kappal*, vaisseau, navire, barque.

கப்புசேம் (f.) *kappuçêm*, capucin.

கம்பம் *kambam*, pilier, colonne, poteau.

கயிறு *kayir'u*, corde, câble.

கரு- *karu*, noircir, devenir noir.

கரும்பு *karumbu*, canne à sucre.

கரை *karei*, rive, rivage.

கலம் *kalam*, vase, navire.

கலிங்கம் (s.) *kalingam* [कलिङ्ग], pays de Calinga.

கலியாணிநாயக்கர் *kaliyâṇinâyakkar*, *n. pr.* d'homme.

கல் *kal*, pierre.

கல்- *kal*, apprendre.

கல்வி *kalvi*, science, instruction, sagesse.

கவர்ன்மெண்டார் *kavarn'meṇḍâr* (a.) [Government], les agents du Gouvernement.

கவனம் *kavan'am*, attention, précaution, grand soin.

கழி- *kaji*, passer, traverser.

கழுதை *kajudei*, âne.

கழுத்து *kajuttu*, cou.

கழுவு *kajuvu*, laver, nettoyer.

களர் *kaḷar*, terre stérile, terre salée.

களி *kaḷi*, joie, ivresse, ardeur.

களை *kaḷei*, mauvaise herbe.

கள்- *kaḷ*, arracher, voler.

கள்ளி *kalli*, espèce d'*euphorbia.*

கறி *kar'i*, ragoût, sauce, cary [1].

கற்பு *kat'pu*, chasteté, pudeur, instruction.

கனி *kan'i*, fruit mûr.

கன்று *kan'd'u*, veau, petit d'animal, jeune plant.

கா- *kâ*, garder, conserver, élever.

காகம் (s.) *kâgam* [काक], corbeau.

காக்காய் (s.) *kâkkây* [काक], corbeau.

காசு *kâçu*, monnaie, cache (pièce de cuivre équivalente à un liard).

காடு *kâḍu*, forêt, bois.

காட்டு- *kâṭṭu*, montrer, faire voir.

காண்- *kâṇ*, voir.

காது *kâdu*, oreille.

காது (t.) *kâdu* [కాదు], ce n'est pas.

காத்திரு- *kâttiru*, attendre (être gardant).

காந்தளூர் *kândaḷûr*, *n. pr.*, village du sud de l'Inde.

காப்பு *kâppu*, garde, protection.

காமம் (s.) *kâmam* [काम] amour, passion.

காய் *kây*, fruit mûr.

காய்- *kây*, se dessécher, chauffer, bouillir.

காரன் (s.) *kâran'*, காரி *kâri* [कार], dérivative ayant le sens de « homme de, femme de ».

காரியம் (s.) *kâriyam* [कार्य], chose, objet, affaire.

காரைக்கால் *kâreikkâl*, Karikal (canal dans le sable).

காலம் (s.) *kâlam* [काल], temps, époque.

காலை *kâlei*, matin, aurore.

கால் (s.) *kâl* [काल], temps.

கால் *kâl*, pied, jambe; — canal.

காவல் *kâval*, garde, défense, prison.

காவனம் *kâvan'am*, jardin de fleurs.

கிட- *kiḍa*, gésir, être couché.

கிடங்கு *kiḍangu*, magasin, hangar, chai, grenier, fossé, réservoir d'eau.

கிட்டு- *kiṭṭu*, approcher, se rencontrer.

கிணறு *kiṇar'u*, puits.

(1) J'ai donné plusieurs recettes de *carys* indiens dans la *Revue de Linguistique* (t. XXV, p. 283-284; XXVIII, p. 180-183; XXIX, p. 168-170 et 350-352).

கிண்ணி *kiṇṇi*, coupe, vase, bassin.

கிராமம் (s.) *kirâmam* [ग्राम], village.

கிலேசம் (s.) *kilèçam* [क्लेश], inquiétude, souci, peine.

கிழக்கு *kijakku*, est, région basse du territoire où se parle le tamoul.

கிழான் *kijân'*, maître.

கிழி- *kiji*, déchirer, lacérer.

கிறிமாம்பாக்கம் *kir'imâmpâkkam*, village aux environs de Bahour.

கீர்த்தி (s.) *kîrtti* [कीर्ति], renommée, gloire.

கீழ் *kîj*, infériorité, profondeur, oubli — dessous — est.

குடமலை *kuḍamalei*, n. pr. de lieu « montagne de l'ouest ».

குடி- *kuḍi*, boire, absorber.

குடி *kuḍi*, maison, demeure, habitant.

குடியரசு *kuḍiyaraçu*, peuple, république.

குடியானவன் *kuḍiyân'avan'*, habitant, cultivateur.

குடுமி *kuḍumi*, touffe de cheveux au sommet de la tête.

குடும்பம் (s.) *kuḍumbam* [कुटुम्ब], famille, race.

குணில் *kuṇil*, fronde.

குமாரன் (s.) *kumâran'* [कुमार], fils.

கும்பல் *kumbal*, multitude, troupe.

கும்பனி (f.) *kumban'i*, compagnie.

கும்பினீர் (f.) *kumbin'îr*, compagnie.

குரல் *kural*, voix.

குரு (s.) *kuru* [गुरु], précepteur, maître, directeur spirituel.

குருத்து *kuruttu*, jeune pousse.

குருத்துரோகி (s.) *kurutturôgi* [गुरुद्रोह], traître, perfide.

குருந்து *kurundu*, trichilia spinosa.

குருடன் *kuruḍan*, aveugle.

குவெர்னோர் (f.) *kuvernêr*, gouverneur.

குழல் *kujal*, flûte, chalumeau.

குழி *kuji*, trou, fosse.

குழை- *kujei*, s'amollir, se flétrir, se gâter, s'attrister.

குளம் *kuḷam*, étang carré, pièce d'eau.

குளிகுளி- *kuḷikuḷi*, être en couches.

குளிர்- *kuḷir*, rafraîchir — se rafraîchir.

குள்ள *kuḷḷa*, petite taille.

குறள் *kur'aḷ*, distique (le premier vers a quatre pieds et le second deux et demi).

குறி- *kur'i*, marquer, désigner, distinguer.

குறுகு- *kur'ugu*, s'approcher, se joindre, se réunir.

குறும்பு *kur'umbu*, village dans un pays stérile.

குறை- *kur'ei*, retrancher, abréger — manquer, diminuer — manque, défaut, vide.

குற்றம் *kut't'am*, faute, défaut.

குற்றி *kut't'i*, pieu, poteau.

கூடு- *kûḍu*, se réunir, se joindre — être convenable. pouvoir être.

கூந்தல் *kûndal*, chevelure de femme.

கூப்பிடு- *kûppiḍu*, crier, appeler.

கூரை *kûrei*, chaume, toit de chaume.

கூழ் *kûj*, bouillie.

கெடு- *kéḍu*, se perdre, se détruire, se ruiner.

கெடுதி *kéḍudi*, perte.

கெட்டி *kéṭṭi*, fermeté, dureté.

கெழு- *kéju*, abonder, être plein, être fertile.

கேஸரிவர்மன் (s.) *kêçarivarman* [केशरिवर्मा], titre des rois Çôja du VIIIe au XIe siècle.

கேடு *kêḍu*, perte, destruction.

கேணி *kêṇi*, puits, fontaine, étang.

கேழ்வி *kêjvi*, question, demande, requête.

கேள் *kêḷ*, entourer, écouter, demander.

கேள்வி *kêḷvi*, question, demande, audition.

கை *kai*, main, bras.

கொங்கணன் *koṅkaṇan'*, habitant du Concan.

கொங்கணம் (s.) *koṅgan'am* [कोङ्कण], le Concan, pays au nord du pays tamoul.

கொங்கு *koṅgu*, parfum.

கொஞ்சம் *koñjam*, petite quantité, un peu.

கொடி *koḍi*, drapeau, pavillon — rameau, liane.

கொடு- *koḍu*, donner.

கொட்டு- *koṭṭu*, battre, répandre, vider.

கொட்டு *koṭṭu*, coup, battement.

கொண்டை *koṇḍei*, chignon, toupet.

கொண்மூ *koṇmû*, nuage.

கொத்தன்குடி *kottan'kuḍi*, village près de Chellambron.

கொமிசேல் (f.) *komiçêl*, conseil.

கொம்பு *kombu*, rameau, liane. corne, trompe.

கொய்- *koy*, cueillir, couper, arracher.

கொலோனி (f.) *kolôn'i*, colonie.

கொல்- *kol*, tuer.

கொல்லம் *kollam*, Quilon.

கொல்லை *kollei*, champ, jardin, terrain élevé.

கொழுப்பு *kojuppu*, graisse, engraissement.

கொளுத்து- *koluttu*, allumer, mettre le feu.

கொள்- *koḷ*, prendre, tenir, obtenir.

கொள்ளிக்கட்டை *koḷḷikkaṭṭei*, tison.

கொன்றை *kon'd'ei*, cassia *ou* cæsalpina.

கோ *kô*, roi.

கோஷ்டம் (s.) *kôṣṭam* [कोष्ठ], propriété, trésor, magasin, casemate.

கோட்டகம் *kôṭṭagam*, étang, temple.

கோபம் (s.) *kôbam* [कोप], colère.

கோபி- (s.) *kôbi* [कोप], se mettre en colère, se fâcher.

கோமட்டி voir கோமுட்டி.

கோமுட்டி *kômuṭṭi*, marchand au détail.

கோட்டை *kôṭṭei*, fort, citadelle.

கோவில் *kôvil*, palais, temple, église.

கோழி *kôji*, poule, coq.

க்ஷ

க்ஷணம் (s.) *ksaṇam* [क्षण], clin d'œil, instant, moment.

ச

சகலம் (s.) *çakalam* [सकल], totalité, universalité.

சக்கரை *çakkarei*, sucre.

சங்கடப்பட்டு *çangaḍappaṭṭu*, difficulté, peine, embarras.

சங்கதி (s.) *çangadi* [प्राङ्गति], récit, circonstance.

சங்கரன் (s.) *çangaran'* [शाङ्कर], Çiva.

சட்டம் *çaṭṭam*, ordre, régularité, règle, tranquillité.

சண்டாளன் (s.) *çaṇḍâḷan'* [चण्डाल], homme de basse caste, être vil, vaurien.

சண்டை *çaṇḍei*, lutte, combat, dispute.

சத்திரம் (s.) *çattira* [सत्र], chauderie (auberge gratuite).

சந்தடி *çandaḍi*, force, tumulte, vacarme.

சந்தேகம் (s.) *çandêgam*, [सन्देह], doute, soupçon.

சந்தோஷம் (s.) *çandôṣam* [सन्तोष], joie, plaisir.

சந்நியாசி (s.) *çanniyâçi* [सन्यासिन], ascète.

சபை (s.) *çabei* [सभा], assemblée, réunion.

சப்த்தம் (s.) *çapttam* [शब्द], bruit, son.

சப்தி (A. P.) *çapti* [ضبطی], saisie, requête, dépôt

சமஸ்தம் (s.) *çamastam* [समस्त], totalité, égalité.

சமாச்சாரம் (s.) *çamâc'c'âram* [समाचार], nouvelle, bonne nouvelle.

சமீபம் (s.) *çamîbam* [समीप], proximité, voisinage.

சமீபி- (s.) *çamîbi* [समीप], s'approcher.

சமுசாரம் (s.) *çamuçâram* [समुसार], vie conjugale, cohabitation, monde.

சமுதாயம் (s.) *çamudâyam* [समुदय], chose commune, annexe, dépendances.

சமை- *çamei*, préparer, se préparer.

சமையம் (s.) *çameiyam* [समय], secte.

சம்பளம் (s.) *çambaḷam* [शम्बल], traitement, salaire, solde.

சம்பா (f.) *çambâ*, Saint-Paul, Jésuites.

சம்பாதி- (s.) *çambâdi* [सम्पाद], acquérir, gagner, se procurer.

சம்பாரம் (s.) *çambâram* [सम्भार], provisions, préparatifs.

சர்வம் (s.) *çarvam* [सर्व], totalité, universalité.

சனகன் (s.) *çan'akan'* [जनक], Janaka, beau-père de Râma.

சனம் (s.) *çan'am* [जन], foule, gens, peuple.

சன்மம் (s.) *çan'mam* [जन्म], naissance.

சா- *çâ*, mourir.

சாஸ்திரம் (s.) *çâstiram* [शास्त्र], art, science, doctrine.

சாடை *çâḍei*, geste, signe.

சாண் *çâṇ*, empan, demi-coudée.

சாதம் (s.) *çâdam* [सात], riz cuit.

சாதி (s.) *çâdi* [जाति], race, tribu, famille, caste.

சாதி- *çâdi*, soutenir, affirmer.

சாத்து *çâttu*, fermer, battre.

சாப்பாடு *çâppâḍu*, repas.

சாப்பிடு- *çâppiḍu*, prendre ses repas, manger.

சாமி (s.) *çâmi* [स्वामिन्], seigneur.

சாமியுடையார் (m.) *çâmiyuḍeiyâr*, n. pr. d'homme,

சாய்- *çây*, décliner, fuir, être en déroute.

சாரல் *çâral*, penchant de montagne.

சாராயம் (A.) *çârâyam* [شراب], vin, liqueur.

சாலை (s.) *çâlei* [शाला], édifice, palais, endroit habité.

சிக்கெனக்காரன் *çikkén'akkâran'*, avare.

சிங்காரம் (s.) *çiṅgâram* [शृङ्गार], ornement, beauté.

சிதம்பரம் *çidambaram*, village sur la côte de Coromandel, Chellambron.

சிந்தி- *sindi*, penser, réfléchir.

சில *çila*, quelque, peu.

சிறிது *çir'idu*, ce qui est petit, un peu.

சிறு *çir'u*, petit, médiocre.

சிறை *çir'ei*, garde, prison — aile.

சினம் *çin'am*, colère.

சின்ன *çin'n'a*, petit.

சீக்கிரம் (s.) *çîkkiram* [शीघ्र], rapidité, vitesse, hâte.

சீஷன் (s.) *çîṣan'* [शीक्ष], disciple.

சீட்டு *çîṭṭu*, billet, obligation, contrat.

சீவனம் (s.) *çîvan'am* [जीवन], subsistance.

சுடு *çuḍu*, faire cuire.

சுட்டு *çuṭṭu*, indiquer, désigner, marquer.

சுப்புராயன் (m.) *çuppurâyan'*, n. pr. d'homme.

சும- *çuma*, emporter, porter, supporter.

சும்மா *çummâ*, oisiveté, inutilité, inactivité.

சுரம் *çuram*, plaine aride, désert.

சுலாய் (a.) *çulây* [July], juillet.

சுவாமி (s.) *çuvâmi* [स्वामिन्], Seigneur.

சுவாரி (P.) *çuvâri* [سواري], palanquin.

சுவாணி (m.) *çuvân'âḷi*, héritière, propriétaire.

சுவர் *çuvar*, mur, muraille.

சுவறு *çuvar'u*, corr. pop. de சுவர்.

சுழற்று- *çujat't'u*, சுற்று- *çut't'u*, faire tourner.

சூடு- *çûḍu*, brûler.

சூட்டு *çuṭṭu*, brûlure.

சூட்டுக்கோல் *çûṭṭukkôl*, fer à brûler, à marquer.

சூல் *çûl*, jeune épi.

செக்கிரத்தேர்ஜெனெறல் (f.) *çékkiratterjén'ér'âl*, secrétaire général.

செடி *çéḍi*, arbuste, buisson.

செட்டி *çeṭṭi*, négociant, marchand.

செட்டுப்பாக்கம் *çéṭṭuppâkkam*, village aux environs de Bahour.

செத்தம்புரு (f.) *çettamburu*, septembre.

செத்தை *çéttei*, bois mort, débris.

செப்பு- *çéppu*, dire, parler.

செம்- *çém*, rouge, régulier, parfait.

செந்தினேர் (f.) *çéntin'ér*, sentinelle.

செம்படவன் *çembaḍavan'*, pêcheur.

செயிர்- *çéyir*, se mettre en colère, s'irriter.

செய் *çéy*, faire.

செய்தி *çéydi*, fait, acte.

செய்யுள் *çéyyuḷ*, strophe, pièce de vers.

செய்வி *çéyvi*, faire faire.

செலவுகாரன் *çélavukâran'*, prodigue.

செல் *çél*, aller, marcher, passer.

செல்வம் *çélvam*, prospérité, bonheur, richesse.

செல்வி *çelvi*, la bienheureuse, la déesse.

செவ்வாய் *çévvây*, mardi, la planète Mars.

செழியன் *çéjiyan'*, le florissant, titre des rois du Pandi.

செறி- *çéri*, abonder.

சென்னப்பட்டணம் *çen'n'appaṭṭaṇam*, Madras.

சே *çé*, rouge, rose.

சேகுமீராலெப்பைமரைக்கார் *çégumîrâlebbeimareikkâr*, nom propre d'homme musulman.

சேரன் (s.) *çêran'* [चेर], le roi du Cêra, pays situé sur la côte occidentale de l'Inde du sud.

சேர்- *çêr*, réunir, joindre, — se réunir, se joindre.

சேவகம் (s.) *çêvagam* [सेवक], service militaire ou de police.

சேவகன் (s.) *çêvagan'* [सेवक], pion, soldat, serviteur militaire.

சைகை *çaigei*, signe, geste.

சேர்க்கை *çêrkkei*, fréquentation.

சொந்தம் (s.) *çondam* [स्व], propriété, possession.

சொல்- *çol*, dire — parole.

சோடு *çôḍu*, paire.

சோதிஷன் (s.) *çôḍiṣan'* [ज्योतिष], astrologue.

சோதிடன் (s.) *çôdiḍan* [ज्योतिष], astrologue.

சோமன் *çôman'*, vêtement d'homme (six à douze mètres d'étoffe enroulés autour des reins).

சோழன் *çôjan'* (s. चोड, चोल), le roi du Çôja, pays situé au S.-E. de l'Inde.

ஸ

ஸதிரீ (s.) *stiri* [स्त्री], femme.

ஜ

ஜன்வரி (a.) *janvari* [*January*], janvier.

ஞ

ஞாயசபை (s.) *ñâyaçabei* [न्याय-सभा], tribunal.
ஞானப்பிரகாசன் (s.) *ñânappiragâçan'* [ज्ञानप्रकाश], n. pr. d'homme, Louis.
ஞானம் (s.) *ñân'am* [ज्ञान], sagesse, science.

ட

டப்பால் (h.) *ṭappâl* [ڈاک], poste aux lettres.

த

தகு- *tagu*, convenir, être convenable, être capable.
தகை *tagei*, convenance.
தங்கம் *taṅgam*, or pur, or fin.
தங்கு- *taṅgu*, s'arrêter, stationner.
தடவு- *taḍavu*, toucher.
தடிகை *taḍigei*, n. p. de ville du sud de l'Inde.
தட்டு *taṭṭu*, heurt, coup.
தண்டி- *taṇḍi*, punir, corriger, faire effort.
தண்டு *taṇḍu*, tige, bâton, masse, — troupe, armée.
தண்ணீர் *taṇṇîr*, eau fraîche. eau.
தந்திரம் (s.) *tandiram* [तन्त्र], ruse, artifice.
தப்பி- *tappi*, laisser échapper, faire échapper — s'échapper, se sauver.
தப்பு *tappu*, faute, erreur.
தப்பு- *tappu*, faillir, manquer, se tromper.
தமிழன் *tamijan'*, homme du pays tamoul.
தமிழ் *tamij*, tamoul.
தம்பி *tambi*, frère cadet, jeune frère.
தயை (s.) *tayei* [दया], grâce, faveur, bienveillance.
தரு- *taru*, donner.
தலை *talei*, tête, chef, supériorité.
தலையாரி *taleiyâri*, garde champêtre, agent de police.
தர்மம் (s.) *tarmam* [धर्म], vertu, devoir, mérite.
தவழ்- *tavaj*, ramper, se traîner, glisser.

தவிர்- *tavir*, cesser, se retirer, — éloigner, faire cesser, excepter.

தனி *tan'i*, seul, séparé, à part.

தனை *tan'ei*, mesure, quantité.

தன்மை *tan'mei*, nature, essence.

தாக்கில் (A.) *tâkkil* [داخل], entrée.

தாங்கு *tâṅgu*, porter, supporter, soutenir.

தாண்டவராயமுதலியார் *tâṇḍavarâyamudaliyâr*, n. pr. d'homme.

தாய் *tây*, mère.

தார் *târ*, guirlande.

தாரதம்மியம் (s.) *târadammiyam* [तारतम्य], plus ou moins, état, condition, comparaison.

தானம் (s.) *tân'am* [दान], don, présent.

தான் *tân'*, soi-même, même.

திகிரி *tigiri*, roue, cercle.

திசை *tiçei*, point cardinal, région.

திஷ்டாந்தரம் (s.) *tiṣṭândaram* [दृष्टान्त], preuve certaine, évidence.

திட்டம் *tiṭṭam*, exactitude, commandement, défense.

திட்டு *tiṭṭu*, injure, imprécation.

திண் *tiṇ*, force, vigueur.

திமிரி- *timiri*, oindre, frotter, augmenter.

திரவியம் (s.) *tiraviyam* [द्रव्य], richesse, propriété.

திரி- *tiri*, errer, rôder, tourner, — moudre, agiter.

திரு (s.) *tiru* [श्री], saint, sacré.

திருமகள் *tirumagaḷ*, la sainte fille, Lakṣmî, femme de Viṣṇu.

திருடன் *tiruḍan'*, voleur.

திருடி *tiruḍi*, voleuse.

திருடு- *tiruḍu*, voler.

திருட்டு *tiruṭṭu*, vol.

திருமுகம் (s.) *tirumugam* [श्रीमुख], visage sacré, sceau, empreinte, écrit sur feuille de palmier, document écrit provenant d'un grand personnage.

திரும்பு- *tirumbu*, se tourner, se changer, retourner.

திருவள்ளுவன் *tiruvaḷḷuvan'*, célèbre poète moraliste tamoul.

திருவேங்கடப்பிள்ளை (m.) *tiruvêṅgaḍapiḷḷei*, nom propre d'homme.

திற- *tir'a*, ouvrir, élargir.

திறல் *tir'al*, force, combat.

தினம் (s.) *tin'am* [दिन], jour, journée.

தினை *tin'ei*, millet, *panicum italicum*.

தின்- *tin'*, manger.

தீ *ti*, feu, mal.

தீபம் (s.) *tîbam* [द्वीप], lampe, lumière.

தீம் *tîm*, douceur, suavité.

தீர்- *tîr*, finir, terminer — se terminer, s'achever.

துகை *tugei* (pour தொகை), réunion, foule, total.

துக்கி- (s.) *tukki* [दुःख], s'attrister, s'affliger.

துஷ்டம் (s.) *tuṣṭam* [दुष्ट], méchanceté.

துடர் *tuḍar* (pour தொடர்), se réunir à, poursuivre.

துடைப்பம் *tuḍeippam*, balai.

துணி *tuṇi*, toile, morceau.

துணை *tuṇei*, aide, ressemblance, mesure.

தும்பி *tumbi*, insecte ailé, abeille, éléphant.

தும்பிக்கை *tumbikkei*, trompe d'éléphant.

தும்மிட்டி *tummiṭṭi*, *bryonia callosa*.

துரத்து- *turattu*, éloigner, renvoyer.

துரை (s.) *turei* [धुर्], Seigneur, maître, Monsieur.

துரைத்தானம் (s.) *tureittân'am* [धुर्], gouvernement.

துவக்கு- *tuvakku*, commencer, lier.

துவான் (f.) *tuvân'*, douane.

துன்பம் *tun'bam*, malheur, affliction, douleur.

தூங்கு- *tûngu*, dormir, endormir.

தூரம் (s.) *tûram* [दूर], éloignement, distance.

தூள் *tûḷ*, poussière, poudre.

தூறு- *tûr'u*, ruiner, se répandre.

தையல் *taiyal*, coudre, tailler, lier, joindre.

தைரியம (s.) *tairiyam* [धैर्य], courage, hardiesse, fermeté.

தொடங்கு - *todangu*, commencer, entreprendre, se mettre à.

தொடு- *toḍu*, toucher.

தொண்ணூறு *toṇṇûr'u*, quatre-vingt-dix.

தொழில் *tojil*, office, emploi, occupation, devoir.

தொழு- *toju*, adorer, vénérer, saluer.

தொள்ளைக்காது *toḷḷeikkâdu*, oreille allongée et percée d'un trou.

தோட்டம் *tôṭṭam*, jardin.

தோத்திரம் (s.) *tôttiram* [स्तोत्र], louange, éloge.

தோண்டு- *tôṇḍu*, creuser.

தோல் *tôl*, peau.
தோழி *tôji*, compagne, amie.
தோறும் *tôr'um*, tous, chaque.
தோற்றம் *tôl't'am*, apparition.
தோன்று *tôn'd'u*, apparaître.

ந

நகை *nagei*, rire, dent.
நட- *nada*, marcher.
நடத்து *nadattu*, faire aller, faire marcher, conduire.
நடப்பி- *nadappi*, faire marcher.
நட்பு *natpu*, affection, amitié, bienveillance.
நத்தம் *nattam*, village, milieu.
நம்பிக்கை *nambikkei*, espoir, foi, confiance.
நம்பு- *nambu*, espérer, croire, avoir confiance.
நயினர் *nayin'âr*, chef, prince, — commissaire de police indien.
நரி *nari*, renard, chacal.
நல்- *nal*, bonté.
நறு- *nar'u*, parfum.
நன்று *nan'd'u*, bien.
நா *nâ*, langue.
நாடு *nâdu*, pays, région, contrée.
நாட்டான் *nâttan'*, habitant, chef de cultivateurs.
நாட்டு- *nâttu*, planter, ériger, fixer en terre.
நாண்- *nân*, avoir honte, redouter.
நாதி (t.) *nâdi* [నాది], mien, de moi.
நாமம் *nâmam*, nom.
நால்வர் *nâlvar*, quatre personnes.
நான்கு *nân'gu*, quatre.
நாளை *nâlei*, demain.
நாள் *nâl*, jour.
நிசம் (s.) *niçam* [निज], propriété, perpétuité, certitude.
நிசான் (P.) *niçân* [نشان], drapeau, étendard.
நிச்சயி- (s.) *niććayi* [निश्चय], certifier, assurer, déterminer.
நிபந்தனை (s.) *nibandan'ei* [निबन्धना], convention, traité, foi.
நியாயம் (s.) *niyâyam* [न्याय], équité, justice.
நியாயஸ்தலம் (s.) *niyâyastalam* [न्यायस्थल], tribunal, cour de justice.
நியாயாதிபதி (s.) *niyâyâdibadi* [न्यायाद्पित], juge, chef de la justice.
நிரம்பு- *nirambu*, s'emplir, se remplir.
நிருபதொங்கவர்மன் (s.) *niruba-*

dongavarman' [नृपतुङ्गवर्मा], roi du Pallava qui régnait vers le milieu du ıxᵉ siècle de notre ère.

நிலம் *nilam*, sol, terrain, terre.

நிலன் *nilan'*, terrain, sol, champ.

நில்- *nil*, se tenir, demeurer.

நிழல் *nijal*, ombre, ombrage.

நிறுத்து- *nir'uttu*, arrêter, fixer.

நிறுவு- *nir'uvu*, fixer, dresser, — se dresser.

நிறை- *nir'ei*, emplir, s'emplir.

நிறை *nir'ei*, fermeté, équité, retenue, chasteté.

நினை- *nin'ei*, penser.

நினைப்பு *nin'eippu*, pensée, méditation.

நீக்கு- *nîkku*, éloigner, supprimer, renvoyer,

நீதி (s.) *nîdi* [नीति], justice, droit.

நீதிபதி (s.) *nîdibadi* [नीतिपति], juge, chef de justice.

நீர் *nîr*, eau.

நீளம் *nîḷam*, longueur.

நுழை- *nujei*, entrer, pénétrer.

நுளம்பம் *nuḷambam*, pays de l'Inde conquis par les rois Çôja.

நூல் *nûl*, fil — livre, traité didactique.

நூறு *nûr'u*, cent.

நெடு- *nêḍu*, longueur.

நெட்டை *néṭṭei*, longueur.

நெருஞ்சி *néruñji*, *tribulus terrestris*, plante épineuse.

நெருப்பு *néruppu*, feu.

நெல்வாய்ப்பாக்கம் *nélvâyppâkkam*, village aux environs de Bahour.

நேரம் *nêram*, temps, loisir, occasion.

நேற்றை *nêt't'ei*, hier.

நோக்கு- *nôkku*, voir, regarder, considérer.

நோய் *nôy*, maladie.

ப

பக்கம் (s.) *pakkam* [पक्ष], côté.

பசு- *paçu*, vert.

படப்பு *paḍappu*, jardin, enclos cultivé derrière une maison.

படாகை *paḍâgei*, drapeau, bannière.

படி *paḍi*, manière.

படு- *paḍu*, souffrir, se trouver, être, se coucher.

படுக்கை *paḍukkei*, couche.

படுத்து *paḍuttu*, se coucher, faire prendre, être cause.

படை- *paḍei*, créer, fabriquer, arranger.

படை *paḍei*, armée.

பட்டணம் (s.) *paṭṭaṇam* [पट्टण], cité, grande ville.

பணம் (s.) *paṇam* [पण], argent, fanon (pièce d'argent valant de 0 fr. 25 à 0 fr. 40).

பணி- *paṇi*, ordonner, accorder, parler — s'humilier, vénérer, saluer.

பண்- *paṇ*, faire, fabriquer.

பண்டம் *paṇḍam*, objet, chose, matière.

பண்டிதன் (s.) *paṇḍidan* [पण्डित], pandit, savant, sage.

பண்ணுவி-*paṇṇuvi*, faire faire, faire exécuter.

பதில் *padil*, équivalent, égalité, échange.

பதினாயிரம் *padin'âyiram*, dix mille.

பதுங்கு- *paduṅgu*, se glisser, se blottir.

பதை *padei*, palpiter.

பத்திரிகை (s.) *pattirigei* [पत्रिका], feuille, page, billet.

பத்து *pattu*, dix.

பயணம் (s.) *payaṇam* [प्रयण], voyage.

பயம் (s.) *payam* [भय], peur, crainte.

பயிர் *payir*, moisson, récolte.

பயில்- *payil*, dire, parler, étudier.

பரதத்தி (s.) *paradatti* [परदत्ति], don, donation.

பரண் *paraṇ*, grenier, soupente.

பரப்பு- *parappu*, étendre, déployer.

பரமம் (s.) *paramam* [परम], excellence.

பரம்பு *parambu*, petite chaussée dans les rizières, étendue, extension.

பரலோகம் (s.) *paralôgam* [लोक], monde supérieur.

பரிகாரம் (s.) *parigâram* [परिकार], destruction, traitement, remède.

பரிஹாரம் (s.) *parihâram* [परिहार], charge, inconvénient.

பலம் (s.) *palam* [बल], force, pouvoir — poids d'environ 35 gr. et demi.

பழம் *pajam*, fruit mûr.

பழி *paji*, faute, mal, reproche.

பழை- *pajei*, antique, ancien, vieux.

பறி- *par'i*, ravir, prendre.

பறி *par'i*, panier.

பறை *par'ei*, tambour, parole, plume.

பற்று- *pat't'u*, recevoir, prendre, accepter.

பனை *pan'ei*, palmier.

பன்னிரண்டு *pan'n'iraṇḍu*, douze.

பாகன் (s.) *pâgan'* [पाक], conducteur, guide, cornac.

பாசாங்கு *pâçâṅgu*, dissimulation, hypocrisie.

பாடம் (s.) *pâḍam* [पाठ], leçon, formule.

பாடி *pâḍi*, village, pays, région.

பாடு *pâḍu*, souffrance.

பாட்டு *pâṭṭu*, chant, hymne, chanson.

பாண்டியன் (s.) *Pâṇḍiyan'* [पाण्ड्य], le roi du Pâṇḍi, pays formant la pointe extrême méridionale de l'Inde.

பாத்திரம் (s.) *pâttiram* [पात्र], vase, coupe, bassin.

பாம்பு *pâmbu*, serpent.

பாராட்டு- *pârâṭṭu*, louer, vanter, manifester.

பார்- *pâr*, regarder.

பார் (P.) *bâr* [بار] bar, poids d'environ 70 kilogrammes.

பார்க்கேய் (f.) *pârkkêy*, parquet.

பார்க்கை *pârkkei*, vue, regard, action de voir.

பார்ப்பான் *pârppân'*, voyant, prophète, brame.

பார்ப்பாட்டி *pârppâṭṭi*, bramine.

பார்ப்பினி *pârppin'i*, bramine.

பார்வதியாச்சி (m.) *pârvadiyâc'c'i*, n. p. de femme.

பால் *pâl*, part, côté — lait.

பிடி- *piḍi*, prendre, saisir.

பிடுங்கு- *piḍuṅgu*, arracher, enlever.

பிணி- *piṇi*, mal, douleur — lier, attacher.

பிதா (s.) *pidâ* [पिता], père.

பிரகாசி- (s.) *piragâçi*- [प्रकाश], briller, éclairer.

பிரசவி- (s.) *piraçavi* [प्रसव], accoucher, enfanter.

பிரபந்தம் (s.) *pirabandam* [प्रबन्ध], histoire, poème, livre.

பிரயாசம் (s.) *pirayâçam* [प्रयास], effort, peine.

பிரசுரம் (s.) *piraçuram* [प्रचुर], publication, édition.

பிரமதேயம் (s.) *piramadêyam* [ब्रह्मदेय], don aux brames.

பிரயோசனம் (s.) *pirayôçan'am* [प्रयोजन], profit, utilité.

பிராஞ்சு (f.) *pirâñju*, France.

பிராணி (s.) *pirâṇi* [प्राणिन्], être vivant.

பிராது *pirâdu*, accusation, procès, preuve.

பிராமணன் (s.) *pirâmaṇan'* [ब्राह्मण], brame, bramane.

பிரியாது *piriyâdu*, plainte, accusation, procès.

பிரீதி (s.) *pirîdi* [प्रीति], plaisir, affection.

பிழை- *pijei*, sauver — se sauver, s'échapper.

பிள்- ***piḷ***, rompre.

பிள்ளை ***piḷḷei***, enfant, petit de certains animaux, jeune plant, rejeton d'arbre.

பிற- ***pir'a***, naître.

பிறகு ***pir'agu***, ensuite.

பிறவி ***pir'avi***, naissance.

பிற்பாடு ***pit'pâḍu***, après, ensuite.

பின் ***pin'***, dernière, suite, ensuite.

பின்பு ***pin'bu***, ensuite.

பின்னை ***pin'n'ei***, ensuite, après.

பீரங்கி (m.) ***pîrańgi***, canon.

புகழ்- ***pugaj***, louer, célébrer, vanter — louange.

புகு- ***pugu***, pénétrer, entrer.

புகுத்து- ***puguttu***, faire entrer, introduire.

புகையிலை ***pugeiyilei*** (feuille à fumée), tabac.

புஞ்சம் (s.) ***puñjam*** [पुञ्ज], monceau, collection.

புண் ***puṇ***, plaie, blessure, trou.

புண்ணியம் (s.) ***puṇṇiyam*** [पुण्य], vertu, charité, mérite.

புதன் (s.) ***pudan'*** [बुध], mercredi, la planète Mercure,

புதுவை ***puduvei***, Pondichéry.

புதை- ***pudei***, cacher, enterrer,

புத்தி (s.) ***putti*** [बुद्धि], esprit.

புத்தகம் (s.) ***puttagam*** [पुस्तक], livre, manuscrit.

புரட்டாசி (s.) ***puraṭṭâçi*** [पूर्वाभाद्रपदा], 26e astérisme, 6e mois de l'année (septembre-octobre).

புரம் (s.) ***puram*** [पुर], grande ville, capitale.

புருஷன் (s.) ***puruṣan'*** [पुरुष], mari.

புரை- ***purei***, rassembler — tisser.

புரோக்குய்ரேர்தெலாரெப்புய்பிலிக் (f.) ***purôkkuyrêrdélârép-puybilik***, procureur de la République.

புரோசேவெற்பால் (f.) ***purôçéver'bâl***, procès-verbal,

புலி ***puli***, tigre.

புறம் ***pur'am***, extérieur.

புற்று ***put't'u***, fourmilière.

புன்செய் ***pun'çéy***, terrain sec, terre à menus grains.

பூ ***pû***, fleur.

பூசு- ***pûçu***, enduire, appliquer, laver.

பூசை (s.) ***pûçei*** [पूजा], office religieux.

பூண்டமை ***pûṇḍamei***, l'action de s'être orné.

பூரி- ***pûri***, être rempli de joie.

பூரிப்பு ***pûrippu***, grande joie, abondance.

பெட்டி ***peṭṭi***, caisse, coffre, boîte.

பெண் ***peṇ***, femme, femelle.

பெண்சாதி (m.) **peṇjâdi**, femme, épouse.

பெண்டாட்டி **peṇḍâṭṭi**, épouse, femme.

பெண்டு **peṇḍu**, femme.

பெய்- **péy-**, pleuvoir, laisser aller.

பெரு- **péru**, grand — grandir, se multiplier.

பெருமூச்சு **pérumûc'c'u**, profond soupir.

பெவரியே (f.) **pévariyê**, février.

பெறு- **pér'u**, obtenir, acquérir, engendrer, enfanter.

பேசு- **pêçu**, parler.

பேச்சு **pêc'c'u**, parole, discours.

பேட்டி (h.) **peṭṭi** [پیتھنا], entrevue, audience, visite.

பேண்- **pêṇ**, aimer, affectionner.

பேர் **pêr**, nom, personne.

பேர்- **pêr**, changer, s'altérer.

பேறு **pêr'u**, obtention, gain.

பை **pai**, bourse, sac.

பையன் **paiyan'**, petit garçon.

பொதுக்கட்டு- **podukkaṭṭu**, saisir, mettre sous séquestre, mettre en dépôt.

பொய் **poy**, mensonge, faux.

பொருட்டு **poruṭṭu**, cause, motif.

பொருள் **poruḷ**, chose, sujet, fortune.

பொழி- **poji**, abandonner, répandre.

பொழுது **pojudu**, temps, jour, soleil.

பொறு- **por'u**, supporter, souffrir, porter, endurer.

பொற்பு **pot'pu**, beauté, ornement, abondance.

பொன் **pon'**, or.

பொன்னுசாமிநாயக்கன் (m.) **pon'n'uçâminâyakkan'**, n. pr. d'homme.

போ- **pô**, aller.

போகை **pôgei**, action d'aller.

போக்கன் **pôkkan'**, celui qui va.

போசனம் (s.) **pôçan'am** [भोजन], aliment, repas.

போடு- **pôḍu**, mettre, jeter, lancer.

போது **pôdu** (pour பொழுது), temps, époque, soleil.

போர்- **pôr**, envelopper, couvrir.

போர் **pôr**, combat, bataille.

போல்- **pôl**, ressembler — comme.

போழ்து **pôjdu** (pour பொழுது), temps, époque.

போன் (t.) **pôn'** [బోను **bônu**], trappe.

ம

மகள் *magal*, fille.

மகா (s.) *magâ* [महा], grand.

மகாநாட்டார் (m.) *magânâttâr*, les grands chefs d'un pays, les principaux cultivateurs.

மகிறி (f.) *magir'i*, n. pr. Magry.

மடங்கு *madangu*, pli, tour, fois.

மட்டு *mattu*, mesure, borne, limite, fin.

மணம் *manam*, parfum, bonne odeur.

மணி *mani*, heure, cloche.

மணி (s.) *mani* [मणि], perle, joyau.

மண்டலம் (s.) *mandalam* [मण्डल], cercle, région, province.

மதம் (s.) *madam* [मद], liqueurs émises par les éléphants (il y en a trois : le sueur, l'humeur nasale et le sperme).

மதம் (s.) *madam* [मत], pensée, doctrine.

மதி *madi*, lune.

மதிப்பு *madippu*, estimation, évaluation, mise à prix.

மத்தியானம் (s.) *mattiyân'am* [मध्याह्न], milieu du jour.

மந்து (s.) *mandu* [मन्तु], intelligence.

மயிர் *mayir*, poil, cheveu.

மயில் *mayil*, paon.

மரபு *marabu*, couvenance, propriété.

மரம் *maram*, arbre, bois (de construction).

மரியாதைராமன் (m.) *mariyâdeirâman'*, n. pr.

மருத்துவிச்சி *maruttuvic'c'i*, sage-femme.

மருமம் (s.) *marumam* [मर्मन्], poitrine, poitrail.

மலர் *malar*, fleur.

மலி- *mali*, abonder, augmenter.

மல்லல் *mallal*, force.

மழலை *majalei*, babil, bredouillement.

மழை *majei*, pluie, nuage.

மறம் *mar'am*, meurtre, colère, force.

மறு- *mar'u*, être autre, différer.

மறை- *mar'ei*, être caché — cacher — secret, le Véda.

மறையோன் *mar'eiyôn'*, Brahmâ, le dieu des Védas.

மறைவு *mar'eivu*, cachette, abri.

மற்ற *mat't'a*, மற்றை *mat't'ei*, autre.

மனது (s.) *man'adu* [मनस्], idée, opinion, caprice.

மனம் (s.) ***man'am*** [मनस्], esprit, pensée.

மனிதன் (s.) ***man'idan'*** [मनुष्य], homme.

மனுஷன் (s.) ***manuṣan'*** [मनुष्य], homme.

மனை ***man'ei***, maison et terrain environnant, jardin et dédance.

மனைவி ***man'eivi***, femme, épouse, maîtresse de maison.

மன்றாடு- ***man'd'âḍu***, supplier, demander.

மன்று ***man'd'u***, endroit découvert, clairière.

மன்னன் ***man'n'an'***, roi.

மா ***mâ***, manguier (*mangifera indica*) — cheval, monture.

மா (s.) ***mâ*** [महा], grand.

மாசம் (s.) ***mâçam*** [मास], mois.

மாட்டு- ***mâṭṭu***, s'attraper à, se tenir à, vouloir.

மாதம் (s.) ***mâdam*** [मास], mois.

மாதா (s.) ***mâdâ*** [माता], mère; *pour les Chrétiens*, la Sainte Vierge.

மாத்திரம் (s.) ***mâttiram***, quantité, mesure — seulement.

மாந்தன் (s.) ***mândan'*** [मनुष्य], homme.

மாம்பாக்கம் ***mâmpâkkam***, village aux environs de Bahour.

மாயன் (s.) ***mâyan*** [माय], le prince de l'illusion, Viṣṇu.

மார்பு ***mârbu***, poitrine, sein.

மாறு- ***mâr'u***, changement — changer, cesser, se résigner.

மாற்றம் ***mât't'am***, parole.

மாற்று- ***mat't'u***, changer, échanger, remplacer.

மான் ***mân'***, troupeau.

மிகு- ***migu***, abonder, augmenter.

மிராசு (A.) ***mirâçu*** [ميراث], droit, propriété héréditaire, patrimoine.

மிருகம் (s.) ***mirugam*** [मृग], animal, bête.

மீன் ***mîn'***, poisson, étoile.

முகம் (s.) ***mugam*** [मुख], figure, visage.

முகம்மது அபுதல்காதர் மரைக்கார் ***mugammadu abudulkâdar*** (A.) ***mareikkâr*** [محمد عبد القادر], n. pr. d'homme musulman.

முகில் ***mugil***, nuage.

முசே (f.) ***muçê***, monsieur.

முடி ***muḍi***, couronne.

முடி- ***muḍi***, finir, achever, perdre, être noué, être attaché.

முட்டாள் ***muṭṭâḷ***, sot, niais.

முண்டை ***muṇḍei***, femme à la tête rasée, veuve (terme de mépris).

முதல் *mudal*, premier, antérieur; — capital (d'argent).

முந்து- *mundu*, précéder, devancer.

முபாரக்கு (A.) *mubârakku* [مبارك], béni, auguste, sacré.

முபாரக்குபாதி (P.) *mubârakku-bâdi* [مبارك بادي], bénédiction, congratulation, félicitation.

முத்தம் (s.) *muttam*, முத்து *muttu* [मुक्त], perle.

முயற்சி *muyar'ci*, effort, énergie, activité.

முயற்று- *muyat't'u*, exciter, pousser; — s'efforcer.

முரசு *muraçu*, tambour.

முருகப்பிள்ளை *murugappiḷḷei*, n. pr. d'homme.

முல்லை *mullei*, *jasminum trichotomum*.

முழங்கு- *mujan̄gu*, retentir, résonner.

முழம் *mujam*, coudée.

முழி- *muji* pour மிழி- *miji* pour விழி *viji*, ouvrir les yeux.

முறம் *mur'am*, van, crible.

முறுக்கு *mur'ukku*, tondre, frotter, raser.

முறை *mur'ei*, ordre, tour, plainte.

முறைமை *mur'eimei*, ordre, règle, usage, coutume.

முன் *mun'*, antérieur, devant, avant.

மூ *mû*, ancien, antique — trois.

மூக்காய் *mûkkây*, n. pr. de femme.

மூக்கு *mûkku*, nez.

மூடன் (s.) *mûḍan'* [मूढ], idiot, ignorant, stupide, imbécile.

மூடு- *mûḍu*, couvrir, boucher, fermer.

மூட்டம் *mûṭṭam*, couverture, couvercle.

மூத்தவன் *mûttavan'*, aîné.

மூலம் (s.) *mûlam* [मूल], cause, principe, racine.

மூலை *mûlei*, coin, angle.

மூவர் *mûvar*, trois personnes.

மூன்று *mûn'd'u*, trois.

மெத்து *mettu*, grandir, augmenter.

மெய் *méy*, vérité, corps.

மெல்- *mel*, aller doucement, mâcher.

மெழுகு *méjugu*, cire.

மெள்ள *meḷḷa*, doucement, lentement.

மேடு *mêḍu*, hauteur, colline, tertre.

மேஸ்திரி (p.) *mêstiri* [mestre], maître.

மேத்தர் (f.) **mêttar**, maître.
மேய் **mêy**, paître, faire paître.
மேரி (f.) **mêri**, mairie.
மேல் **mêl**, supériorité, ouest.
மேற்கு **mêt'ku**, ouest, partie élevée du pays où se parle la langue tamoule.
மேற்படி **mêt'padi**, comme dessus, ci-dessus.
மைதானம் (A. P.) **maidân'am** [میدان], plaine.
மொழி- **moji**, parler, dire.
மோ- **mô**, flairer, sentir.

ய

யா **yâ**, qui?, quelconque.
யாசகம் (s.) **yâçagam** [याचक], mendicité, quête.
யாது **yâdu**, quoi?, quelconque.
யார் **yâr**, qui?, quiconque.
யாழ் **yâj**, luth, lyre.
யானை **yân'ei**, éléphant.
யோக்கியன் **yôkkiyan'**, sage, prudent.
யோசனை (s.) **yôçan'ei** [योजना], conseil, délibération, avis.
யோசி- **yôçi**, réfléchir, délibérer.

ர

ரகசியம் (s.) **ragaçiyam** [रहस्य], secret, mystère.
ரத்தினம் (s.) **rattin'am** [रत्न], pierre précieuse, joyau, perle.
ராசா (s.) **râçâ** [राजा], roi.
ராச்சியம் (s.) **râcciyam** [राज्य], royaume, gouvernement.
ராணி (h.) **râṇi** [رانی], reine.
ராத்திரி (s.) **râttiri** [रात्रि], nuit.
ராமச்சந்திர அய்யன் (s.) [राम-चन्द्र अर्य], n. pr. d'homme.
ராயன் (s.) **râyan'** [राजा], roi, n. pr. d'homme.
ரூபா (h.) **rûpâ**, roupie [روپیا] (pièce d'argent valant de 1 fr. 60 à 1 fr. 70).

ல

லபொர்துனே (f.) **labordun'ê**, Labourdonnais.
லாபம் (s.) **lâbam** [लाभ], profit.
லாயர் (a.) **lâyar** [*lawyer*], avocat, avoué, homme de loi.

வ

வஞ்சி- **vañji**, tromper, duper.
வட **vaḍa**, septentrional.
வடக்கு **vaḍakku**, nord, septentrion.
வடிவு **vaḍivu**, forme, figure, bonté.
வடுகன் **vaḍugan'**, homme du nord.

வடுகு *vadugu*, la langue du nord, le télinga.

வடை (s.) *vadei* [वडा], gâteau, beignet.

வட்டி (s.) *vatti* [वृत्ति], intérêt (d'argent).

வண்ணாட்டி *vannâtti*, lavandière, blanchisseuse.

வம்பு *vambu*, parfum, bonne odeur.

வராகன் (m.) *varâgan'* [वराह], pagode (monnaie d'or valant trois roupies et demie, soit environ 6 fr.; jadis 8 fr. 75).

வரிசை *variçei*, rang, file, ordre, série.

வரு- *varu*, venir.

வருத்தம் (s.) *varuttam* [वर्त], douleur, peine.

வரை *varei*, mesure, limite, ligne, espace.

வர்த்தகன் (s.) *varttagan'* [वर्धक], négociant, marchand.

வர்த்தி (s.) *vartti* [वर्ति], bougie, lampe.

வலிப்பு *valippu*, convulsion, spasme.

வழக்கு *vajakku*, procès, contestation, querelle.

வழங்கு- *vajangu*, se répandre, circuler, être en usage, s'habituer à, avoir cours.

வழி *vaji*, chemin, route, voie.

வளர்- *valar*, croître; — faire croître, élever.

வளவு *valavu*, maison, voûte, galerie.

வளை *valei*, trou.

வாகூர் *vâgûr*, Bahour, ville à 23 kilomètres au S. O. de Pondichéry, chef-lieu de commune.

வாங்கு- *vângu*, prendre, recevoir, ôter, inviter.

வாசல் *vâçal*, porte, seuil, entrée.

வாசுதேவபண்டிதன் (s.) *vâçudêvapandidan'* [वासुदेवपण्डित], n. pr. d'homme.

வாடு- *vâdu*, se flétrir, se faner, dépérir.

வாது (s.) *vâdu* [वाद], querelle, discussion.

வாய் *vây*, bouche, voie.

வாரம் (s.) *vâram* [वार], jour, semaine.

வார்த்தை (s.) *vârttei* [वार्ता], bruit, parole.

வால் *vâl*, queue.

வாழ்- *vâj*, vivre, prospérer; — faire prospérer.

வாழ்க்கை *vâjkkei*, bonheur, délice, vie.

வாள் *vâl*, épée, éclat.

வான் *vân'*, ciel.

விசயம் (s.) **viçayam** [विजय], victoire.

விசனம் (s.) **viçan'am** [व्यसन], affliction, douleur, tristesse.

விசனி- (s.) **viçan'i** [व्यसन], être affligé, être en faute.

விசாரணை (s.) **viçâran'ei** [विचारना], examen, surveillance, instance, inspection.

விசையன் (s.) **viçeiyan'** [विजय], victorieux.

விஷயம் (s.) **viṣeiyam** [विषय], objet sensible, occupation, affaire.

விடி- **viḍi**, pointer (le jour).

விடியல் **viḍiyal**, point du jour.

விடு- **viḍu**, laisser, quitter, lâcher; — envoyer, lancer, conduire.

விடுதி **viḍudi**, logement.

விண்ணப்பம் (s.) **viṇṇappam** [विज्ञप्ति], demande, supplique, pétition, requête.

விதம் **vidam**, manière, moyen.

விதவை (s.) **vidavei** [विधवा], veuve.

வித்தியாஸ்தானம் (s.) **vidiyâstân'am** [विद्यास्थान], académie, collège de savants, école des sciences.

வித்தியாபோகம் (s.) **vidiyâbôgam** [विद्याभोग], faveur accordée à la science.

வியவஸ்தை (s.) **viyavastei** [व्यवस्था], engagement, règlement.

வியன் **viyan'**, grandeur, abondance.

வியாழம் **viyâjam**, jeudi, la planète Jupiter.

விரல் **viral**, doigt.

விராட்டி **virâṭṭi** (pour வறட்டி **var'âṭṭi**), galette de bouse de vache, mélangée de paille et séchée au soleil, qui sert de combustible.

விரி- **viri**, étendre, déployer; — s'étendre, se déployer, se répandre.

விருந்து **virundu**, hôte, convive, banquet.

விலக்கு- **vilakku**, défendre, empêcher, séparer.

வில்- **vil**, vendre.

வில்லிச்சி **villicci**, femme des archers sauvages, femme peu civilisée.

விவேகம் (s.) **vivêgam** [विवेक], discernement, prudence.

விழி- **viji**, ouvrir les yeux, se réveiller.

விழு- **viju**, tomber.

விளக்கு **viḷakku**, lampe, lumière.

விளங்கு- **viḷangu**, briller.

விளாங்காட்டங்கடுவனூார் **viḷân-**

kâṭṭaṅkaḍuvan'ûr, village aux environs de Bahour.

விளையாடு- *viḷeiyâḍu*, jouer.

வினவு- *vin'avu*, demander, questionner, interroger.

வீடு *vîḍu*, maison — libération.

வீதி *vîdi*, rue, route, voie.

வீவலறுவா (f.) *vîvalar'uvâ*, vive le roi!

வீழ்- *vîj*, tomber.

வெகு (s.) *végu* [बहु], beaucoup.

வெகுமானம் (s.) *végumân'am* [बहुमान], grand honneur.

வெட்கு- *véṭku*, avoir honte, craindre.

வெட்டு *véṭṭu*, coup.

வெண்- *véṇ*, blancheur.

வெம்- *vém*, ardeur.

வெய்- *véy*, ardeur, violence.

வெல்- *vél*, vaincre, triompher.

வெளி *véḷi*, dehors, extérieur, air, champ ouvert.

வெள்ளாட்டி *veḷḷâṭṭi*, servante, domestique.

வெள்ளாழன் *veḷḷâjan'*, agriculteur-propriétaire; la caste des Vellâjas est une des plus importantes du pays tamoul.

வெள்ளெரி *veḷḷéri*, pour வெள்ளெலி *veḷḷéli*, rat blanc.

வெள்ளை *veḷḷei*, blancheur.

வெற்பு *vet'pu*, montagne.

வெற்றிலை *vet't'ilei*, bétel (*proprement* feuille vide, simple feuille).

வென்றி *ven'd'i*, victoire.

வே- *vê*, brûler, détruire.

வேங்கடேசன் (s.) *vêṅgaḍêçan'* [वेङ्कटेश], nom propre d'homme.

வேங்கை *vêṅgei*, pays de l'Inde.

வேசாலி *vêçâli*, nom propre d'homme.

வேட்டை *vêṭṭei*, chasse.

வேண்டிக்கொள்- *vêṇḍikkol*, prier, supplier.

வேண்டு *vêṇḍu*, être nécessaire, avoir besoin.

வேதபுரீசுரன் (s.) *vêdaburîçuran'* [वेदपुरीश्वर], forme de Çiva adorée à Pondichéry, dont la pagode principale lui est dédiée.

வேலை *vêlei*, ouvrage, travail.

வேளை *vêḷei*, fois, occasion.

வேறு *vêr'u*, différent, autre.

வை- *vai*, insulter, injurier, outrager; — mettre, placer, poser.

வைத்தியன் (s.) *vaittiyan'* [वैद्य], médecin.

வையம் *vaiyam*, terre.

APPENDICES.

I

RÉSUMÉ GRAMMATICAL.

LANGAGE ORDINAIRE.

Terminaison masculine.......... ன் *n'*.
— féminine........... ள் *ḷ*.
— neutre.......... து *du*, அம் *am*.
— m. f. honorifique... ர் *r*, ஆர் *ar*.
— plurielle........... கள் *gaḷ*.
— adjective........... அ *a*.
— participiale........ அ *a*; fut. உம் *um*.

Forme adjective des noms :

1° Le nom lui-même.
2° டு *ḍu* et று *r'u* font ட்டு *ṭṭu* et ற்று *t't'u*.
3° அம் *am* fait அத்து *attu*.
4° இன் *in'*.

Préfixes déterminatifs :

அ *a*..... ce-là.
இ *i*...... ce-ci.
எ *é*...... quel?, quelconque.

Suffixes déclinatifs :

Accus.......... ஐ *ei*.
Gén. «de»..... உடைய *uḍeiya*, இன் *in'*.

Suffixes déclinatifs. (*Suite.*)

Abl. «de»........	இன் *in'*, இல் *il*, நின்று *nin'd'u*.
Dat. «à»........	கு *ku*.
Instr. «par».....	ஆல் *âl* (+ ஏ *ê*).
Loc. «dans».....	இல் *il* (+ ஏ *ê*).
«avec».........	ஓடு *ôḍu* (+ ஏ *ê*).
«sur»..........	மேல் *mêl* (+ஏ *ê*).
«sous».........	கீழ் *kîj* (+ ஏ *ê*).

Terminaison des noms verbaux : அது *adu*, அல் *al*.
— des noms de qualité : மை *mei*.

Signes des temps :

Passé......	த் (*t* ou *d*) ou இன் *in'*.
Présent....	கிற் (*kir'* ou *gir'*), கின்ற் (*kin'd'* ou *gin'd'*).
Futur.....	ப் (*p* ou *b*) ou வ் *v*.
Négatif....	absence de signe temporel.

Signes des personnes :

1re pers. sing............	ஏன் *ên'*.
2e pers. sing............	ஆய் *ây*.
3e pers. masc. sing.......	ஆன் *ân'*.
3e pers. sing. fém........	ஆள் *âḷ*.
3e pers. sing. neutre......	து *du* (futur உம் *um*).
1re pers. sing. hon........	ஓம் *ôm*.
2e pers. sing. hon........	ஈர் *îr*.
3e pers. sing. masc. fém. hon.	ஆர் *âr*.
1re pers. plur............	ஓம் *ôm*.
2e pers. plur............	ஈர்கள் *îrgaḷ*.
3e pers. plur. masc. fém...	ஆர்கள் *ârgaḷ*.
3e pers. plur. neutre.....	அ *a* [து *du*] (fut. உம *um*).

Verbe transitif.........	forme forte.
Verbe intransitif........	forme faible.
Gérondif passé..........	து *du* ou இ *i*.
Gérondif présent (infinitif).	அ *a*.
Gérondif négatif........	ஆது *âdu*, ஆமல் *âmal*.
Optatif...	க *ka* ou *ga*.

Impératif sing........	le radical.
— hon........	உம் *um*.
— plur.......	உங்கள் *uṅgaḷ*.
— nég. sing....	ஆதே *âdê*.
— nég. hon....	ஆதேயும் *âdêyum*.
— nég. plur....	ஆதேயுங்கள் *âdêyuṅgaḷ*.

Conjonction « si ».....	gérondif + ஆல் *âl*.
—	participe + கால் *kâl*.

II

ANALYSE DES DEUX PREMIERS TEXTES.

எந்த	*énda*	quelconque
உயிரையும்உயிரை	*uyir-ei*	(être en) vie (acc.)
— உம்	*um*	même, aussi
கொல்லாத	*kol-l-âda*	qui ne tue pas
ஒரு	*oru*	un
சந்நியாசி	*çanniyâçi*	ascète
ஒரு	*oru*	un
ஏரி	*êri*	étang, lac
கரை	*karei*	rivage
மேலே	*mêlê*	sur
போனான்	*pôn'ân'*	alla (allait)
போகும்	*pôgum*	allant (part. fut.)

போது	*pôdu*	époque
ஒரு	*oru*	un
செம்படவன்	*çémbaḍavan'*	pêcheur
அந்த	*anda*	ce...là
ஏரியிலே	*êri-y-il-ê*	étang - dans
மீன்	*mîn'*	poisson
பிடித்தான்	*piḍi-t-t-ân'*	prit (prenait)
சந்நியாசி	*çanniyâçi*	ascète
செம்படவனை	*çémbaḍavan'-ei*	pêcheur (acc.)
பார்த்து	*pâr-t-tu*	ayant regardé
ஐயோ	*aiyô*	hélas!
நீ	*nî*	toi
எப்போது	*é-p-pôdu*	quelle époque (quand)
கரை	*karei*	rivage
ஏறுவாய்	*êr'u-v-ây*	tu monteras
என்றான்	*én'-d'-ân'*	il dit
ஐயா	*aiyâ*	ô seigneur
என்	*en'*	de moi
பறி	*par'i*	panier
நிரம்பினால்	*niramb-in'-âl*	s'il se remplit
கரை	*karei*	rivage
ஏறுவேன்	*êr'u-v-ên*	je monterai
என்றான்	*én'-d'-ân'*	il dit

Un de ces ascètes qui ne tuent aucun être en vie allait sur le bord d'un étang. Pendant qu'il allait, un pêcheur prenait du poisson dans cet étang. L'ascète, s'adressant au pêcheur : «Hélas! quand monteras-tu au rivage?» dit-il. — Seigneur, quand mon panier sera plein, je monterai au rivage», dit (le pêcheur).

N. B. — «Monter au rivage» est une expression philosophique qui veut dire «faire son salut, s'abstenir de tout péché»; le meurtre est l'un des cinq grands péchés (les autres sont la colère, l'amour impur, le vol et le mensonge).

ஒரு	*oru*	un
குருக்கள்	*kurukkaḷ*	Guru (pl. hon.)
தம்	*tam*	de soi (hon.)
சிஷனுக்கு	*çiṣan-uk-ku*	disciple - à
ஞானங்கள்	*ñân'an-gaḷ*	les sagesses
உபதேசித்தார்	*ubadêçi-t-t-âr*	enseignait (hon.)
உபதேசிக்கும்	*ubadêçi-k-k-um*	enseignant (part. fut.)
போது	*pôdu*	époque
சிஷன்	*çiṣan'*	disciple
தன்	*tan'*	de soi
வளையிலே	*vaḷei-y-il-ê*	trou-dans
நுழைய	*nujei-y-a*	entrer
போகும்	*pôg-um*	qui ira
எலியை	*éli-y-ei*	rat (acc.)
பார்த்து	*pâr-t-tu*	ayant regardé
அதன்	*adan'*	cela
மேலே	*mêlê*	sur
நினைப்பாக நினைப்பு	*nin'eippu*	pensée
— ஆக	*âga*	étant
இருந்தான்	*irundân'*	demeurait
குரு	*kuru*	Guru
உபதேசித்து	*ubadêçi-t-tu*	ayant enseigné
ஆன	*ân'a*	devenu
உடனே	*uḍan'ê*	aussitôt
சிஷா	*çiṣâ*	ô disciple
எல்லாம்	*ellâm*	tout
நுழைந்தது	*nujei-n-d-adu*	est entré
— ஆ	*â*	(interr.)
என்றான்	*en'-d'-ân'*	il dit
சிஷன்	*çiṣan'*	disciple
எல்லாம்	*ellâm*	tout
நுழைந்தது	*nujei-n-d-adu*	est entré
வால்	*vâl*	queue
மாத்திரம்	*mâttiram*	seulement

தான்	*tân'*	même
நுழைய	*nujei-y-a*	entrer
இல்லை	*illei*	non
என்றான்	*en'-d'-ân'*	il dit
ஆதலால்	*âdal-âl*	Par l'action d'être
மூடர்களுக்கு	*mûḍa-r-gaḷ-uk-ku*	imbéciles à
சொல்லுகிற	*çollu-gir'-a*	qui se dit
புத்தி	*putti*	esprit
இப்படி	*i-p-paḍi*	de cette manière-ci
இருக்கும்	*iru-kk-um*	sera.

Un sage enseignait la sagesse à son disciple. Pendant la leçon, le disciple voyant un rat qui allait rentrer dans son trou, resta absorbé dans ce spectacle. Quand le guru eut terminé sa leçon : «Élève», dit-il, tout (ce que j'ai dit) est-il entré (dans ton esprit)?» — «Tout est entré, excepté la queue» répondit le disciple. C'est ce qui arrive quand on parle de choses spirituelles à des sots.

III

TRADUCTION DES TEXTES EN VERS.

FORMULE INITIALE DES INSCRIPTIONS.

L'illustre Râj'arâj'adêva qui est l'illustre Râj'arâj'a Kêsarivarmâ, convaincu qu'il devait s'orner de la propriété de la déesse de la vaste terre comme de la déesse de la fortune, qui daigna détruire les vaisseaux de Kâncḍaḷûrçâlei, qui a conquis par son armée victorieuse à la force considérable le pays de Vêngei, la contrée de Ganga, celle de Nuḷamba, celle de Taḍigei, le pays de la montagne occidentale, Kollam, le Kalingam, le territoire de Ceylan (les huit points cardinaux l'en ont loué) et les sept et demi *lakhs* de la région d'Iraṭṭa, dans sa vie de prospérité croissante, qui a pris la splendeur des Pâṇḍiyas au moment même où elle brillait digne d'être adorée dans tous les temps.....

VARIANTE DE BAHOUR.

Celle de Nuḷamba, quand à la porte d'entrée de Taḍigei la langue de la cloche extérieure devenait inerte et que les tambours retentissaient; quand sa gloire et ses victoires augmentaient de plus en plus; quand pénétraient dans l'ardent désert les Pâṇḍiyas; quand se détruisait la puissance du Çêra; quand il soumettait les gens du Kongu, les Télingas, ceux du Concan; quand les rois des autres régions l'invoquaient comme leur rempart; quand les dieux qui ne clignent pas les yeux adoraient (comme) Umâ et Çaṅkhara les pieds du chef des trois rois et (de la reine) aux dents superbes de jasmin dont est jalouse la déesse aux pieds roses qui réside sur la fleur sacrée.....

1. *KUṞ'AḶ* DE TIRUVAḶḶUVA.

1. Que fera une garde qui garde par l'emprisonnement? la garde qui garde les femmes par la dignité est la principale.

2. La bouillie qu'ont remuée les petites mains de leurs enfants leur est bien plus douce que l'ambroisie.

3. «La flûte est douce, la lyre est douce» diront ceux qui n'ont pas entendu la parole balbutiante de leurs enfants.

4. Quand on la flaire, la fleur *anitcha* se flétrit; l'hôte dépérit quand on détourne de lui le visage.

5. Il est essentiel de supporter ceux qui nous dédaignent, de même que la terre supporte ceux qui la labourent.

6. Là où s'agite l'affection, c'est vraiment le siège de la vie; sans cela, ce n'est qu'un corps formé d'os et de peau.

7. On dit que ceux qui sont instruits ont des yeux; ceux qui ne sont pas instruits n'ont que deux trous sur le visage.

8. Même si la faute survenue est de la grosseur d'un grain de millet, ceux qui ont honte du mal la prendront pour aussi grande qu'un palmier.

9. L'effort produira la fortune; l'absence d'efforts fera venir l'absence de biens.

10. Dire des choses amères quand on en a de douces dans le cœur, c'est cueillir des fruits verts quand il y en a de mûrs.

2. STROPHES DE DIVERS AUTEURS.

1. Sur quels sujets, avec quels mots, de quelles façons les (écrivains) supérieurs ont parlé, parler ainsi est la convenance (du style).

2. On va et l'on bat du tambour une fois; après s'être arrêté un moment, on en bat encore : observe-le bien! après le troisième battement, on le couvre; puis, ceux qui doivent mourir prennent le feu et se lèvent emportant ceux qui sont morts.

3. Quoiqu'ils se montrent avec une voix formidable et qu'ils portent en eux la foudre furieuse, on aime les nuages qui versent la pluie (féconde); sur cette terre, quoiqu'on dise : «ils ont commis beaucoup de fautes qui obscurcissent (leur vie)», une bonne réputation s'attache à ceux qui distribuent généreusement leurs biens à tous.

4. L'or pur se trouve dans la montagne; les blanches perles se trouvent dans le vaste océan; le doux miel se trouve dans les boutons de fleurs qui sont si beaux; la beauté des femmes consiste dans leur chasteté; la fortune et le plaisir durables consistent dans l'excellente charité; la beauté des yeux est dans le bien qu'on a fait.

5. L'épi, difficile à décrire, apparaît comme un serpent vert, se dégage et se développe lentement, dresse la tête comme les gens inférieurs dans le succès, et mûrit en s'inclinant comme les hommes instruits qui connaissent les livres.

6. Insecte aux belles ailes qui vis pour connaître les parfums, dis ce que tu as vu sans parler avec passion : est-il des fleurs que tu connaisses plus parfumées que la chevelure de la femme aux dents bien rangées, à la démarche de paon, à l'affection abondante et vantée?

7. Quand nous voyons les belles fleurs se former en boutons pa-

reils à des pierres précieuses, s'épanouir avec la splendeur des étoiles du ciel et ressembler à des colliers de perles blanches, verser un miel parfumé, puis se flétrir un jour et tomber en morceaux qui se réduisent en poussière, comment pourrions-nous dire que nous, qui souffrons du mal de la naissance, nous vivrons éternellement?

8. Le disque furieux, lancé violemment par le héros aux yeux ardents dans l'ivresse de la bataille, alla couper les têtes couronnées des rois impétueux qui portaient des guirlandes de jasmin, puis, comme la lune qui pénètre dans un épais nuage illimité, il bondit sur la poitrine d'un éléphant superbe et robuste et y disparut.

9. Mon cœur s'est rafraîchi quand je me suis dit que la liane enfantée par J'anaka, qui est gardé par de vigoureux éléphants pleins d'ardeur attachés à des poteaux, est venue aujourd'hui se réunir à moi; tu m'as donné une raison pour dire que, sur la vaste terre créée par le prince des Védas dont le palais est une fleur abondamment parfumée, celui qui a un jeune frère ne saurait craindre une armée!

10. *Chant de bergères.* Si le grand Mâya qui, prenant un serpent pour corde, a baratté l'océan, venait ici parmi nos troupeaux, n'écouterions-nous pas, ô ma compagne, sa douce flûte de *nymphæa*?

Si le grand Mâya qui, prenant un veau pour fronde, a fait tomber les fruits mûrs, venait aujourd'hui parmi nos troupeaux, n'écouterions-nous pas, ô ma compagne, sa douce flûte de *cassia*?

Si le grand Mâya qui, sur le flanc superbe de la colline, a secoué le *trichilia*, venait, de jour, parmi nos troupeaux, n'écouterions-nous pas, ô ma compagne, sa douce flûte de jasmin?

IV

NOTIONS DE PROSODIE.

La prosodie tamoule n'est pas, comme celles des langues congénères (canara, télinga, etc.), un simple calque de la prosodie sanskrite; elle est absolument originale et n'est vrai-

IMPRIMERIE NATIONALE.

semblablement que le développement de rythmes et de mélopées populaires antiques ordonnés et arrangés par des grammairiens méticuleux. Suivant ces grammairiens, la prosodie doit traiter de huit choses différentes : lettres, syllabes métriques, pieds, séquence ou liaison des pieds, vers, séquence ou liaison des vers, forme des poèmes, poèmes composés — எழுத்து *ejuttu*, அசை *açei*, சீர் *çîr*, தளை *taḷei*, அடி *aḍi*, தொடை *toḍei*, பா *pâ*, இனம் *in'am*. Je ne parlerai ici, très sommairement, que des principales.

La prosodie ou l'art poétique s'appelle en tamoul யாப்பு *yâppu* « lien, liaison »; un poème s'appelle பா *pâ*, செய்யுள் *çéyyuḷ* ou கவி *kavi*, mots qui correspondent à « strophe, stance, couplet ».

Les *syllabes métriques* (அசை) sont au nombre de deux : la simple (நேர் *nêr* « juste, régulier ») formée d'une syllabe longue de nature ou par position, ou d'une syllabe brève isolée; et la double (நிரை *nirei* « égal, droit ») formée de deux syllabes dont la première doit être brève. On se sert quelquefois de deux syllabes supplémentaires qui valent une syllabe et demie environ et qu'on obtient en ajoutant au நேர் *nêr* ou au நிரை *nirei* une consonne jointe à un உ *u* bref élidable. — மா *mâ* « manguier », நோ *no* « douleur », பொன் *pon'* « or », கார் *kâr* « nuage », sont des நேர் *nêr* et வழி *vaji* « chemin », மயில் *mayil* « paon », கடா *kaḍâ* « buffle », மகார் *magâr* « enfants », sont des நிரை *nirei*.

Les pieds (சீர்) sont composés de deux, trois, quatre அசை. Les principaux sont : 1° இயற்சீர் *iyat'çîr* « pieds naturels », savoir : நேர்நேர் nommé தேமா *têmâ* « manguier doux », நிரைநேர் nommé புளிமா *puḷimâ* « manguier acide », நிரைநிரை nommé கருவிளம் *karuviḷam* « le feronia » et நேர்நிரை nommé கூவிளம் *kûviḷam* « le cratæva »; 2° உரிச்சீர் *uriççir* « pieds propres » au *vénbâ* ou au *vañjippâ*, les premiers ajoutant காய் *gây* « fruit vert » aux noms précédents et les seconds ajoutant கனி *gan'i* « fruit mûr » : தேமாங்காய் *têmâṅgây* நேர்நேர்நேர், கூவிளங்

கனி *kûviḷangan'i*, நேர்நிரைநிரை, etc. J'ai déjà parlé de ces noms des pieds métriques à la page 92, en note.

Les séquences des pieds (தளை) varient suivant la forme des poèmes. Il y en a quatre principales, mais celle des *véṇbâ* est la seule qui soit rigoureusement observée; elle est formulée ainsi மாமுன்னிரையும்விளமுன்னேருங்காய்முன்னேரும் *mâmun'n'-ireiyumviḷamun'n'êrungâymun'n'êrum* «devant *mâ*, *nirei;* devant *viḷam*, *nêr;* devant *gây*, *nêr*». Ainsi le mot திருமால் *tirumâl* «Vichnou» ne pourra, dans un *véṇbâ*, être suivi que par un mot commençant par un நிரை et செந்தமிழ் *çéntamij* «beau tamoul» exigera après lui un நேர்.

On distingue cinq espèces de vers (அடி *aḍi* «pieds») : குறளடி *kur'aḷaḍi* «petit vers» qui contient deux pieds, சிந்தடி *çindaḍi* «vers nain», அளவடி *aḷavaḍi* «vers mesuré», நெடிலடி *néḍilaḍi* «vers long» qui en ont respectivement trois, quatre et cinq, et கழிநெடிலடி *kajinéḍilaḍi* «vers très long» qui a six pieds et au delà.

Quant à la liaison, connexion ou séquence des vers, les Indiens en comptent huit dont deux principales, qui sont employées aujourd'hui en même temps dans la plupart des poèmes : la மோனை *môn'ei* et l'எதுகை *édugei*. — Celle-ci, dont le nom signifie proprement «correspondance» et que j'appelle «consonance», consiste dans la répétition de la consonne initiale de la deuxième syllabe des vers; la première, dont le nom signifie «commencement, face à face, opposition» et que j'appelle «assonance» consiste dans la répétition de la première lettre du premier mot de chaque vers (il y a des équivalences : *a, â, ai, au — i, î, é, ê — u, û, o, ô — t, ç — ñ, n — m, v*). La consonance peut s'étendre à plusieurs syllabes et même à plusieurs pieds. Exemples de mots consonants : மணி *maṇi*, கணை *kaṇei*, அணு *aṇu;* exemples d'assonance : மணி *maṇi* et வளை *vaḷei*. L'exemple le plus complet et le plus caractéristique de ce que peut donner, au point de vue de la forme, la poésie tamoule, a été composé par le P. C.-J. Beschi, dans son *Têmbâvaṇi* (Vie de Saint-Joseph, en vers tamouls, chant XIII, skr. 31):

மனவணங்குவணங்கடிநாயக.......ன்
மனவணங்குவணங்கில்வருந்திற.....ர்
மனவணங்குவணங்கலிலாள.......று
மனவணங்குவணங்குமணங்கு.....மே

qu'on lit :

man'avaṇaṅguvaṇaṅgaḍinâyaga.....n'
man'avaṇaṅguvaṇaṅgilvarundin'â.....r
man'avaṇaṅguvaṇaṅgalilâḷa.......n'u
man'avaṇaṅguvaṇaṅgumaṇaṅgu.....mê

et qu'on peut traduire: «Ils souffrirent de l'affliction nouvelle qui désolait le Seigneur dont les pieds, beaux comme des pierres précieuses, sont adorables (Jésus), — l'homme qui ne pouvait changer la douleur de son esprit (Joseph) et la femme vénérée à la beauté superbe (Marie).»

On arrive à exécuter de pareils tours de force en employant des mots susceptibles d'être pris dans des sens différents et en rapprochant des mots divers dont les lois euphoniques font des composés identiques. Ainsi les vers précédents doivent être décomposés et analysés ainsi qu'il suit :

மனவு	*man'avu*	pierre précieuse
அணங்கு	*aṇaṅgu*	beauté
வணங்கு	*vaṇaṅgu*	qu'on adore
அடி	*aḍi*	pieds
நாயகன்	*nâyagan'*	Seigneur
மன	*man'a*	étant ferme
அணங்கு	*aṇaṅgu*	affligeant
வணங்கு	*vaṇaṅgu*	changement
இல்	*il*	par, de

வருந்தினர்	*varundin'ár*	souffrirent
மன	*man'a*	esprit
அணங்கு	*aṇaṅgu*	douleur
வணங்கல்	*vaṇaṅgal*	plier
இல்	*il*	non
ஆளன்	*âḷan'*	homme
உம்	*um*	et
மன்	*man'*	beaucoup
அ	*a*	(explétif *ou* adjectif)
அணங்கு	*aṇaṅgu*	beauté
வணங்கும்	*vaṇaṅgum*	qu'on vénère
அணங்கு	*aṇaṅgu*	dame
உம்	*um*	et
ஏ	*ê*	certes

Les genres de poèmes sont au nombre de cinq : வெண்பா *véṇbâ* « vers blanc » (ou « clair »), ஆசிரியப்பா *âçiriyappâ* « vers magistral », கலிப்பா *kalippâ* « vers faible », வஞ்சிப்பா *vañjippâ* « vers liane » et மருட்பா *maruṭpâ* « vers mélangés ». Les deux premiers sont les plus importants; ce sont les seuls dont nous parlerons ici.

Le vers ஆசிரியப்பா *âçiriyappâ* (ou அகவல் *agaval* « allure du paon ») a quatre pieds dont le premier assone avec le troisième; les vers consonent deux par deux; le nombre des vers est illimité; l'avant-dernier vers n'a souvent que trois pieds; on ne donne pas de règles absolues pour la séquence des pieds. Le nombre de vers d'un poème est illimité. Ce genre de poésie, qui est évidemment le plus ancien de la langue, est une sorte de prose rythmée. Il a servi à composer les plus anciens poèmes épiques, les principaux ouvrages classiques et les traités didactiques. Des spécimens de ce genre sont donnés ci-dessus (p. 179-180 et p. 181, n°s 1 et 6).

Le வெண்பா *véṇbâ* est composé de strophes de deux à sept

vers; le dernier vers n'a que deux pieds et une syllabe métrique ordinaire ou augmentée d'un *u* élidable, les autres ont quatre pieds. Il y a généralement deux ou trois consonances successives et l'assonance est observée dans chaque vers. Une espèce particulière a quatre vers groupés sous deux consonances; le dernier pied du second peut être considéré comme formant un pied isolé : il consone avec les deux premiers vers mais se relie par le sens avec les deux derniers; on appelle cette espèce நேரிசைவெண்பா *nêriçeivéṇbâ* «le vers blanc à l'harmonie exacte» : nous en trouvons des spécimens ci-dessus (p. 181, n°s 2, 3, 4). Une autre espèce, très employée, est le குறள்வெண்பா *kur'aḷvéṇbâ* «petit vers blanc» qui n'a que deux vers (p. 126 et 180, n°s 1 à 10). A la p. 50, note, il y a un exemple d'une troisième espèce, qui a cinq vers.

Les poèmes composés sont de trois genres : தாழிசை *tâjiçei* «harmonie basse», துறை *tur'ei* «harmonie limitée» et விருத்தம் *viruttam* (skr. वृत्त) «vers large», pour lesquels on donne des règles très compliquées et très peu claires. Le chant en trois strophes donné plus haut à la p. 183, n° 10, est un ஆசிரியத்தாழிசை *âçiriyattâjiçei* dont les vers ont quatre pieds qui observent la séquence du வெண்பா.

Beschi a, le premier, indiqué la véritable nature du விருத்தம். Ce sont des vers toujours réunis par strophe de quatre, sous une seule consonance et avec l'assonance à chacun, ayant en général chacun de quatre à sept pieds. On y admet toutes les combinaisons de pieds possibles, mais les quatre vers de la strophe sont pareils. Dans le cours d'un poème — et les poèmes en விருத்தம் sont surtout des épopées religieuses — on change de mesure toutes les dix ou vingt strophes, ce qui correspond à peu près aux paragraphes de nos livres en prose. On en a vu plus haut cinq spécimens : p. 182, n° 5, dont le module est விளம், விளம், மா, கூவிளம்; le second, p. 182, n° 7, du type விளம், மா, தேமா, விளம், மா, தேமா; le troisième, p. 182, n° 8, dont la formule est

காய், காய், காய், காய்; le quatrième, p. 182, n° 9, qui est rythmé par மா, மா, காய், மா, மா, காய்; et le cinquième, p. 228, qui réalise cette combinaison : மா, கூவிளம், கூவிளம், கூவிளம். A la page 77, est un *viruttam* dont chaque vers compte six மா.

Il est certain que l'ஆசிரியப்பா est la forme la plus ancienne de la poésie tamoule; que le வெண்பா, plus mesuré et plus étudié, en est une régularisation et un perfectionnement; que l'எதுகை et la மோனை procèdent d'un même principe, du besoin de relier entre elles les parties successives d'un poème par la répétition, l'écho euphonique d'un même son.

V

GRAMMAIRES ET DICTIONNAIRES

QUI ONT ÉTÉ CONSULTÉS

POUR LA COMPOSITION DU PRÉSENT MANUEL [1].

Grundriss der Sprachwissenschaft, von Dr. Fr. Müller. *Vienne,* 5 vol. in-8°; t. IV, 1884, p. 162-241.

Comparative grammar of the Dravidian or South-Indian family of languages, by the rev. R. Caldwell. *Londres,* 1856, in-8°, viij-528 p.

— 2ᵉ édit. *Londres,* 1875, in-8°, xlij-154-608 p.

La linguistique, par A. Hovelacque. *Paris,* 4 éditions petit in-8° : 1. 1876, xj-365 p.; 2. 1877, xiv-435 p.; 3. 1881, xiv-435 p.; 4. 1887, xv-469 p. — Les langues dravidiennes : 1. p. 74-86; 2. p. 103-117; 3. p. 103-117; 4. p. 111-125.

Le verbe dans les langues dravidiennes, par Julien Vinson. *Paris,* 1878, in-8°, (iv)-xviij-57 p.

Ueber die Verbalflexion der Dravidasprachen, von A. Ludwig. *Prague,* 1900, in-8°, 15 p.

[1] Cette notice n'est point une *Bibliographie* complète; elle n'indique que les ouvrages les plus importants et les plus connus.

GRAMMATICA *damulica*.... concinnata a B. ZIEGENBALG, Regis Daniæ Missionario. *Halæ Saxonum*, orphanotroph., MDCCXVI, petit in-4°, (xv)-128 p.

GRAMMAIRE pour apprendre la langue Tamoul... faite à Pontichéry (*sic*) et achevée le 18e novembre 1728 par un Missionnaire de la Comp. de Jésus. — Ms. inédit de 92 p. petit in-4° (Bibl. Nat., fonds tamoul, n° 189). L'ouvrage est du *P. DE LA LANE.

A. M. D. G. GRAMMATICA latino-tamulica, ubi de vulgari.... idiomate...auctore P. C.-J. BESCHIO. *Tranquebar*, CIƆIƆCCXXXIIX, petit in-8°, 175 p.

— 2e édit. *Madras*, 1813, petit in-4°, (vj)-151-(vij) p.

— 3e édit. *Pondichéry*, 1843, in-8°, (iv)-viij-215-28-(ij) p., avec un appendice du *P. DUPUIS sur la prosodie tamoule.

— Trad. angl. par C.-H. HORST. *Vepery*, 1806, petit in-8°, (viij)-192 p.

— 2e édit. *Madras*, 1831, petit in-8°, viij-160 p.

— Autre trad. angl. par G.-M. MAHON. *Madras*, 1848, petit in-8°, (viij)-147 p.

C.-J. BESCHIUS. Grammatica latino-tamulica ubi de elegantiori... dialecto... 1730. Mss inédits de 160 et 81 p. pet. in-4° (Bibl. Nat., fonds tamoul, nos 192 et 193).

— Trad. angl. par B.-G. BABINGTON. *Madras*, 1822, in-4°, (ij)-xij-117-(v) p.

THESAURUS linguae tamulicae... collegit... C.-J. BESCHIUS... 1732. Ms. inédit (Bibl. Nat., fonds tamoul, n° 227), in-4°.

— Même ouvrage, sous un titre tamoul : சதுரகராதி *çaduragarâdi* «quadruple dictionnaire». *Madras*, s. d. (1824), pet. in-fol. à 2 col. — (vj)-179-33-20-86-12-31-36-(ij)-139-2-6 p.

— Édit. diverses de 1835, 1845, 1848, 1860, Madras; 1872, Pondichéry, etc. (Toutes les éditions imprimées offrent de grandes différences avec le manuscrit original.)

DICTIONNAIRE tamoul et français, par le P. DE BOURZES, ms. inédit, 1730-1735. (Bibl. Nat. et Bibl. particulière à Pondichéry, 2 vol. in-folio, de cinq à six cents pages chacun.)

OBSERVATIONES Grammaticae quibus linguae tamulicae idioma vulgare..... illustratur, a Chr. Th. WALTHER, miss. dan. *Tranquebar*, MDCCXXXIX, petit in-8°, 60 p.

Vulgaris tamulicae linguae dictionarium.... auctore P. C.-J. Beschio. 1743. Ms. in-8°, 227 feuillets; p. à 2 col.

— Imprimé (avec un supplément) à *Trichenapally*, en 1882, pet. in-12, (iv)-16-591-vij-xviij-247-v p.

A malabar and english dictionary (par MM. J.-Ph. Fabricius et J.-Chr. Breithaupt). *Madras*, 1779, petit in-4°, (iv)-185 p. à 2 col.

— 2° édit. *Madras*, 1809, petit in-4°, (ii)-185 p. à 2 col.

— 3° édit. *Tranquebar*, 1897, gr. in-8°, (viij)-656 p. à 2 col.

A Dictionary of the English and Malabar languages. *Vepery*, 1786, petit in-4°, (ij)-8-(228) p. à 2 col.

A Tamel expositor... by Teroovercaudoo Soobroya Modelliar. *Madras*, 1811, petit in-4°, (vj)-ix-97 p.

Rudiments of Tamùl grammar... by Rob. Anderson. *London*, 1821, petit in-4°, xx-184 p. et 1 grand tableau.

Dictionnaire français-tamoul et tamoul-français, par A. Blin. *Paris*, 1831, lith., in-8° obl., (viij)-282 p.

An english and tamil dictionary, by the rev. J. Knight and L. Spaulding. *Madras*, 1832, in-4°, 976 p.

— 2° édit. *Jaffna*, 1842, 970 p. petit in-4°.

— 3° édit. *Madras* et *Jaffna*, 1844, in-8°, 831 p. (complété par le rev. E. Hutchings).

— 4° édit. *Madras* et *Londres*, 1890, grand in-8°, vj-1511 p.

A Dictionary of the tamil and english language, by the rev. J.-P. Rottler. *Madras*, 1834-1841, 4 vol. in-fol. : 1. 1834, (iv)-298-(ij) p.; 2. 1836-1837, (iv)-410-x p.; 3. 1839, (iv)-456 p.; 4. 1841, (ij)-vj-248 p. (2 col.).

A grammar of the tamil language... by C.-T.-E. Rhenius. *Madras*, 1836, ix-294 p. in-8°.

— 2° édit. 1846, in-8°, xvj p. et p. 7-298.

— 3° édit. 1853, in-8°, (ij)-xiv p. et p. 7-295.

— 4° édit. 1888, grand in-8°, xxxvj-290 p.

A grammar by the rev. f. C.-J. Beschi. தொன்னூல் விளக்கம் (*Ton'n'ûl viḷakkam* «explication des anciens traités»), texte et commentaire. *Pondichéry*, 1838, iv-119-(ij) p. chiffrées 3-118-iv.

— 2° édit., par J. Mackensie Cobban. *Madras*, 1891, in-8°, (viij)-268-6 p.

— Clavis humaniorum litterarum sublimioris tamulici idiomatis. *Tranquebar,* 1876, in-8°, viij-171 p. (adaptation latine du précédent).

A manual Dictionary of the Tamil language (tout en tamoul). *Jaffna,* 1842, in-8°, (iv)-iv-771-22-70-31 p. à 2 col. (*par le rev. Spaulding).

Dictionarium latino-gallico-tamulicum. *Pondichéry,* 1846, in-8°, xviij-1430 p. à 2 col. (* par les P. P. Dupuis et Mousset).

Manuel français-tamoul (romanisé), par F. Chenot. *Saint-Denis,* île de la Réunion, décembre 1849, in-12, 58-(i) p.

Vocabulaire français-tamoul, par deux missionnaires. *Pondichéry,* 1850, in-8°, (vj)-420 p. à deux col. (*par les P. P. Dupuis et Mousset).

Outlines of tamil grammar... by Ch. Graul. *Leipzig,* 1855, in-8°, (ij)-100 p.

A Tamil hand-book... by the rev. G.-U. Pope. *Madras,* 1859, in-8°, iv-297-86-30 p.

— 4e édit. *Madras,* 1883-1884, 3 vol. in-8° : 1. 192 p.; 2. 269 p.; 3. 357 p.

A larger grammar of the tamil grammar, by the rev. G.-U. Pope. *Madras,* 1859, in-8°, (viij)-411 p.

Dictionnaire tamoul-français, par deux Missionnaires apostoliques (*MM. Dupuis et Mousset). *Pondichéry,* 1855-1862. 2 vol. in-8° : 1. 1855, xxxij-932 p.; 2. 1862, xx-1115 p. (deux col.).

— 2e édit. *Pondichéry,* 1895, 1 ou 2 vol. in-4°, xxiv-12-771-867 p. à 2 col.

A comprehensive tamil and english dictionary... by the rev. M. Winslow. *Madras,* 1862, grand in-4°, xiv-976 p. à 3 col.

Grammaire française-tamoule... par un provicaire apostolique (* le P. Dupuis). *Pondichéry,* 1863, in-12, 554 p.

Méthode indienne pour apprendre à lire et à écrire en peu de temps le tamoul et le français... par P. Perreaux. *Pondichéry,* 1868, in-8°, 44 p.

Dictionnaire français-tamoul, par deux Missionnaires apostoliques (*MM. Dupuis et Mousset). *Pondichéry,* 1873, in-8°, (iv)-6-1250 p. à deux col.

Recueil de phrases usuelles pour servir à la conversation tamoule. *Marseille*, s. d. (1873), in-12, (ij)-3 p. et p. 4-89 doublées. Lithographié.

A Tamil grammar, by J. *Lazarus. *Madras*, 1878, in-12, (iv)-vij-230 p.

Vocabulaire tamoul-français, par M. A. Lap, miss. *Pondichéry*, 1886, in-12, (iv)-285 p. à 2 col.

Vocabulaire français-tamoul, par un Missionnaire apostolique (*M. A. Lap). *Pondichéry*, 1891, in-8°, (iv)-811 p. à 2 col.

A progressive grammar of common tamil, by the rev. A. H. Arden... *Madras* et *Londres*, 1891, in-8°, 190 p. et 1 feuillet d'errata.

Abrégé de la grammaire française-tamoule par un Missionnaire apostolique (*M. Lap)... *Pondichéry*, 1892, in-8°, 241 p.

Méthode de tamoul vulgaire, par M. J. Baulez, miss. apost. *Pondichéry*, 1896, in-8°, (ij)-215-(iij)-25 p.

AUTEURS INDIGÈNES.

தொல்காப்பியம்-எழுத்ததிகாரம் (*Tolkâppiyam-éjuttadigâram*) «ancien poème; section des lettres». Texte et commentaire de *Naćći-n'ârkkin'iyâr*. *Madras*, 1848, pet. in-4°, (lxxv)-228 p.

— Autre édition. *Madras*, 1891, in-8°, (ij)-v-ij-282-8 p.

— Même ouvrage; section des mots (சொல்லதிகாரம் *çolladigâram*). *Madras*, 1868, in-8°, (ij)-305-8 p.

— Autre édition. *Madras*, 1892, in-8°, (ij)-(iv)-292-8 p.

— Même ouvrage; section de la composition (பொருளதிகாரம் *poruḷadigâram*). *Madras*, 1885, in-8°, xij-12-4-851 p.

— Même ouvrage; section des mots, avec le commentaire de *Çên'avareiyan'*. *Madras*, 1886, in-8°, (iij)-254-7 p.

நன்னூல் *nan'n'ûl* «le bon livre», par Pavanandi, texte et commentaire. *Madras*, 1840, in-8°, xxx-240 p.

— Autre édit. *Madras*, 1846, in-8°, (xlij)-336 p.

— Autre édit. *Madras*, 1851, in-8°, (ij)-205 p.

— Autre édit. *Madras*, 1860, in-8°, (ij)-220 p.

— Autre édit. *Madras*, 1900, in-8°, (iv)-256 p.

— Autre édit. Texte seul. *Madras*, 1839, in-18, 54 p.

— Trad. angl. par W. Joyes, S. Samuelpillay et le rev. T. Brotherton. *Madras*, in-8°, 1848, viij-72-73-71-80-2-47-43-4 p. (le premier livre «des lettres» seulement).

— Introduction to the *Nan'n'ûl*... par le rev. H. Bower. *Madras*, 1876, in-18, (ij)-vj-48 p.

— Trad. angl. par le rev. J. Lazarus. *Madras*, 1878, in-18, (iij)-47 p.

— Autre éd. plus soignée. *Madras*, 1888, in-12, (iv)-103 p.

Tholcapya-Nunnool, or a comparative reference edition of the Tholcapyam and the Nunnool, by S. Samuel-pillay and W. Joyes. *Madras*, 1858, in-8°, xvj-8-128-70 p.

யாப்பருங்கலம் (*yâpparuṅgalam*) «l'art poétique»; inédit, avec un commentaire très développé (Bibl. Nat., fonds tamoul, n°s 203 et 204, ms. sur ôles, 518 fts. à 10 lignes).

காரிகை (*kârigei*), traité sur l'art poétique. *Madras*, 1851, in-8°, (ij)-104 p.

— Autre édit. *Madras*, 1868, in-8°, (ij)-90 p.

தண்டியலங்காரம் (*taṇḍiyalaṅgâram*) «Rhétorique de Daṇḍi». *Madras*, 1857, in-8°, (ij)-2-120-(ij) p. et 3 tableaux.

வீரசோழியம் (*vîraçôjiyam* «le livre à Vîraçôja»). Grammaire, par Buddhamitra. *Madras*, 1881, in-8°, 36-192 p.

இலக்கணவிளக்கம் (*ilakkaṇaviḷakkam*) «Explication de la grammaire» par Vâidyanâthadêçika, texte et commentaire. *Madras*, 1889, in-8°, (ij)-20-851-2-14-3 p.

இலக்கணக்கொத்து (*ilakkaṇakkottu*) «résumé de la grammaire», par Îçânadêçika. Texte et commentaire. *Madras*, 1851, in-8°, (xviij)-72-8 p.

— Autre édit. *Madras*, 1881, in-8°, (ij)-91-2 p.

சேந்தன்றிவாகரம் (*çêndan' t'ivâgaram*). Dictionnaire par ordre de matières, par Çênda. 12 chapitres. *Madras*, 1828, in-12, 228 p.

நிகண்டு (*nigaṇḍu*). Dictionnaire par ordre de matières, par Maṇḍalapuruṣa. 12 chapitres. *Madras*, 1897, in-8°, (iv)-196-20 (ij)-106 p. (les diverses parties de ce livre ont eu de nombreuses éditions).

OUVRAGES TAMOULS CITÉS.

TABLE DES MATIÈRES.

DEUXIÈME PARTIE.

TEXTES.

TROISIÈME PARTIE.